中国传媒大学新闻系传播系组编

U0853443

New media 新传媒时代
新闻传播学系列教材

新闻学核心课程 JOURNALISM

11

电视新闻

Television Journalism

于忠广 张丽◎著

中国人民大学出版社
·北京·

总 序

媒介融合时代新闻传播教育的“变”与“不变”

媒介融合时代，传统媒体纷纷出现了与新媒体融合发展的趋势，新闻传媒的变革日新月异，而社交媒体、公民新闻的出现使传统的新闻传播格局面临重新“洗牌”的巨大压力。业界的这些变化自然也会传导到新闻传播教育上来，迫使新闻传播教育面临一系列转型。在这样一个充满激荡变革的时代从事新闻传播教育工作，首先需要厘清哪些素质和能力是新闻传播工作者永恒不变的坚守，哪些能力又是需要与时俱进、不断变革更新的核心。只有把握住了“变”与“不变”的关系，才能在新闻传播人才培养上做到心中有数、方向明确。下面，我们不妨对这一问题做些具体分析。

传统的新闻信息生产和传播是这样进行的：现实生活中，人们每天需要了解外部世界的最新变化，由于每个人的生活范围很有限，于是诞生了一批媒体机构和新闻记者，他们每天到处采集各种最新发生的真实信息，然后通过报刊、广播和电视将这些信息传递给大众。人们接收到信息之后，虽不是亲眼所见，但会将其视为现实中真实存在的事情，从而对外部世界形成各式各样的印象和看法。

媒介融合时代的新闻信息生产和传播则是这样运作的：人们每天需要了解外部世界的最新变化，不仅职业的新闻记者在从事新闻信息的生产和传播工作，普通民众也加入到新闻信息的采集、制作和传播活动中来。他们将采集到的信息制作成文字、图片、音频、视频，或通过互联网向公众发布，或通过自媒体和社交媒体传递给自己熟悉或不熟悉的个人。他人接收到这些信息后，会将其视为现实中真实发生的事情，并由此对生存环境形成各式各样的印象和看法。

不难看出，在媒介融合时代，新闻信息的生产和传播领域发生了两个重大变化：一是出现了一大批自媒体和公民记者，形成了职业记者与普通民众同时进行新闻信息生产和传播的新格局；二是原先报纸、广播、电视“井水不犯河水”的格局被打破，出现了不同媒体与网络新媒体融合发展的趋势。在这种背景下，职业记者怎样才能体现自己的存在价值就显得十分重要，这也直接决定着新闻传播教育和新闻传播人才培养的走向。

近年来，我们走访了国外许多知名新闻院校，也经常就这一话题进行探讨，对媒介融合时代新闻传播教育“变”与“不变”的关系逐渐形成了清晰认识，那就是媒介形态可以千变万化，新闻教育的核心不会改变。

那么，在媒介融合时代，新闻传播工作者不变的素质和能力有哪些呢？归纳起来，大致有以下几点：

一是新闻传播工作的职业精神不会改变。新闻工作是一种能够点燃人们理想抱负的职业，是站在桅杆上眺望远方的守望。任何时代，只要从事新闻传播工作，就都需要高度的职业理想和工作热情，这样才能把每次报道任务完成好，才能在信息泛滥和众声喧哗的时代始终坚持把核实新闻信息放在第一位，才能在充满压力和诱惑的时代始终坚持传播新闻事实的真相，才能以高度的社会责任感去捍卫公众利益，才能以人文情怀去关注黎民百姓的疾苦和心声。研究中外名记者的经历，我们发现，他们的成功都离不开对新闻工作的激情，离不开高度的社会责任感和敬业精神。反过来，如果一个人仅仅将新闻工作视为谋生的饭碗，那么，最终他只能庸庸碌碌，在新闻岗位上走不了太远。在多年的教育工作中，我们体会到，新闻传播职业精神的培养不能只靠课堂的说教，一个行之有效的路径是搭建平台，鼓励同学们走出校门，到基层去，到火热的生活中去。只有深入实地，让学生对社会有了深切感知，才有可能培养起社会责任感来。这些年来，我们一直在进行这方面的尝试和努力。从 2006 年开始，中国传媒大学新闻系和传播系在学生中开展了“子牛杯”大学生社会调查征文比赛活动，迄今已坚持了 7 年，有上千名学生参加到活动中来，涌现出了一大批饱含社会责任感和职业精神的调查报告。通过开展这项活动，我们明显感受到了同学们的成长与进步。

二是新闻采写的基本能力不会改变。媒介融合时代，信息的获取日益方便快捷，而如何核实信息的真伪，保证所获得的新闻信息是准确无误的，则需要记者具有扎实的采访作风。这也是新闻媒体赢得公信力的必由之路。与此同时，在媒体竞争日趋激烈的今天，获得独家新闻、首发新闻已成为提升媒体竞争力和影响力的重要指标，这同样需要记者有深入现场的采访作风以及敏锐的新闻发现能力。而在新闻表达阶段，新闻写作能力是学生必须练好的基本功。总体上看，学生良好的新闻表达能力建立在对新闻事实的深入了解和对受众心理的准确把握基础上。具体来说，新闻表达能力有两个层次的要求。第一个层次是能把新闻事件讲明白。这需要学生在全面掌握新闻事件的各种信息之后，具备清晰的逻辑思维能力和良好的语言表达能力，不能出现事实不清、逻辑混乱、词不达意等现象。第二个层次是能把新闻事件讲得有吸引力。这需要学生在把新闻事件讲清楚的基础上，还善于把握受众的接受习惯和接受心理，懂得叙事技巧，通过设置悬念等诸多手法来吸引受众的注意力。这是对新闻表达的更高要求，学生如果在这方面也能过关的话，他的新闻写作能力就完全达标了。

三是多学科的知识结构要求不会改变。新闻报道的对象是大千世界，新闻的内容来自社会的不同领域，新闻只是一种形式，传媒也只是一种工具，都不是内容本身。在社会分工日益细分化和专业化的今天，只懂得新闻和传媒技巧是不够的，还需要掌握其他学科知识。目前，国内外新闻和传播院系解决这一问题的途径主要有两种。第一，尽量多提供跨专业课程，同时规定选修课中其他学科课程的最低比例。例如，美国密苏里大学新闻学院就规定学生选修的非新闻专业课程学分要占新闻专业总学分的一半以上。第二，联合培养第二学位学生，学生可以先学习哲学、历史、法律、社会学、经济学、管理学或自然科学等专业，然后再来学习新闻专业。例如，美国纽约大学就规定新闻专业的学生要完成 128

个学分，其中，必须用 64 个学分来拿一个非新闻专业的学位。中国传媒大学新闻系从 20 世纪 80 年代就开始招收新闻学第二学位学生，近年来，又面向校内招收辅修新闻学第二学位的学生，一直在进行这方面的努力。

在分析了媒介融合时代新闻传播人才不变的素质和能力之后，我们还要知道什么能力是当前新闻传播教育必须高度重视培养的新能力。

从总体来看，媒介融合时代，新闻传播教育自然需要培养学生适应媒介融合发展的能力。具体来说，由于制作方式数字化、传播渠道网络化、接收终端多样化，当前的新闻传播教育主要应该培养学生的多媒体报道能力。也就是使学生从具有报纸、广播、电视单一媒体的报道能力向具有多媒体融合报道能力转变，培养一批能够熟练采集和发布多媒体新闻的“全能记者”和“全能编辑”。

对“全能记者”和“全能编辑”来说，能够熟练使用多媒体新闻采制设备，洞悉文字、图片、声音、图像的文本特性和传播优势就显得十分重要。为了帮助大家理解这一问题，我们从新闻传播角度出发，可以将人们对新闻信息的需求归纳为三个基本维度：一是快捷需求，即人们想在第一时间简明扼要地了解新闻事件主要信息的需求；二是直观需求，即人们想亲眼目睹、直观感知新闻事件现场及氛围的需求；三是探究需求，即人们想深入了解新闻事件的来龙去脉、意义背景等内在信息的需求。而不同的媒介和文本符号在满足上述需求上各有自己的优势。培养“全能记者”，就要培养学生在面对重大新闻事件时，能用照相机拍摄出最具典型意义的瞬间图片，能用摄像机记录下最有现场感的发生过程，能用录音设备记录下新闻事件现场最典型的声音，能用电脑在第一时间写出新闻消息，将新闻事件的主要信息告知受众，还能写出深度报道，把新闻事件的原因、背景、经过、细节、意义、展望等深层信息揭示出来。总之，媒介融合时代，新闻传播教育需要打破过去报纸、广播、电视之间的壁垒，培养学生用文字、图片、音频、视频来全方位、立体化地展示新闻事件的能力，也就是培养学生多媒体采访、写作和编辑的呈现能力。

中国传媒大学新闻系、传播系作为国内较早开办新闻学专业和传播学专业的院系之一，多年来，积累了一些办学经验，也形成了一定的办学特色，在培养新型新闻传播人才上也一直在进行积极探索。摆在大家面前的这套“新传媒时代新闻传播学系列教材”（内含“新闻学核心课程”、“新闻学特色课程”和“传播学核心课程”）就是对近年来新闻学专业和传播学专业教学工作的总结。总的来说，编写这套系列教材，主要有这样几个出发点：

一是立足学科，整体打造。新闻传播学科发展到今天，已经形成了比较稳定的知识体系。这套系列教材立足新闻传播学科进行整体打造，既注重介绍新闻学和传播学基本的理论知识和专业技能，又注重学科历史、理论、方法和应用的体系性。在教材编写过程中，注意到前后衔接，按照由浅至深、循序渐进的规律进行整体推进。

二是立足时代，与时俱进。新媒体的出现推动了媒介融合的发展，这是传媒业的大势所趋。这套系列教材立足这一时代背景，不仅增加了媒介融合、新媒体编辑、多媒体报道等与媒介发展密切相关的教材品种，而且许多传统教材在编写过程中注意到了与新媒体的结合，体现出了与时俱进的时代要求。

三是立足教学，保留个性。教材编写需要对实践中一些最新动向进行沉淀，以便形成相对稳定的知识体系。从这一点上说，“与时俱进”并不是说这套教材可以与传媒实践发展实现“无缝对接”，而是需要与媒体实践保持适度距离，以便进行观察、总结和提升。另外，教材编写必须立足教学需要，采用相对成熟、稳定的知识体系作为教材内容，这样才能实现知识传承。但是编写教材并不排斥作者的个性和创造性，因为同样的知识内容可以采用不同的体例和案例来编写，编写的侧重点也会有所不同，这些都体现出作者的个性化思考。

四是立足市场，突出特色。目前，传播学专业的教材在市场上比较零散，我们这次将集中力量推出传播史、传播学史、传播学研究方法、媒介分析、传播心理学等教材，形成“传播学核心课程”系列教材。新闻学专业的有些教材在教学工作中很需要，但市场上很少见到。我们这次就推出了“新闻学特色课程”系列教材，包括新闻报道原理、社会调查方法、精确新闻报道、新闻传播学专业英语、新闻传播学学术论文写作指导等品种，在满足教学需要的同时，也为系列教材增添特色。

为了让大家对系列教材的总体框架一目了然，附上系列教材的结构示意图。

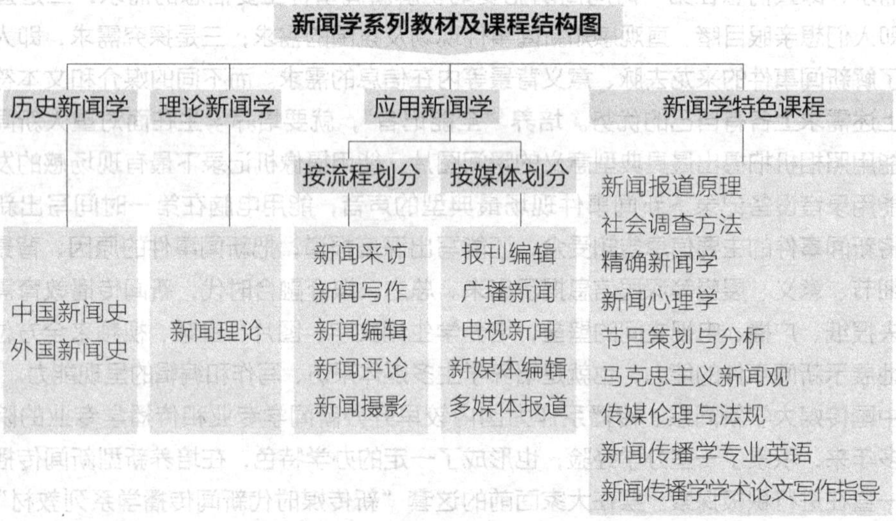

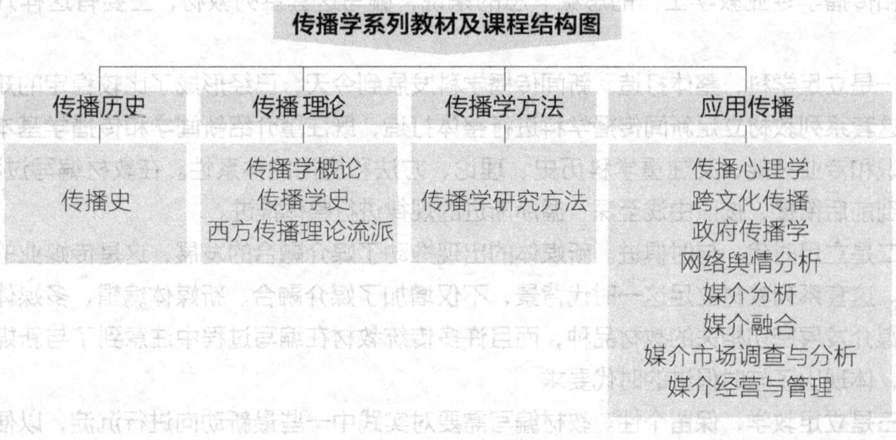

需要说明的是，从学科范畴上看，传播学的学科外延比新闻学要宽泛一些。目前，全国开办传播学本科专业的院校有 80 多所，各自的办学方向也不尽相同。但从知识结构来看，该学科的知识体系大体应该包括传播史、传播理论、传播研究方法和应用传播。在本科阶段，应用传播领域可以开设的课程及方向很多，诸如公共传播、组织传播、政府传播、体育传播、健康传播、科技传播、农业传播等，不一而足。我们所提供的教材也仅供大家参考。

由于作者水平和能力有限，加之时间仓促，许多教材还存在不足之处，我们热忱欢迎广大读者提出批评和改进意见，以便在今后修订再版时改进提高。

“新传媒时代新闻传播学系列教材”编委会

2013 年 6 月

前言

我们已经快速进入信息社会，信息如同最先进的发动机，推动社会加速运转。今天，信息的产生、采集、扩散方式几乎每天都在发生着日新月异的变化。从微博到微信、新闻客户端，以及大量附身于手机等移动终端的APP，新媒体类型层出不穷，短短几年的时间里已经从过去传统媒体的附庸和工具成长为人们几乎须臾不可离身的信息媒介。

信息社会由技术推动，却不是一个技术概念。数字技术“刷新”了媒介格局，也刷新了文化格局——公共空间的空前扩容、价值体系的多元化在媒介变革中一并成长。大众媒介在与数字技术的融合中，也一并觉醒、改造、更新着传播理念，开始重新审视研究新文化背景下的受众群体。最早融入这种变革的电视媒体也必须面对全新的信息生产和消费模式，以及越来越积极却挑剔的受众。

一、媒介变局中电视新闻的新趋势

社会愈进步，人们对信息的需求也愈加强烈。越来越多的电视人发现，技术并不是难以逾越的鸿沟，决定电视传播地位的要素依然是内容。而新闻是电视媒体报道的主体内容，新闻性节目的报道数量与质量是衡量一家电视台整体水平与实力的最重要的标志。从中央到地方，“新闻立台”依然是目前诸多电视媒体的不二选择。其中的关键是做什么样的新闻，怎样去做新闻。

目前，电视媒体作为发展多年并一直在媒体中保持强势的媒体，在新闻的呈现上已经出现了诸多显著的变化。宏观层面：开办全新闻频道、全天候的新闻覆盖、直播的常态化、媒体跨地域新闻竞争成为引人瞩目的现象。微观层面：电视新闻的报道样式之间相互融合，节目形态的界限日趋模糊，民生新闻热潮退却，进入“后民生新闻”时代，新闻评论的爆炸式增长成为当下电视新闻的新趋势。

二、电视新闻教育的理念更新

追随媒介融合的潮流，在新闻院校中，电视新闻教育也孕生出新的理念与方法。电视新闻教育更强调培养学生的全媒体概念，即能够综合利用各种信息技术手段为新闻的采集、制作和传播服务，适应现代社会受众快速的信息生产与消费模式。

然而我们也注意到，一个全媒体概念并不能解决所有问题。将学生塑造成技术全面的信息人才，并不等于培养了合格的记者，更不等于培养了合格的电视新闻传播人才。譬如英语，英语学得好的人，并不见得能写出一篇合格的英文文章。其中决定性的因素在于思维方式，在于对于电视传播规律的认知，对于新闻本质的理解。只有在此基础上适应技术进步与结合媒体的新形势，才能将新闻做得有声有色，最起码也能有模有样。民生新闻热潮的退却或许可以说明一些问题，大量的民生新闻栏目一夜之间风起云涌，设备不可谓不精良，手段不可谓不新颖。然而繁华过后终归落寞，其中必有缘由，比如每天大量缺乏新闻价值的事实进入节目，比如对重大新闻的浅表化处理，比如新闻评论的主观化倾向，虽惹得一时热闹，人声鼎沸，但却后续乏力。究其原因，其实都或多或少忽视了一些做电视新闻的基本规律。

三、对电视新闻教育的一点思考

西方有句谚语："不要尝试发明轮子。"有很多经过验证已成为规律性认识的知识，并不一定非要去打破。遵循规律并不意味着墨守成规，坚持创新要有依据，也要尊重常识。

电视新闻的一些基本的规律是我们创新传播方式与新闻表达的前提，只有理解并掌握规律，在此基础上依据面对的新闻事实创新方法，才能准确把握新闻的价值，才能寻求到最佳的表现手段，而不是靠运气和灵感来采制新闻，才能保证最基本的新闻质量。

四、教材的基本特点

1. 逻辑体系清楚

本教材按照学习电视新闻的基本顺序，宏观上首先介绍电视新闻的传播特性与规律、电视新闻发展历程与新变化，在微观层面介绍电视新闻的基本表现元素，电视新闻拍摄的基本规律与要求，如何编辑电视新闻。其次从中观与微观结合的角度介绍不同形态的电视新闻的采制规律与要求。

2. 操作简单实用

在具体节目的制作上，按照电视新闻一些常见的报道形态分类，在理清概念内涵的基础上，归纳不同报道类型的基本特点，从节目质量的评价标准、选题、采制环节分别介绍采制的方法。尽量做到规律性知识明白易懂，具体采制手段简单易用。

3. 制定评价体系

对于主要的电视新闻报道类型，归纳最关键的节目质量评价标准，在学习阶段，学生根据这些标准去观摩、分析案例或者进行实训练习，可以形成比较清晰的条理和思路，避免犯一些常识性错误，提高学习和掌握知识点的效率。

本教材中第一至第四章及第十一章为张丽撰写，前言、第五至第十章为于忠广撰写。另外，魏然、陈萌、孙蓉、孙璐对部分内容的搜集、整理及写作亦有贡献。电视新闻经过业界和学界多年的研究实践，已经形成了较为完整的理论体系和知识架构，本书是在众多前辈的经验基础上整合而成，并参照了许多新闻学教育和研究者有价值的研究成果，已在书中加以注释，作为晚辈，在此向这些为新闻教育一直努力付出的前辈致敬。

目 录

第一章 电视新闻传播概况

本章学习要点

◇ 了解电视新闻传播的特点、发展概况以及电视新闻的制播方式。

◇ 掌握电视新闻的共性规律与个性特征，以及时间性、新意性、重要性、接近性等电视新闻的价值要素。

◇ 认识新媒体时代电视新闻的发展及电视新闻的制播方式与流程。

21 世纪以来，大众传播媒介以前所未有的传播力、影响力和引导力触及各国政治、经济、文化以及社会的各个角落。新媒体的出现更是打破了媒介间的壁垒，大大改变了当今的传媒格局。新闻运作从传统的单一模式向多元化模式转变。现代社会瞬息万变，当新闻事件发生时，来自多种渠道的巨量资讯几乎将人们淹没在信息的潮水之中。一方面，信息消费方式和受众使用媒介方式发生改变，人们不再单纯依靠过去获取信息的渠道、手段，这样就大大增加了信息的自主选择权和控制权；另一方面，面对繁芜丛杂的信息，媒体不可能也不应当“有闻必报”，必须要剔除虚假、无效的内容，因而在纷繁的客观事物中我们更有责任清醒地辨析出哪些信息为受众所渴望，哪些事件具有新闻价值，如何报道更易被接受、传播效果更好。

越来越多的媒体通过对大量信息、资讯的获取、分析、编辑、整合，巧妙地传达信息和观点。因此，信息传播开始前，我们就必须清楚要选取什么信息、怎样表达清晰明确。尤其是电视，作为借助于电子技术发展起来的一种现代化大众传播媒介，从问世到现在，以其特有的魅力，影响并引导着人类的生活和社会的进步。它作为有代表性的主流媒体，作为政治链条上的一环，具有较高的权威性，它展现社会主流价值观，理性程度高，引导力强，相对地公信力也很高。因而从“把关人”角度出发，我们必须能够向受众提供他们所需要的权威的、经过慎重选择的、有品质的、能产生良好社会影响的新闻报道。

第一节 | 电视新闻的传播特点

一、电视新闻的界定

自新闻产生以来，与之相关的定义界说就众说纷纭，各执一词。当电视新闻发展了几十年后，同样的问题或是出于新闻观点的不同或是出于政治立场各异，对于什么是“电视新闻”的回答仍然莫衷一是。曾有国外记者戏言：有一百个记者就有一百种新闻的定义。

在中外人士对新闻概念林林总总的阐释中，我国新闻界认同并为大众公认的，是陆定一同志在延安时期对“新闻”所做出的简洁而准确的概括，即“新闻的定义，就是新近发生的事实的报道”。那么今天我们对“电视新闻”的界定也正是基于这一定义，并结合电视新闻生产所依托的现代电子技术的特点，同时根据电视新闻不断的实践发展，经过反复论证、推敲而定：“电视新闻是以现代电子技术为传播手段，以声音、画面为传播符号，对新近或正在发生、发现的事实的报道。”①

从上述电视新闻的界定中，我们可以看出，它包括对电视新闻的共性规律与其个性特征两方面的发展式概括。这恰恰是我们选择新闻素材、进行电视报道时所应遵循的电视新闻规律。

（一）电视新闻的共性规律——对“新近发生、发现的事实的报道”②

1. 时效性

时效性是指新闻报道产生应有的社会效果的时间限度，它具有时新性与时宜性双层要求。时新性要求新闻报道要“快”、“新”，越快越好，越新越好；而时宜性要求不能单纯追求报道事件上的快，更要注意所报道的新闻是否适合当前的时机。

“时新性”指新闻在时间上是最新的报道。一直以来，新闻界极力追求对新闻事件

---

① 杨伟光主编：《电视新闻分类与界定》，3页，北京，中国广播电视出版社，1990。

② 叶凤英：《电视新闻节目研究》，64页，北京，北京师范大学出版社，1999。

的采集、报道、传播与新闻事实本身的发展、进展同步，即不但能对新近发生的事实进行报道，而且能对正在发生的事实进行报道。就像日本传播学者所说：随着现代技术与传播手段的发展，新闻已经不再满足于“今天的新闻今天报”（Today's News Today，即TNT），而是有能力做到“现在的新闻现在报”（Now's News Now，即NNN）。

“时宜性”指最适合当前形势需要的报道。时宜，既考虑所报道题材内容是否恰当及时地为观众所需要，又考虑是否最适合当前形势所需要。如果报道的内容、观点与整个社会的潮流不一致，则会存在潜在的或直接发生冲突的危险因素。因此，当编辑面临新闻报道的选择时，不能只顾自己的利益而忽视他人或社会的利益，要较全面地衡量报道与否分别可能会产生什么样的结果，经过审慎考虑之后再做结论。

通常，事件性新闻，比如国内外观众关注的重大的、动态的新闻事件，总是以事件的最新报道为首要，强调的是新闻的时新性。只要传播的技术手段具备，就可以实现电视新闻现场报道的直播。而对非事件性新闻或称主题性新闻，比如，观众普遍关注的社会问题、社会现象的报道，更多的则需要考虑新闻报道的时宜性。

2. 真实性

真实性是指新闻报道的真实。

新闻报道的真实性原则要求新闻真实，一方面指新闻事实本身必须真实，它要全面反映现实，如在报道消极消息时，应该将对立面的观点也包含进来。报道内容不仅包括现象的真实，而且包括本质的真实。另一方面指报道手法必须真实可信，也就是说通过视听结合手法传播信息所产生的真实感，应与客观事实的真实相统一，只有当报道的内容与事情本来的面目相符，与当时产生新闻的状况相符时，新闻才算是真实的，也才能形成报道的真实感，这就要求展现新闻现场形象的真实与声画有机结合的真实。

3. 客观性

新闻客观性是指“新闻报道从实际出发，尊重客观事实，反映事物本来面目”[①]。

客观性这个术语表明新闻要公正、透明。对此，有学者说：“完全的公正就像完美，那是一个人人为之奋斗但是没有人能完全实现的理想。即使是最受尊重的记者也只是他的信仰、经验和态度的集合，是他的社会、文化和教育的成果。没有人能免除偏见，然而，他们可以通过运用客观性的标准尽量加以弥补；而主观评定的客观性本身生来就不可能是一个可靠的标准。”[②] 因为选择新闻本身是经过意识思维的活动，它或多或少地带有偏见或倾向，所以“没有人曾报道过绝对客观的新闻，也没有人能够

① 赵玉明、王福顺主编：《中外广播电视百科全书》，40页，北京，中国广播电视出版社，1994。

② ［英］安德鲁·博伊德：《广播电视新闻教程》，182页，北京，新华出版社，2000。

做到这一点，报道的内容总是带有记者的倾向的"[1]，尤其是当新闻由纯消息的新闻报道向解释性、分析性的深度报道发展，已经产生对客观性原则的争论和"纯客观报道"的质疑时。

在实际的新闻工作中，"纯客观"已被我们否定。因此为追求新闻的客观、真实、公正、全面，作为一种表达的手法，报道者在报道新闻事实时，要严格按照事实来叙述，所表述的观点抑或倾向也应来自于客观事实本身。作为编辑，在选择、编播新闻时，要全面、深入地了解事实的真相及新闻背景，掌握新闻题材所涉猎的政治、经济、社会生活的状态，要运用客观的报道手法，用客观事实说话，"寓观点于事实之中，寓倾向于材料选择之中"，使得新闻建立在尊重客观事实的基础之上，反映事物的本来面目，做到客观与倾向的有机结合。

（二）电视新闻的个性特征——"电视新闻是以现代电子技术为传播手段，以声音、画面为传播符号……的报道"

由于电视新闻特有的传播手段以及承载信息的符号方式，所以电视新闻在采制中有其自身的特点和规律。叶凤英的《电视新闻节目研究》以及张军生的《当代电视新闻传播的新特性》对于电视新闻呈现的个性特征有所介绍，具体来说可归纳如下。

1. 立体结构的信息传播

电视声音与拍摄画面形象是同步的这一方式和运动状态，决定了其信息结构不是线性的，而是立体的，是一种立体的场结构。在这一场结构中，声音、画面是密不可分、互为作用的统一体。

2. 直观形象思维

电视图像是直观的形象系统，这一系统包括视觉因素——事物的运动状态，以及听觉因素——事物运动状态下的自然声响、效果声和人物讲话的语言。电视传播把与视听因素同时存在的事物原生状态直接呈现在屏幕上，并通过视听双通道相结合、反复作用，给观众直接的认知、感受。

3. 现场纪实再现

不同于以往的纸质媒介，电视新闻传播在电子媒介技术的支持下，实现了即时、同步（零时差）地采录和传递信息内容，最终消除了人与人之间的物理时空差距，使信息源与所有的信息终端成为零距离的存在，其典型的传播形态就是我们通常所说的现场直播。[2]

---

① ［美］杰克·富勒：《信息时代的新闻价值观》，14页，北京，新华出版社，1999。

② 参见张军华、王晓勇：《当代电视新闻传播的新特征》，载《当代传播》，2005（4）。

直播画面的形象报道使电视能如实地再现现场，现场感强是电视新闻的一大优势。它可以满足观众“眼见为实”的欲望。

4. 观众多层次参与

打破传统单向的线性模式和静止的、封闭性的过程，大众媒介传播的主要特征就是受众参与其中，这种不同于以往的非线性模式具有开放性和不确定性，要求传、受双方即时互动，增强受众参与传播活动的可能性，吸引观众的注意力，从而提高了电视新闻传播的效果。

受众参与电视新闻节目创作的方式分为节目参与、场内参与和场外参与三种。例如《一虎一席谈》节目（见图 1—1）以讨论的形式，选取每周在社会、文化等各方面发生的重大事件、焦点或热门话题，请来当事人或各界学者、专家、名人担任节目嘉宾，发表意见或精辟见解，并邀请观众现场列席、积极发表意见。该节目由于颠覆了以往电视节目“传—受”的传播模式，拒绝了规定的宣讲内容，不仅让当事人有话说，让多元思想代表现场针锋相对，更赋予现场观众随时插话、发表个人意见的权利，因而增加了节目的不确定性，现场观众可以将自己的情感、态度和意见进行及时反馈，从而积极地参与到传播活动中来。根据大众传媒理论，包含了观众参与来完成的电视节目是最有效的。在这种情形下，参与节目制作的观众会有自我参与感，电视机前的观众也会因大众的参与，缩短自身与节目的心理距离。

图 1—1　2009 年 1 月 10 日《一虎一席谈·寺院商业化》视频截图

5. 表现多元素综合

电视新闻的传播方式是通过电波，直接诉诸人的感觉器官，借助于电视语言符号——图像、文字、色彩、声音——来传递信息和表情达意，供观众收看、收听。由于电视各种信息符号综合传播、视听结合、形声并茂，因此构成电视传播的视觉、听觉诸元素是丰富多样的，电视新闻每一个报道、节目的构成，都是对这些元素的结合运用处理的结果。

6. 报道多工种配合

电视新闻工作是集体性的工作，每完成一个报道，从选题到播出都需要多工种的配合。选题的申报需要记者、编导、主编、制片人的层层把关，前期的采制通常需要记者和摄像的密切配合，后期的撰稿、编辑往往由记者和后期技术人员共同完成，经过责编、主编、制片人等的层层审核，一则电视新闻才得以播出。由于新闻的时效性等特征，要求各工种直接的配合和衔接过程必须十分紧密。一套成熟、规范、高效、严格的报道机制，能够有效地提高电视新闻媒体的反应速度，统筹协调报道的各个层面，才能保证播出的新闻是“最近以及正在发生的事实的报道”。

统观电视新闻的个性特征，它与美国新闻学者怀特等人对电视新闻的判断标准——增加、看重“视觉”等要素——极其吻合。由于电视新闻是视觉、听觉双通道共存的媒介，它有别于提供单一听觉通道的广播媒介，对信息有更强大的传播力度，所以在对选择电视新闻的判断上，既要强调新闻现场的视觉画面，又要重视现场同期声，用典型的形象化事实报道新闻，突出新闻现场感，在表现手法上运用多种视听表现元素来制作节目，以丰富节目视听。

二、电视新闻价值的判断

在新闻界，“新闻价值是选择和衡量新闻事实的客观标准”①。它作为取舍新闻事件的标准，诸如重要、及时、贴近、趣味等因素，构成了新闻选择的复杂公式，具有新闻价值的事件会被报道，没有或少有新闻价值的事件往往会被舍弃。

价值，是主客体之间的一种特定关系，不是单一的实体范畴。新闻价值是新闻联系受众的“关系物”。新闻报道满足受众需要的程度不同，表现出的新闻价值也不同。受众作为主体，具有强烈的知晓欲，渴望了解最新发生的事实，构成新闻价值的主体需要；新闻报道对客观事实进行选择与表述，并提供给受众，构成新闻价值的客体素质。评价新闻价值，主要是衡量新闻客体素质对主体需要的功用程度。② 在报道新闻时，受众主体的需要占有主导地位。但要提醒注意的是，在报道中尊重受众的需要不等于唯凭受众的需要，要能够与受众进行有效的传播与交流，防止一味地迎合。

对一个成熟的编辑来说，面对新闻，评判的首要标准是从新闻内容上审核新闻价

---

① 叶凤英：《电视新闻节目研究》，78页。

② 参见刘建明、胡钰等：《科技新闻传播理论》，60页，北京，科学出版社，2001。

值：发生时间和发生地、影响普遍意义、共同兴趣、变动程度、传播的政治风险等复杂要素。评价、取舍新闻的第二标准还要考虑在报道中对新闻价值表达的程度：是否客观、明晰、新颖，是否有必要的背景、人情味儿等。

新闻价值作为新闻学中的一个基本而重要的概念，中外新闻界不乏专门论述。在“新闻价值是选择和衡量新闻事实的客观标准”的这一界定中，标准就是指测定某一时间所具有的新闻价值的基本要素。取众家之说，叶凤英在其著作中把新闻的价值要素概括为：时间性、新意性、重要性、接近性。

（一）时间性

新闻的时间性强调新闻报道的及时性。新闻在时间上要新、要迅速、要及时。越是传播快的新闻，其价值就越大。艾丰在谈到新闻价值时说：其主要功能是解决“不知道”的问题。人们知道了，那么新闻价值和它的作用也就消失了。而知道是在一瞬间完成的，一般情况下它又是一次性地完成的；对于同一个事件，先得到的消息就先解决“不知道”的问题，后面再来的消息相对来说就成废品了，即可被排除掉。所以新闻价值的实现在时间上是一瞬间的、一次性的，且具有“排他性”。

比如，2001 年 9 月 11 日美国发生的“9・11”事件，当恐怖分子驾驶劫持的飞机撞击纽约世贸大楼的一瞬间，新闻镜头就敏感地予以记录，美国有线电视新闻网（CNN）在事发 9 分钟后迅速做出反应并直播了现场的状况。相比一些传统的平面媒体，如《华尔街日报》，因其办公地点位于世贸中心大楼的斜对角，电力瘫痪，报社的办公设备受损，无法及时做出报道，只好将报社的一批编辑迅速送往普林斯顿附近的备用办公室。两相比较，电视媒介的优势不言而喻。

时间性的魅力已将其他因素远远地抛在了身后。随着事态的进展，事件的重要性、影响力以及撞击事件带来的其他再生行为才逐渐显露。毫无疑问，在强大的现代传播技术支持下，时间性强会使媒介抢占先机，更会使新闻价值增加。

（二）新意性

新闻的新意性指新闻报道在内容上的新鲜程度，强调报道的新闻要有新意。

一般来说，区别于众多事物的、具有新意的事物可以从三点来看：是否首创、是否有特点、是否有趣味或不同寻常。

1. 首创

凡是首创、第一次发生或发现的事物都是有新意的，具有新闻价值，但在报道中对于“首创”、“第一”事实的认定必须准确、科学，要有确凿的依据而不是自诩。同时，所报道的事实要有一定的实用价值和社会意义。

2. 特点

在一事物与其他事物的比较中，会发现各有不同之处，即有事物自己的特点。所以鉴别事物特点、寻找事物的新意正是新闻报道中挖掘新闻价值的重要方法之一，也是选取新闻角度的有效方法。

3. 趣味、异常

人们往往对平常生活中不平常的事情发生兴趣、产生疑义、引发探索或感情共鸣，所以，奇趣、反常的事物因其本身显现的新意性会吸引人们的注意力，富含新闻价值。但是作为新闻编辑制作者，要防止编播耸人听闻的新闻来哗众取宠，甚至靠纯粹猎奇或假象来博取轰动效应。

（三）重要性

新闻的重要性是由事实本身所蕴涵的意义决定的，它是影响新闻价值大小的重要因素。

对于如何判定事实的重要、鉴别新闻题材中的重要性，列宁曾有精辟的论说：政治上是重要的，群众所议论纷纷的，实际工作中迫切需要解决的。[①] 因此，对重要性可以围绕三个方面来考虑。

1. 政治上重要

随着现代社会的发展，人与电视的关系越来越密切。相应地，脱胎并致力于人类社会的政治生活亦越来越离不开电视新闻媒体。反过来说，由于政治对国家利益、世界格局、人类社会的发展起着极其重要的作用，所以凡是有关政治事件、政要人物活动等事实都有新闻价值，都会成为新闻报道的对象。

2. 与大众密切相关

事实与群众关系极度密切或直接、间接地影响到他们的实际生活，群众则会“议论纷纷”，实际工作中则是“迫切需要解决的”，也就形成了新闻界常说的“热点”、“焦点”、“难点”的话题。因此，事实和群众的利益关系程度越深，关系的人数越多，新闻价值越大，事实在实际生活中的针对性越强，影响越大，新闻的价值也越大。

3. 人物的影响力大，事物的变动程度大

有影响力的人物或变动巨大的事物都会使人关切并注意。一般由新闻人物作为新闻报道的重心即人格化的报道比较便于观众接受。那么，在新闻报道中，对被采访对

---

① 参见［俄］娜·克鲁普斯卡娅：《列宁回忆录》，转引自叶凤英：《电视新闻节目研究》，153页。

象的选择就至关重要。一般对被访者的身份要考虑是否显要、著名、权威或有代表性等。另外，由于发生变动的事物及行为都会导致现状的改变，特别是事态变动程度越深，影响越大，事态变动的涉及面越广，影响越大，因此，这样的新闻价值也越大。

（四）接近性

近距离发生的事件比远距离发生的事件更容易引起人们的兴趣及关注。

新闻的接近性包括地理上、心理上及利益上的距离接近。在紧张的日常生活中，一般人们更多地会把注意力放在身边发生的或周围地区发生的事件上，更多地会关心那些与他们心理期待一致或情感相关的事态，更多地会注意那些对生活或生命产生利益影响的事件。因此，从强调服务于观众的现代新闻意识来说，对新闻事实的报道越是接近观众，越是以人为本、富有人情味儿，越是能引起人们的反响或共鸣，其新闻价值也就越高。

在现代新闻编辑实务中，用平视的眼光注视普通人的经历，将他们的经历以及孩子、动物作为报道对象，不失为品味人情、接近大众的好方法。

在完成对新闻价值进行判断的第一步之后，新闻报道中新闻价值表达的程度是编辑最后决定编播与否的第二评判标准。这个标准我们可以用新闻价值尺度来衡量。综合考虑社会主义的新闻实践，新闻价值尺度主要衡量新闻的政治标准和业务标准两方面。有文章提出新闻价值尺度主要包括：（1）导向正确。新闻作品要有旗帜意识，自觉地服务于全党工作大局和现代化建设的宏伟目标，坚持用优秀的作品鼓舞人。这是新闻价值尺度的政治标准。（2）传播及时。要增大新闻同步传播比例，采集更多的“带露水珠儿”的新闻。这是新闻价值尺度的时效标准。（3）事实鲜明。要把新闻事实的直观性与新闻主题的深刻性融合起来，从更深的层面上反映时代的脉搏。这是新闻价值尺度的内含标准。（4）贴近大众。要通过研究受众心理，确定新闻转播方式，让新闻事实更接近百姓生活。这是新闻价值尺度的定位标准。①

总之，上述对新闻价值判断的分析与认识，一方面是判断新闻价值、寻找有价值新闻的基本依据，另一方面是为了能够理性地按照新闻规律工作，选择、编播那些符合实际需求的新闻信息，使新闻价值的表达更加客观、全面、准确而明晰，真正体现现代新闻报道中的人文意识而不是盲目地取悦迎合。

在真实客观地报道现代社会生活的种种变动时，作为新闻实践中的难点，需要特别提请新闻工作者注意处理好的是：新闻时效与准确的关系、重要与兴趣的关系、真实与倾向的关系。

---

① 参见王景文：《透视新闻传播的价值形态》，载《中国广播电视学刊》，2001（4）。

第二节 | 电视新闻发展概况

一、我国电视新闻理念的演变

新闻事业属于社会上层建筑意识形态范畴。在存在阶级的社会中，新闻事业都具有阶级性，而我国电视的国有属性以及社会主义性质决定了电视是在党和国家的领导下为广大人民群众服务的大众传播工具。我国的电视事业诞生于20世纪50年代后期，在国际潮流的影响和示范下，经历了从无到有、从小到大、从附属到主流的发展过程，电视新闻理念也伴随着电视事业的发展不断变化着。

1978年中央电视台创办的《新闻联播》栏目，承载记录了我国政治经济及社会生活方方面面的信息，然而其30多年来几乎一以贯之的报道风格和节目形态，在当前新媒体、多终端、分众化时代影响力受到挑战；1993年《东方时空》的横空出世不仅改变了中国观众早上不开电视机的习惯，也改变了中国电视新闻表达的语态，然而受制于各种压力，《东方时空》等节目几经改版和调整却无太大起色；1997年香港回归，中央电视台制作了72小时的实况大直播，现场直播效果凸显，成为中国电视新闻报道极受赞誉的重要方式，然而与CNN、BBC等国外新闻媒体相比，中国电视媒体面对突发事件的新闻直播报道却少之又少；2001年面对震惊全球的“9·11”事件，中国媒体的集体失语大大降低了中国新闻媒体的权威性和公信力；2002年江苏省广播电视总台《零距离》的亮相拉开了中国电视“民生新闻”的大幕，虽然民生新闻为平民百姓增添了更多的声音渠道，为地方新闻频道找到了突破央视重围的路径，然而随之而来的同质化、娱乐化、低俗化的质疑使得媒体人开始思索“民生新闻究竟能走多远”的问题；2003年伴随着“非典”的肆虐和伊拉克战争的硝烟，以及中央电视台新闻频道开播，中国电视新闻出现了新气象，中国电视新闻开始步入国际传播的轨道，然而无论其传播内容、传播速度还是传播影响力，都还无法与国外知名的新闻频道相提并论，也与中国的国际地位不相匹配；2008年中国电视对南方冰雪灾害、西藏“3·14”打砸抢烧、汶川大地震、奥运会等交替出现的重大事件的报道在国际上形成强大声势，在中国电视新闻史上留下了浓墨重彩的一笔；2009年以来中央电视台多次对其新闻频道从报道形式到内容进行全方位大刀阔斧的改进，从单一媒体传播到多媒体传播平台的拓展，从“新闻立台”到“评论强台”的理念变化，不仅显现了中国电视新闻向新闻本质回归的态势，而且也为媒体人改革与创新中国电视新闻增添了信心和勇气。

根据郭镇之的《中外广播电视史》以及吕鹏的《话语转变与中国电视新闻编辑理念发展的五个时期》，自电视诞生后 50 多年间的中国电视新闻编辑理念大致划分为五个发展时期。

（一）从建设话语到革命话语：萌芽期（1958—1977）

萌芽期的中国电视新闻理念相较于报纸、通讯社甚至广播而言，处于弱势，还未形成独当一面的传播势力。处于起步、探索时期的电视新闻，制作简单粗糙，形式上，主要是图片和新闻播报的简单拼接；内容上，图片和稿件主要来自新华社和中央人民广播电台，没有自己的独家内容来源，也没有自己的办台风格。加之后期受到“文化大革命”的压制，全国大多数电视台纷纷停播，电视新闻及编辑理念也违背了其发展规律，电视成为集权话语的工具。

（二）从革命话语回归再建设话语：过渡期（1978—1982）

1978 年中国进入改革开放时期，因为电视的普及程度不高以及在“文化大革命”时期广播和报纸的传达信息功能发展较为成熟、技术相对容易实现以及普及率较高等原因，和 20 年前电视事业发轫时期一样，因缺少实践，电视新闻理念处于萌发和发展之间的过渡探索阶段。

从现实意义的层面来说，这样的探索为电视事业的迅速发展打下良好的基础，电视工作者已经逐步认识到整个社会的话语体系发生了变化，电视新闻理念也由改革开放前僵硬死板的方式逐渐转变。在这一时期，广播电视主持人开始以个人身份和个性风格出现于节目中，与受众进行交谈、平等交流，电视内容和风格都有了一定的充实和提高，为中国电视新闻理念的未来发展提供了很好的契机。

（三）从建设话语到经济话语：发展期（1983—1992）

1982 年 5 月中华人民共和国广播电视部成立后，中国广播电视开始进入新的发展阶段。从 1983 年起，在“四级办电视”的政策引导下，地方和社会各方面办广播电视的积极性被调动起来，广播电台数量的增加和人口覆盖率的增长为电视事业的发展提供了施展的平台，也为电视新闻理念提供了实践的舞台。这个时期，电视新闻节目从内容到形式发生了变革，电视新闻理念也不断改进、探索和提升，主要体现在以下几个方面。

1. 新闻评论类节目出现

1980 年 7 月，中央电视台开办了第一个新闻评论性的专栏节目《观察与思考》。注重思想性、政策性、时新性的《观察与思考》采用评论员形式与观众对面交流，迈出了“记者出图像”的第一步，成为后来包括《焦点访谈》、《焦点时刻》等许多新闻评论性节目的先驱。

2. 现场直播重大会议

1987年10月召开的中国共产党第十三次代表大会实现了历次代表大会从未有过的新闻公开，各方面官员纷纷在电视屏幕上亮相，接受记者采访。大会闭幕后，中央电视台以最快速度播出了新当选的中共中央政治局五位常委出席招待中外记者的酒会及回答记者提问的新闻，至此，中央电视台发挥了主观能动性，开始逐渐摆脱单纯“摄影机架”的定位，逐步具备新闻竞争意识，电视人积极探索并逐渐确立符合电视传播特点的节目和内容。

3. 时效性、权威性加强

1980年5月《国际新闻》栏目并入《新闻联播》后，为《新闻联播》注入了一丝活力，成为人们了解国外重大新闻的不可或缺的渠道。尤其是1986年1月，当中央电视台突破旧范，将“挑战者”号失事消息放在《新闻联播》头条播出时，引起了一片哗然。《国际新闻》栏目的引进给整个新闻界打开了思路，社会的新闻观念在一点一滴地变化，推动着中国广播电视新闻事业的改革。

同时，随着ENG（电子新闻采集）制作等新闻采访设备的引进，国内新闻的报道也变得短小精悍，由几分钟一条变为一分钟、几十秒、数秒一条。报道面也逐渐拓宽：经济消息、批评报道、社会新闻……动态性的新闻增加了，连续报道、系列报道出现了。一批综述性的、分析性的国际、国内新闻专栏逐渐设立。由此电视的地位空前提高，《新闻联播》也成为发布重大国事的第一媒介。

（四）从经济话语到民生话语：成熟期（1993—2002）

在商品经济的环境中，中国电视事业迅猛发展。1993—2002年的10年间，中国的电视新闻理念也走向了成熟：一方面，在业务实践方面大胆开拓创新；另一方面，随着中国特色社会主义电视新闻理念的更加成熟，如何在巨大的市场前景面前找到自身的定位成为电视新闻面临的巨大问题。这一时期，电视新闻理念的改革也是巨大的，在栏目形态、舆论监督等方面都有了一系列新变化。

1993年中央电视台《东方时空》节目的出现确立了栏目制片人制，这种新的制度不仅影响到栏目的制作，还创新了电视杂志化运作栏目的编排方式、规模化集成化的舆论监督方式，借鉴了成熟的国外优秀栏目运作方式，并注重本土特色，体现了电视新闻理念的逐步成熟。同一时期，电视新闻评论节目《焦点访谈》、新闻深度报道类节目《新闻调查》等名牌栏目的催生和创办，体现了中国电视新闻“栏目化”理念趋于成熟，也证实了中国电视新闻节目整体水平的提升和受众新闻审美和新闻观念的提升。

在技术条件的支持下，直播报道也不断完善，电视新闻直播观念也逐步形成。“三峡截流”、“黄河小浪底”和“香港回归”三次重大事件在中央电视台的直播，使得1998年被称为中国电视的直播年。之后经过“澳门回归”等一系列重大国际影响事件的发生，电视直播也经历了跨越式发展，电视新闻直播称为常见的报道方式，内容也大为扩展，报道方法也从被动参与到主动策划，变“就事儿说事儿”到“没事儿找事儿”，表现手法也愈益丰富、老练。

进入新世纪后，以江苏的《零距离》、《1860新闻眼》为代表的一批都市新闻、市民新闻、市井新闻栏目迅速崛起——此类新闻被统称为“民生新闻”，在中国电视新闻界掀起了一股新的浪潮。“民生新闻”立足本地的人物和事件，关心弱势群体、社会环境、社会公德，其舆论监督更接近于大众日常生活，反映了小人物的生存困境和琐屑苦恼，与早先《焦点访谈》类的精英节目自上而下的新闻监督大异其趣。中国的电视新闻类型逐渐多元化，同时电视新闻编辑理念也更倾向于贴近百姓生活。

（五）从民生话语到和谐话语：自觉期（2003至今）

从2003年起，对几次重大灾难性事件的报道体现了我国电视新闻理念逐步走向成熟。尤其是2008年对“5·12”汶川大地震的规模化报道体现了我国电视新闻报道形成以人为本的职业理念，显示了新闻工作者人性化意识的全面觉醒和转变，成为中国媒体人文精神确立的里程碑。

从对重大灾难性事件的报道中可以看出，首先，我国电视新闻理念由过去的被动报道变为主动参与，更加注重报道专业化、职业化、客观化，各大电视台纷纷推出“抗震救灾”特别节目，中央电视台更是开始了24小时的“全天候”直播。其次，实现了播报信息公开化、透明化的突破。汶川地震中的信息报道的开放，满足了公众对于灾难性事件的知情权；在报道模式方面，突破对灾难性报道长期停留于“人情”报道的模式，报道基本以“综合”型报道为主，既报道灾情也报道救灾，尊重生命、充满人文关怀的报道得到了一致的好评，激发起了全国人民的同情心，凝聚了民众的力量。而不尊重甚至漠视生命的报道，把新闻价值凌驾于生命价值之上的记者和报道画面，遭到了舆论的谴责，也受到了学界和媒体自身的质疑和反思。

以上种种都体现了我们的媒体已自觉意识到，“以人为本”这个理念将逐步内化为多数新闻工作者自觉秉持的职业理念，并将这个理念践行到今后的新闻报道、新闻编辑工作中去。

二、新媒体时代电视新闻的发展

“新媒体意味着技术的进步、传播语境的改变、传统话语权的解构和内容生产方式的转变。”[①] 新媒体的不断发展壮大丰富，改变着传媒生态，新媒体与传统媒体共生带来了媒介环境的新变化。

自20世纪90年代以来，数字技术作为信息社会发展的基础，已经得到了极大的推广和普及，日新月异的数字技术给传统的广播电视带来了重大变化。

（一）新媒体对电视新闻传播的影响

1. 传播主体：从“媒体”到“全民”

在传统媒体独领风骚时，它不同程度上被认为是高高在上的、唯一的或者主导传播过程的主体；在新媒体出现后，受众对传播有了更多参与权、话语权和控制权，正如托马斯·弗里德曼在《世界是平的：21世纪简史》一书中写的，“媒介使用者比以往更像一个微内容的生产者，而不仅仅是被动的信息消费者”。任何人只要具备技术设备和技术知识，都可以成为传播的主体。

2. 传播向度：从“单向”到“互动”

传统媒体传播信息的模式主要是以传播者为中心、自上而下、单向度的“灌输—接受”式为主的、面向广众的线性传播模式，受者大多是在媒介为他们设置好的有限议程或菜单中进行有限的挑选，从而影响了大众传媒与受众的平等交流，受众更难以主动地、方便地发布信息。传者与受者之间界限森严，互动性微弱。新媒体，特别是自媒体[②]的出现颠覆了这种模式，传受双方的关系变得对应和平等，出现了“点对点”、“面对点”、“面对面”的“双向”、“多向”传播方式，这种“双向”、“多向”传播模式的特点使传受双方能够进行较充分的互动交流。受众既是信息的接收者，又是信息的传播者和信息的生产者、创造者，个人在社会信息生产和交换中获得空前的主体地位。传受双方反馈及时、互动频繁，打破了传者和受者之间的界限，消解了主次之别和上下之分，使传受双方成为真正意义上的“对话者”。

3. 传播受众：从“广众”至“分众”再至新的“聚众”

在传统媒体时代，尽管大量受众在性别、年龄、文化程度、职业、收入水平、兴趣爱好等方面存在不少差异，但却常常是大量不同的受众同时接收为数不多的电视新闻节目，使受众不得不出现聚集现象（audience aggregation）。然而由于新媒体的出现，任何人都可以通过新媒体随时进行信息传播，并通过不断的交流沟通促使那些兴趣爱好相近的人形成一个个信息群，一起分享他们共同感兴趣的东西。因此，新媒体的应用使人们开始形成自己的“圈子”，世界开始重新“部落化”，出现了从“广众”

---

① 喻国明：《传媒新视界——中国传媒发展前沿探索》，25页，北京，新华出版社，2011。

② 自媒体是私人化、平民化、自主化的传播个体提供信息生产、积累、共享、传播的独立空间，可以同时面向多数人的、内容兼具私密性和公开性、交互信息传播的传播方式的总称。参见夏德元：《数字时代的媒介互动与传统媒体的象征意义》，载《新华文摘》，2011（11）。

至“分众”再至新的“聚众”的传播模式。

4. 传播范围：从“区域”到“全球”

由于技术因素的制约，传统的大众媒体基本上是区域性传播。随着新技术的发展，新媒体将打破区域的限制，实现文字、声音、图片、图像多符号呈现的全球传播。从理论上而言，在新媒体的平台上所发布的所有内容都可以面对全球所有的网络使用者。新媒体有助于信息的全球传播，互联网功不可没。Web 2.0 的出现，让每一个人都能够参与到全球互联网的共同协作中来，个人成为“网络化的全球公民”。按照最早投资网景公司的吉姆·克拉克的说法：“互联网是标准化的，只要标准能得到全球默认性的使用，那么互联网上的一切注定是全球化的一部分。”

5. 传播形态：从“单一”到“融合”

传统媒体按照传播形态可以划分为报纸、广播、电视，其传播的内容都以文本、音频或视频等单一介质的形式呈现。基于互联网和数字技术的新媒体，则集各种介质于一身，因此可以传播文字、图片、音频、视频等多种信息，从而为人们呈现出一个五光十色的“地球村”。在新媒体时代，与网络连接后的电视将具备更多计算机的特点，既可以接收和存储数字化内容，也可以实现观众与荧屏上播出内容的互动；移动电话也有了摄像、录像、收看电视节目、收发电子邮件等功能；计算机更兼具电话与电视的功能。随着新媒体技术在电视呈现方面的应用，电视新闻有了更加多样化的表现形式，信息的合理结合让新闻传播更加生动准确。例如，利用技术手段实现叠加字幕、图表模型、三维示范动画等电视画面，新闻画面下方滚动字幕与新闻报道同步实现，抠像技术使新闻画面信息含量更加丰富。

总之，受众可以在一个媒体平台上享受到多种应用和多种综合服务。新媒体的这种消解力量使得人们可以在任何时间、任何地点，通过任何方式享受数字音频、视频、照片和游戏等消费模式。当然，对于专业的传统媒体从业者来说则需要以多媒体融合的技能完成信息采集和传播，传媒人必须转变传播理念，才能分享新媒体带来的全新信息传播空间。

（二）新媒体环境下电视新闻发展优势

1. 传播符号的价值优势

从技术的角度讲，电视新闻主要是以视音频符号形式进行呈现的。在新的媒介环境下，电视新闻不仅可以依靠其符号优势独立存在，而且还能够依靠其价值优势，借着媒介融合的浪潮向新媒体延伸和扩展。比如，手机电视、网络电视、微博上传的视频等都能使得电视新闻到达用户终端。传统的中央电视台积极与互联网接轨，于 2009 年 12 月 28 日正式开播中国网络电视台（CNTV），打开 CNTV，包括新闻在内的在电视平台播出的节目都可收看，而且还具备了新媒体的互动性、即时性、非线性收看等优势。

2. 传播内容的包容优势

电视新闻具有很强的包容性，它的包容优势体现在电视新闻节目中：既可以“读报”，也可以“上网”，还可以使用 DV 视频、手机视频、照片等获得新闻内容，最关键的是这些内容有专业把关人进行梳理、解读与传播。比如 CCTV 新闻频道的《24 小时》重视参照网络上的热点议题，有意识地在节目中加大对网络声音的关注，在一个小时的节目中除了对一般新闻的梳理，同时展现平面媒体、网络媒体及网民关注的社会议题，并在此基础上挖掘新闻深度。较之互联网的包容性，传统电视媒体的这种包容性更立体、更系统、更深刻、更有内涵。电视新闻能够认识到其本身具有的这种包容性，并充分发挥这一特长，其本身的传播力将会在新媒体条件下得到巩固和强化。

3. 传播主体的公信优势

与新媒体新闻相比，传统电视新闻还具有显著的公信力优势。新闻公信力是传媒最具价值的内在品质和无形资产，是传媒在市场竞争中制胜的关键性因素，体现了一个媒体存在的权威性、在社会中的信誉度和在公民中应有的影响力。

首先，电视新闻公信力的保障来源于电视新闻信源的权威性和可靠性。我国内地的电视台是党和政府的喉舌，电视新闻的传播过程需要层层把关，能够最大限度地保证新闻的真实性，以新闻的真实力量构建其公信力。

另外，传统的电视新闻是由专业的新闻机构提供的内容产品，其中融入了新闻专业理念和专业规范。一则电视新闻的报道、一个电视新闻栏目里都渗透着专业电视新闻人的职业精神、自律意识和专业水准，而且相关的法律法规和行业管理也促使传统电视新闻媒体的运作要做到专业和规范。

除此之外，电视新闻经过几十年的发展和累积，传统电视台在新闻采集和节目提供方面拥有强大的人力物力资源和运作经验，在重大公共新闻信息的内容生产方面，传统电视新闻媒体仍然具有难以超越的优势。

第三节 | 电视新闻制播方式

一、电视新闻摄录技术

一般说来，人们对新近发生的事件有浓厚的兴趣或有得到消息的需求，并且希望能够先听为快或者先睹为快。在 20 世纪初期的新闻报道中，文字报道是最主要的传播方式，新闻业也主要以印刷品的报纸为主。直到 20 世纪 20 年代出现了广播，人们能够通过广播装置听到远距离的人的真实声音，多少增强了对新闻事件的真实感知力。而在视觉方面，静态的新闻图片（照片）一直充当着主要角色，那时人们还不能看到真实生动的活动影像。

1895 年诞生的电影技术为记录和再现活动影像提供了技术基础。最早的电影都是单镜头影片，摄影机固定在某一位置，对着拍摄的事件或人物将其连续记录下来。虽然这与后期逐步发展并完善的蒙太奇艺术相比，显得很幼稚，但它却正是新闻纪录片的早期萌芽，使人们能够满足于看到真正活动的影像。直到电视诞生之前，所有的新闻都是用电影胶片拍摄记录并播放的。

在 20 世纪 70 年代以前，拍摄电视新闻普遍采用 16 毫米电影胶片摄像机，拍完的胶片要经过洗印、剪接等复杂过程。显然，用电影机拍摄突发性新闻事件，无论是快捷、轻便方面还是质量方面都不能满足新闻的要求。电视新闻采集设备亟须突破性提高。一直以来，电视技术专业者都在追求被人们称为“减轻重量的革命”。

（一）3/4 英寸 U-matic 格式自动录像机的问世——电视新闻采制技术的第一次革命

1972 年 2 月 21—28 日美国总统尼克松访华是当时世界上最重要的历史事件之一，而承担电视报道重任的仅有两英寸的录像机和 1/2 英寸的开盘机，由于它们大而笨的体态，难以胜任现场新闻采访。美国哥伦比亚广播公司（CBS）为此次采访需要，希望有更加小型轻便的便携式摄像机和 3/4 录像机做采访使用。于是，日本索尼（Sony）公司开始了 3/4 英寸 U-matic 盒式录像机 VCR（video cassete recorder）的研制工作，并在原有 60 分钟大盒带子的基础上开发了记录时间为 20 分钟的小盒带子。这样，在那重要的历史时期 CBS 电视台使用 VO3800 录像单元和 BVP-100 摄像机成功进行了新闻采访，时效性比当时使用 16 毫米的摄像机提高了许多。

尼克松访华这一重大国际新闻事件采访报道的成功使 U-matic 系列录像机受到了欢迎。对于这种使用便携式电子摄像机、录像机进行的单机拍摄、先拍后编的制作方式，Sony 公司的研制人员给它命名为 ENG（electronic news gathering）方式，意思是电子新闻采集。从此，ENG 这一名称便开始在全世界流行。这是电视新闻采制技术革命的发端，可喻为第一次革命。

全球第一家下决心用电子新闻采集技术来全面替代原有的使用电影胶片设备的是美国密苏里州圣路易斯市的一家电视台——KMOX-TV。他们于 1974 年 9 月将摄影机、冲洗设备、监视和剪接编辑设施一下子全都清除掉，在其后的两年间，这项采集记录新闻的技术已经垄断许多对重大新闻的报道，美国及欧洲各台纷纷开始使用。

从 1976 年开始，中国中央电视台逐步引进外出采用的便携式录像机 VO-4800 型、电子编辑用的台式录像机 VO-5850 型，并于 1978 年着手大规模地引进应用。

（二）摄录一体机的使用——电视新闻采制技术的第二次革命

20 世纪 80 年代初，世界战争频发，摄录分立但联动使用的摄像机和录像机对战地记者来说工作很不方便。因此许多专业公司开始了一体机的研制，日本的索尼、松下等著名的视频设备厂家都投入了这一工作。

松下公司推出的是时间分割技术的 M2 系列摄录设备，记录信号时间能够达到一个半小时。索尼公司推出的是模拟分量技术的 Betacam SP 格式系列产品，使用金属磁带。而它们最终使得摄像单元和录像单元合二为一，新闻记者可以一个人完成新闻的采制工作，不用为摄、录单元之间的连线再磕磕绊绊。更长的磁带记录时间，更小、更轻便的磁带，更高的视频记录质量，无疑都是新闻记者所需要的。可以说是录像机和摄像机的进一步改进带来了电视新闻采制技术的第二次革命。

经过几年的研发、试验和推广，索尼公司的 Betacam SP 格式得到了广泛使用。大约从 20 世纪 90 年代开始，国内各大电视台相继广泛引进索尼公司的采用模拟分量技术的电视制作设备。随着这种更便于新闻采制工作的摄录一体机被普遍使用，我国电视新闻的制作和播出质量有了显著提高。

（三）数字摄录设备的推出——电视新闻采制技术的第三次革命

随着数字技术的日臻成熟，数字电视制作设备在功能上更加符合新闻工作的需要，便携、高清、无衰减等优势，深得一线使用者的喜爱。相继推出的数字摄像机和录像机主要有索尼公司的 DVCAM、Betacam SX、Digital Betacam 三个系列的数字系统以及松下公司开发的 DVCPRO 数字系统。

为了体现现场新闻采集的优势，Betacam SX 格式推出了便携式可编辑录像机，由于 Betacam SX 格式采用的是盘带结合型方式，所以素材可以从磁带下载到硬盘，经非线性编辑后，将成品再上载到磁带。

DVCPRO 格式的优势在于它推出时就有比较全面的产品线，而且它的磁带小型化，携带方便。DVCPRO 格式同时推出了便携式可编辑录像机。因为它的磁带体积比较小，在便携式录像机上就可以实现对素材的对编。这样，记者在现场采集到新闻后，可以在现场进行编辑，然后通过传输手段将新闻内容传回台总部播出，有利于提高新闻播出的时效性。

电视摄录设备的每一点改进与发展都与电视新闻采制工作的需要密切相关。以上两种格式带来的发展趋势，一种是走高质量、非线性、联网的道路；另一种是追求更小型、更轻便、更易操作、更便宜的发展。这样便于针对不同场合下的不同要求，可以选择使用更适当的设备，比如重要的国际会议新闻，可以用高档机；而突发性的事件新闻以快捷灵活为主，就需要用轻便的机器。

数字技术带给电视新闻采制的优势越来越显著，全面淘汰传统的模拟电视制播设备、普及应用数字电视制播设备现在已经完成。从 20 世纪 90 年代后期，我国电视便大踏步地投入了第三次技术革命。当然，随着与网络融合的不断演进，电视技术势必又将引发新一轮革命性进步。

二、电视节目制作方式

电视节目编辑制作有四种基本方式，即使将来电视制作进入全媒体时代，这四种方式依然会是基本的采制手段。

（一）ENG 方式

ENG 方式，即采用便携式的摄像、录像设备来采集电视新闻。

这种制作方式系统由一套轻型的便携式摄像机和录像机组成，现在形式上则为更简便的、更小型的摄录一体机。它体积小、重量轻、机动灵活、操作方便。它的最大特点是前期拍摄、后期编辑。记者可以用它迅速摄录新闻素材，经编辑后及时播出。

我国是在 1978 年开始采用 ENG 制作方式的，大大提高了制作效率。ENG 若与便摄式发射装置、传送系统相结合，还可以实现直播新闻现场实况。目前 ENG 多用于电视新闻类节目、电视剧及一些电视广告片的制作。

（二）EFP 方式

EFP 的英文全称为 Electronic Field Production，是电子现场制作的意思。

这套制作系统包括至少两台以上数量的摄像机、一个切换台、一个调音台和其他辅助设备。EFP 方式的特点是多机拍摄，即时编辑，也就是说拍摄和编辑同时开始、同时结束。该系统功能齐全，可以多视点拍摄，由导播在现场切换画面完成制作。

所录制的节目如果是与事件发生同时播出，称之为现场直播；如果是录制后再播，称之为现场录像。无论是直播还是录像，都是在事件（重大新闻、体育赛事或文艺演出等）发生时同步记录，虽然构成节目的镜头是多角度、多景别变化，但是在时间上是连续的。

由于使用两台以上摄像机进行现场拍摄，不间断地切换，所以 EFP 提供的是一次性的连续信号，从而简化了节目制作的程序。它要求摄制人员有明确的拍摄方案，在导播的统一调度下，分工协作，完成任务，对于超大型的现场摄制，往往要由几套 EFP 系统配合使用，把几路经过预选的信号利用微波设备传送到控制中心，再由总导演终选并播出。比如，直播三峡工程大江截流的特别报道就动用了一个卫星直播控制中心、两辆转播车、24 台摄像机，分区摄制。

EFP 摄像机的技术指标（分辨率、信噪比）要优于 ENG 摄像机，它保留了 ENG 摄像机的许多功能特点，在外形上做成既可肩扛也可安装在三脚架上的样子，实际上也可担负 ENG 的任务。目前多数 EFP 摄像机都有两种使用状态，两种状态的主要差别仅在携带操作方面。EFP 设备一般组装在一台电视转播车里。

（三）ESP 方式

ESP 的英文全称为 Electronic Studio Production，是电子演播室制作的意思。

ESP 方式利用演播室或摄影棚及其配套的高档设备进行节目制作，技术含量高。它集中了 ENG 方式与 EFP 方式的优点，由演播室、导播室和总控室组成。这种方式可以调动完善的灯光系统、高保真的音响和高质量的摄像机，精心构思创意，把复杂的节目内容分割成几部分而分别拍摄，然后再编辑成完整的内容，或是将不同时间拍摄的内容重新组合，创造出区别于真实时空的电视时空，比如大量的新闻演播室访谈节目均是用此方式制作完成；还可以多机调动，择优而取，或直播或录像，香港回归、每年的春节晚会等就是直播的典范。

ESP 既可以先拍摄、后精编，又可以即拍即制，因此它已经成为电视台自办节目的主要手段。从 1997 年年底我国开始引进虚拟演播室至今，已有不少节目从效率到成本获益，并改进了制作质量。

（四）DSNG 方式

DSNG 的英文全称为 Digital Satellite News Gethering，是数字卫星新闻采集的意思。

DSNG 方式是在以上三种制作方式的基础上，外加卫星传输信号系统得以构成的。像 1998 年中央电视台派往伊拉克战区的记者，除了携带 ENG 等采摄设备以外，关键是配备了卫星移动上行系统，边采边发，使得新闻信息播发与事件同步。一行八人的记者队完成了我国首次深入世界热点地区的现场实况报道。

DSNG 是新一代的电视新闻采集系统，它以卫星通信系统作为传输平台。电视台或其他新闻机构的记者在新闻事件的现场所采集到的画面和声音内容，即视频和音频的信号，将通过 DSNG 系统采集处理后，发射到同步通信卫星上，传回到电视台和新闻机构的总部所在地，进行直接转播或经二次编辑加工后播出。

随着对新闻时效性的要求不断提高，越来越多的电视台和媒体机构使用 DSNG 方式完成直播报道，最大限度地发挥了电视新闻媒介采编播合一的共时空传播优势。

三、电视新闻制播流程

（一）传统制播流程

我们知道，ENG 出现以后，电视新闻的制作和播出一般要经过前期单机采摄，后期单机编剪──→配音──→加字幕──→做特技──→录口播，然后再将多条新闻串编成一档播出带，送交播出部门播出这样一个过程（见图 1—2）。

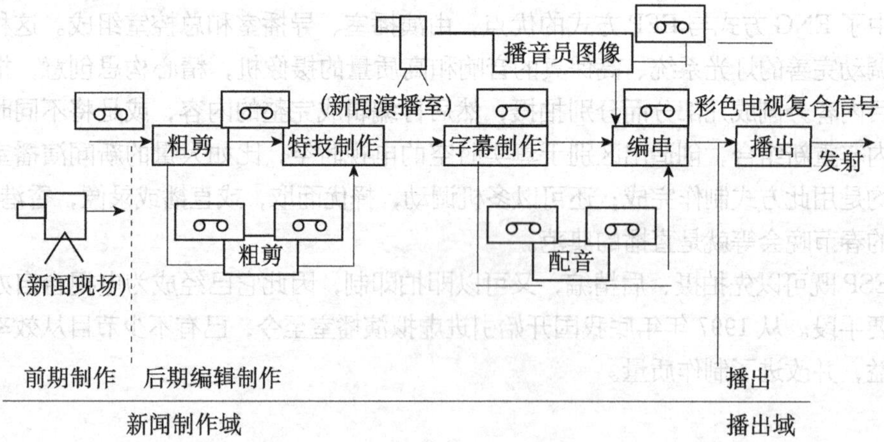

图 1—2　传统的新闻制作流程示意图

这种传统的制播流程，新闻的各项制作与播出分立且分离，磁带多版复制，费时费力，画面质量也会出现衰减。这种系统构成特点，一是小——小系统，二是多——多套数，三是全——配全特技、字幕机，工作效率不高。

制播流程往往依附于系统的构建，硬件环境决定着节目生产的过程，由图 1—2 可知，新闻带一旦串编完成，播前如若再想增、撤播某条新闻或改变编排几乎是不可能的，很难适应新闻直播机动性强的要求。目前我国城市电视台仍然主要采用这种工作流程。

（二）电视直播的制播流程

电视新闻直播，作为一种新的制作、播出方式，近年来在中央电视台、省级电视台开始盛行起来。

在 1996 年亚特兰大奥运会上，中央电视台采用卫星双向互传的方式，将新闻直播室延伸到了大洋彼岸，和亚特兰大前方报道组的演播室联在一起，两地共同构筑新闻直播节目。电视新闻直播，作为电视特有的手段，又向更高的层面上迈进了一步。

新闻直播实际上是指电视新闻的制作与播出在时间关系上合一，使“屏幕”上的时空与“事件”发生的时空均处于正在进行时态，也就是常说的共时空状态，电视时空与真实时空相一致。

新闻直播目前分为常态与非常态。常态直播通常是指新闻直播室与新闻合成的直播，以演播室为主体，其间可以随时通过卫星、微波、4G等方式进行现场连线，这种直播的意义在于提高了新闻播出的时效，并且为受众的互动参与提供了平台。非常态直播通常是指对重大新闻事件的现场直播报道，以新闻现场为主体，实现新闻前期采集与后期制作、播出的同步进行，这种报道方式在时效性上最大限度地接近新闻本原，最能展示电视独特的传播优势。①

我们知道，新闻直播需要强大的技术保障。就目前而言，实现新闻直播的首要条件是拥有一个功能强大的新闻直播室——新闻直播室系统——作为直播基站，完成以下三大任务。

第一，实时地制作节目（如直播过程中做字幕叠加、画中画特技、同期声和配音混录等）。

第二，实时地播发信息，信号与现在的播出系统互联。

第三，实时地接收和切入外来信号（包括转播车发回的正在发生的新闻事件的画面和声音），参与直播。

为了保证电视新闻的时效性，满足观众收视新闻的需要，重大新闻直播与日常“整点”、“多档滚动”新闻直播作为电视媒体的播出常态已被肯定。建立新闻直播系统不仅仅成为现实的要求，同时也是电视自身特性张扬与探索的必然。

但我国目前电视新闻直播大多是采用“播音员现场口播加磁带”的方式，也有人称之为“现场放带子”，就是把演播室里播音员的口播和编剪好的新闻带在切换台上“实时”地串编播出，直播的部分是播音员的口播，每条新闻则是编剪好的带上新闻，这种方式是新闻直播的初级阶段，或称之为“准直播”（见图1—3）。

图1—3　央视新闻频道视频截图

时下，电视新闻日常播出的新闻尚未或很少像体育实况转播那样将现实发生的事件直接播发，实现全面的“动态”直播。

新闻直播室系统一要有播出功能，二要有制作功能，是电视制、播合一系统。这种特殊性成为现阶段新闻直播室系统的特点之一。具体的新闻直播室系统制作流程示意图请见图1—4。

由图1—4可知，播前的新闻制作不再集中于单机“对编”的小系统内——又看又

① 参见江耘：《让新闻“思想”起来——城市台新闻频道可努力的五个维度》，载《南方电视学刊》，2011（1）。

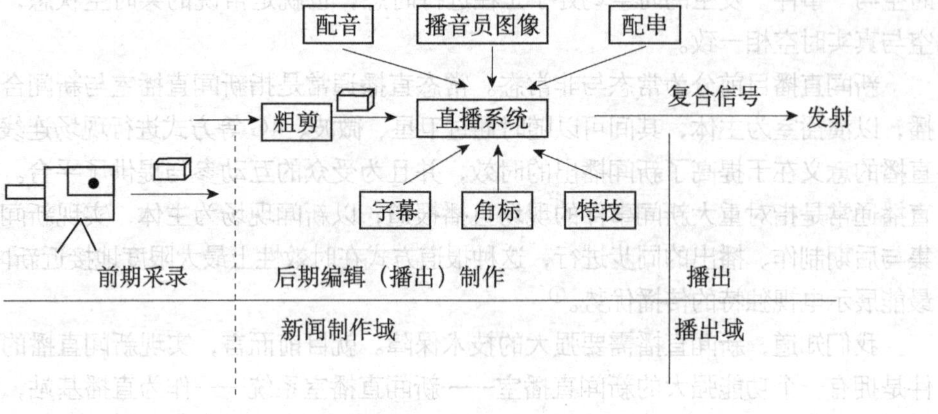

图 1—4　新闻直播室系统制作流程示意图

编又加字幕又做特技，而是先将新闻素材粗剪制成半成品，随后直接送直播线，在切换台上同播音员的口播图像，以及字幕、特技、角标“一次性”地合成、精编制作和播出。新闻在特定的流程里制作，完成于播出过程中。

新闻直播室系统可以理解为声音、画面、字幕一次性合成串联、播出系统，是把新闻制作与播出合一的系统。在这里先将新闻素材进行粗剪（没有字幕、特技甚至没有解说）为节目半成品带，再与精编环节中制好的相关内容，如地图、图表、背景资料等共同上线待播，然后直播时和播音员口播图像一起，加字幕、做特技、进行声音混录实时地、一次性地合成播出。

新闻直播室各岗位根据“新闻直播串联单”工作，制作、播出具有大工业生产流程的特点，产生一批专业制作人员如新闻技术导播、新闻动画制作者、直播音响师，他们是直播正常运作的保证，决定着系统运行的水准，决定着新闻“包装”的质量，是直播系统建构中不容忽视的因素。

四、电视新闻节目播出

电视新闻播出方式经历了简单直播—录像播出—演播室直播—现场卫星直播四个阶段。

（一）简单直播

这是磁带录像机问世前，各个电视台必须采用的直播方式。中国电视在艰苦创业初期，由于没有磁带录像机，受到技术设备的制约，电视新闻节目的播出方式采用的是被动式的简单直播方式：在演播室内一台摄像机对着银幕上的影片新闻，一台摄像机拍摄事先写好的字幕，导播现场切换。播音员则直播新闻稿，或是播音员出图像口播《简明新闻》，或是播音员配音解说《图片报道》。在我国，这种形式一直延续到 20 世纪 70 年代以前。

（二）录像播出

录像播出方式是基于世界上磁带录像机的创制。1956 年美国安培（Amper）公司研制出颇具实用性的四磁头磁带录像机，中国的近邻日本也奋起直追，差不多在同一时间研制出新型单磁头录像机，欧美及日本率先进入这一新技术带来的制播新领域。

世界上第一次使用录像带播放新闻节目是在 1956 年 11 月 30 日，那是 CBS（哥伦比亚广播公司）在洛杉矶录制的《道格拉斯·爱德华和新闻》节目，然后从纽约播出，三小时后美国西海岸的观众也看到了重播的这一节目。从此，电视免去了因技术手段跟不上而被迫冒风险做的“现场直播”。

我国于 1972 年再次引进录像机设备，从 1975 年起其使用范围才日趋广泛。1973 年 5 月我国开始试播彩色电视，使电视播出逐渐由简单直播改为录像播出，到 1980 年 7 月，完全改为录像播出。这一播出方式的改变减少了播出事故，提高了播出质量。

（三）直播室直播

新闻节目的直播概念实际上是指电视新闻的采集制作与播出在时空关系上处于“共时空”的“即时”状态，即“屏幕”上的时空与“事件”发生的时空处于同步进行时态，这种直播可以称为动态直播。

要实现动态直播，首要条件是拥有一个功能强大的新闻直播室系统。它应具备以下的功用：第一，实时地制作。如直播过程中叠加字幕、特技处理、同期声和配音混录等。第二，实时地接收和切入外来信号进行直播，包括通过卫星发回的在新闻现场正在发生的新闻事件的画面和声音。以中央电视台为例，原来的《早间新闻》、《午间新闻》、《晚间新闻》于 1993 年 3 月 1 日实现了直播和滚动播出，《新闻联播》于 1996 年元月 1 日开始直播，然而这种电视新闻直播是“播音员现场口播加磁带节目”，是在新闻直播室内的直播。严格地说这种状态只是新闻直播的初级阶段，称其为“准直播”更为确切。

（四）现场卫星直播

卫星直播即通过通信卫星、广播卫星实时地传送新闻事件现场的电视信号。这是对新闻进行直播的高级形式，它是对新闻实现动态直播。一般多用于大型的或重要的新闻事件报道。

1957 年 10 月 4 日，苏联将第一颗人造地球卫星“史普尼克”（Sputnik）送上了天空。紧随其后，1958 年 12 月，美国发射了卫星“成功号”。1962 年，最早用于转播电视节目的通信卫星是美国电话电报公司发射的“电星一号”卫星，人类从此开启了卫星电视的天窗。20 世纪的 60 年代和 70 年代利用卫星来收看新闻或其他电视节目可以说是电视的最大成就。

我国首次接触卫星传播应该是在 1972 年 2 月。当时美国三大广播公司组成庞大的新闻报道队伍，对尼克松来华访问进行全面报道。我方人员参与并配合美国记者通过卫星向外转发节目，历时八天共转发了 52 小时新闻专题节目，其中进行了 9 次卫星实况转播。1976 年之后，中央电视台开始利用国际通信卫星向世界转发国内的重大新闻。我国第一次采用卫星进行新闻直播是 1986 年对英国女王访华活动的报道。1998 年 2 月 11 日，中国利用海事卫星和移动卫星地面站等先进采编播装备首次在国际热点地区采访伊拉克武器核查危机，中央电视台一行八人顺利完成域外战区现场报道任务。这再一次全面地证明了我国具备进行新闻动态直播的技术实力。在对 2008 年 5 月 12 日发生的汶川地震的报道中，中央电视台的反应十分迅速，可谓是达到了国际水准，在地震发生 32 分钟后发布消息，52 分钟后开启直播窗口，信息的透明化程度达到前所未有的程度。

利用卫星直播具有覆盖面积大、信号质量高、现场感强、时效性突出等优点，是电视新闻节目在国际上提高竞争力水平的保障之一。现在，大功率的直播卫星制造技术的成熟为我国发展直播卫星创造了条件；我国幅员辽阔，地形复杂，人口居住分散，发展直播卫星、开展卫星广播业务也是提高广播电视人口覆盖率的最有效的途径。

思考题

❶ 电视新闻有哪些共性规律与个性特征？

❷ 新媒体时代电视新闻传播与传统媒体时代的不同点有哪些？

❸ 如何理解电视新闻的价值要素？请结合具体实例谈一谈对时间性、新意性、重要性、接近性的理解。

❹ 中国电视新闻编辑理念大致可以分为哪几个发展时期？每个发展时期有着怎样的特点？

❺ 简述四种电视新闻采制方式以及电视新闻制作流程。

❻ 当下电视新闻的采制、播出如何兼顾新媒体渠道的传播？

实训题

❶ 新媒体时代电视新闻有哪些新的发展趋势？结合个人理解简述这一时期电视新闻的优势是什么。

❷ 请结合目前电视的新闻理念，预测未来中国电视新闻随着新技术的不断进步会发生怎样的发展变化。

第二章 电视新闻表现元素

本章学习要点

- ◇ **认识电视新闻画面基本知识，声音的形象表现。**
- ◇ **重点把握新闻画面基本景别、解说声、同期声等功用。**
- ◇ **了解字幕、新闻图表等多元视听要素的作用。**

唐代文豪韩愈曾说："耳目之于身也，耳司闻而目司见。"这就是人们常说的"耳闻目睹"。耳、目于人是接受声画信息的两种最重要的感觉器官。极大地满足和丰富人们的视听需求、增强传播效果，是电视新闻节目采集制作者的重要任务，因此我们对构成节目的各种要素要有明确认识。就像学习绘画，虽说艺无定法，但要成为一名出色的画家，在初学绘画时，也得从学素描或白描开始，从最基本的线条、色彩、构图、技法等开始，有了坚实的基础，才能在以后的创作中融合个人独特的认识而获得独到的艺术效果。

第一节 | 电视新闻画面

一、画面造型

（一）画面的基本概念

画面这一说法，源于绘画。在电视节目制作中，通常将摄像机拍摄下来的镜头图像称之为画面。电视画面是电视造型语言的基本单位，是组成电视节目的根本要素之一，是最具电视特色的符号。

构成电视画面的元素是多种多样的，总体可以划分为语言符号和非语言符号。语言符号是由声音和文字构成的，主要包括声音符号和书写符号两大系统，是人类社会中最重要的传播媒介之一。声音符号在电视画面中具体表现为同期声、解说词和音乐效果声；书写符号在电视画面中具体表现为屏幕文字，如新闻标题、提示字幕等。

非语言符号是指信息传播不以声音和文字为载体，而是以其他视觉、听觉等符号为信息载体的符号系统。非语言符号包括图像、颜色、光亮、音乐和人的体语等。在电视画面中非语言符号具体表现为图像、图画、摄影照片、电子特技画面等。

（二）画面的表征

电视新闻画面具备三个基本表征：动态感、连续感、真实感。

动态感包括两方面内容：一是摄像机镜头的移动，主要指摄像机的推、拉、摇、移、跟、升、降，拍摄者通过不同镜头语言的运用传达情感，深层传递新闻内涵。二是被摄主体的运动，通过被摄主体的表情变化、行为举止以及范围转换，表达其内涵和过程，使画面活泼生动，以调动观众情感。“动”应是有技巧、有节奏、有美感的，乱动会造成观众信息接收混乱，扰乱视听。

连续感指的是画面的衔接要保持连贯性，能够自然通畅地为观众传递信息，具有一定的韵律美。

真实感即通过画面把新闻事件的现场环境和气氛直接呈现在观众面前。

（三）电视画面的倾向性

电视画面作为电视新闻的基本元素之一，一方面既要符合新闻真实客观性的原则，另一方面由于新闻人员的参与，画面难免会渗透进摄制人员的主观意识。从客观与主管的关系来说，千变万化的画面都是经过摄制人员精心选择而产生的，是主观作用于客观的产物，我们必须要认识到新闻报道中的倾向是普遍的客观存在。

具体说来，电视画面的倾向性表现在以下三个方面。

1. 摄影者对不同拍摄技法的应用

电视新闻画面能通过构图、色彩、拍摄角度、摄像机的运动及景别的千变万化，带给观众千差万别的感受。而这些画面符号，又能被摄制人员为了说明或突出某些要点而灵活地运用。真实是新闻的生命，纪实性的长镜头有了更多的用武之地，然而完全使用一个较大的固定景别的长镜头来实现电视新闻报道的情况极其少见，人们现在所见的电视新闻中大都有画面的运动、角度的变换和拍摄距离的调整，那么在运用这些不同的拍摄技法时，摄制人员的倾向性便会在一定程度上影响画面内容的表达。

2. 报道者对画面内容的选择

电视新闻画面并不是单纯地、机械地呈现社会现象和自然景象，而是记者有选择地对事实的报道。电视新闻画面，是报道者透过复杂的社会现象，经过观察和综合分析之后，有意识地对事实内容的择取和对具体素材的筛选。

3. 编辑者对画面不同方法的组接

对新闻画面进行组接，并不意味着可以创造新闻的表意，新闻内容的表意仍是由新闻事件本身来决定的。但是在画面素材的取舍、镜头长度的确定、再现新闻事实的表现形式等方面仍带有编辑、记者的倾向性。不同价值观或是认识水平高低不等的编辑、记者，组接出来的新闻所包含的意象是有差异的。

综上所述，我们需要明确认识到，画面的本质属性是对客观事实的记录，但其具有局限性，即电视新闻画面具有倾向性。这一点既有理论意义，又有实践价值。

二、画面造型的语义

作为电视记者来说应该熟练掌握摄影技巧，并能利用画面形象来表现新闻主体，使画面不仅在于叙事，还能起到渲情的作用。能否运用好新闻的重要语言——画面——是衡量记者、编辑业务素质的重要标准。电视新闻画面是由若干基本符号构成的，它们在画面中发挥着独特作用，从而使电视新闻画面既好看又真实，而且富于内涵。具体说来，画面的基本符号由画面构图、画面色彩、运动画面、拍摄角度、画面景别等组成。

（一）画面构图

电视新闻的画面构图不需要太过绚丽，而应以简洁、明了、工整的风格来组织各种造型元素，表现新闻作品的主题思想，即把人、景、物等被摄对象，按一定的审美规律安排在电视画面中，组成一个艺术整体，传达出某种思想感情。[①]

电视新闻受其线性传播方式的影响，讲求快速准确地报道最重要的内容，所以在电视新闻画面构图时要首先把握“主体突出原则”。尤其是在表现场面大、景物多的事件时，为了使观众能够快速掌握画面传递的信息，就必然要在画面构图中使众多景物之间能够搭建起相互依托、相互呼应的关系，以生动地突出主体形象。主体的表现方法一般有两种：一种是直接表现法，即在画面中给主体以最大的面积、最佳的照明、最醒目的位置，将主体呈现在观众面前。例如，在国庆 35 周年的阅兵式上，大学生队伍中忽然打出“小平，您好！”的旗帜，以这一旗帜为中心结构的画面，平添了一股活跃的气息，使前进中的队伍产生涌动的奔突之势。另一种是间接突出法，即通过环境的烘托和气氛的渲染来间接地映衬和强调主体。

其次在画面构图中还需要灵活运用线条。在拍摄时，应根据所摄画面的主要线条加以提炼，为主体的表达服务。(1) 水平线条会让我们的视觉产生向两侧延伸的感觉，适合运用于宽广、辽阔的画面，如拍摄大地、海洋、湖泊、草原等。(2) 垂直线条在我们视觉中有一种向上向下伸展的动势，具有表达高耸、挺拔、刚直和修长的作用，如拍摄阅兵的队列、高耸的大厦、参天的树木都会产生这种感觉。(3) 斜线是画面中非水平、非垂直的直线，既会使自身不动的物体产生动势，又会强化运动的物体，如巴塞罗那奥运会的片头集锦，所有的运动项目和镜头都采用了斜线结构。(4) 曲线则最富于变化，能把人的视线引向远方，使有限的画面变得无限深远，同时，又能使画面宽裕、舒畅、丰富和深远，让人看上去有韵律感，从而产生优美、雅致、协调的感觉，如铁轨、小河转弯的曲线构图。

（二）画面色彩

电视新闻画面通过不同的色彩可以显现出不一样的表现力，所以我们说画面色彩是电视新闻图像构成的重要视觉符号。

色彩的一点变化都会产生视觉心理的改变。人们打开电视机收看节目，第一感觉是画面色彩，其次才是内容、声音和其他细节。要知道，色彩是人类最容易感知的美的形式，它通过再现或提炼现实生活中的五颜六色来记录或抒情，从而引起观众的情感共鸣。

---

① 参见杨嘉怡：《电视摄像技术中的画面构图艺术》，载《河南理工大学学报》（社会科学版），2010 (3)。

摄制中可以利用一定方法设立不同色彩的关系，建立起色彩的秩序，充分利用这个最富情感表现力的因子，传达电视画面的深层含义。如刘郎的纪录片《西藏的诱惑》以三代僧侣虔诚朝圣为意象，以四位艺术家在西藏潜心探寻为主线，表现了一种因环境而形成的特殊境界。太阳、云海、佛塔、雪山、雄鹰、莽野……整个片子画面清新、色调单纯、注意环境意境的描写，让人充分领会自然景观的意蕴和作者寄寓它的感情诉求，从而达到讴歌一种由朝圣而引申的崇高精神。

（三）画面景别

电视的画面景别分为远景、全景、中景、近景、特写（见图 2—1）。在电视新闻中，小景别（近、特）画面对于提示主题、直入实质有着异乎寻常的功效；大景别（远、全）画面有较大的容量，主要表现周边环境、活动场面，也表现景物的宏大气势、地势及地理特征等。画面景别的大小由两个因素决定：一是被拍摄对象与摄像机之间的实际距离，二是摄像机镜头的焦距长短。在拍摄距离不变的情况下，图像大小会随着焦距变化而变化。摄像机焦距变长，则画面变小、景别变大；摄像机焦距变短，则画面变大、景别变小。

图 2—1　全景、中景、近景、特写等不同景别（按逆时针方向浏览，由网络图片编辑）

景别的变化带来的是视点的变化，它能通过摄像造型达到满足观众从不同视距、不同视野全面观看被摄体的心理需求。① 同时，不同的景别还能体现出不同的画面造型意图，加之多种景别镜头的拼接带来视觉节奏的变化，可以让观众在画面时空和视距变化中感受到拍摄者的画面思维。

1. 远景

远景又称作概览摄影，指的是视距远、表现空间范围大的画面，讲究的是“远取其势”。例如《望长城》的画面中长城蜿蜒于崇山峻岭之间及广阔无垠的大漠之上，给观众以浩大、壮观、雄伟的视觉冲击和画面感受。又如，在 2012 年 10 月 3 日《新闻联播·钱塘江大潮今天壮观上演》中，大量的远景画面展现出钱塘江“一线潮”、“交差潮”、“回头潮”等壮阔景象，让观众通过电视新闻画面便能感受到“八月十八潮，壮观天下无”的奇特景观（见图 2—2）。

2. 全景

全景用来表现人物的全身形象或是某一场景的全貌，讲究的是“全取轮廓”。相较于远景，全景镜头有明确的内容中心和结构主体，重视特定范围内某一具体对象的视觉轮廓、形状和视觉中心地位。通常人物是主体，而周边环境只起背景或补充作用。一个全景镜头可以拍摄一个或几个人物的全身影像，在他（们）的周围要留有一定的环境空间，它是能够表现人与环境或景物之间的明确关系、能够清楚表现人或物全身特征的镜头。拍摄全景时要注意空间深度的透视效果，主体画面的轮廓线条、形状特征要清晰可见，像在山脚下草地上放羊的牧童、田野里耕作的农民、课堂里讲课的老师等。②

全景镜头使观众对所表现的事物、场景有一个完整的印象。观众对画面整体的内容的感知和把握是直接的、无间隔的，其表现效果比剪辑合成的完整内容更真实、更客观。因此，在纪实性节目中，由于全景画面具有无间隔地直接再现被摄体和场景全貌的特点，因而便充当了介绍记录和表现的重要角色。

全景镜头长于表现人与人之间的交流，以及人体的形体动作，用来传递人物情绪、性格特征；长于通过特定的情境表现特定的人物，并对所表现的人物起到交待、说明和衬托的作用（见图 2—3）。

3. 中景

以成年人体为参照，中景是表现膝盖以上的画面。画面上看起来舍去周围不少景物，人物的整体形象和环境空间不再为主要表现对象。在这个景别的画面里，人物的具体动作和交流情节较受重视，它使观众看到人物膝部以上的形体运动（能够突出其

---

① 参见刘万年编著：《视音频处理技术》，148 页，南京，南京大学出版社，2009。

② 参见杨金刚：《电视画面景别之我见》，载《声屏世界》，2008（3）。

图 2—2 远景：央视直播钱塘江大潮

手势动作）和情绪变化，有利于交待人与人、人与物之间的关系，既能表现外部动作，又能适当表现人物内心活动和人物之间的谈话和感情交流，它是电视新闻常用的景别（见图 2—4）。

图 2—3　全景：少女在风中奔跑

图 2—4　中景：敬一丹主持《焦点访谈》节目视频截图

4. 近景

近景指的是表现成年人胸部以上部分或物体局部的画面，它拍到人物的胸部，能看到肩部和手臂的上半部，在电视中使用很广泛。

所谓“近取其神”，这个景别的内容往往以人物为主，景物为辅，它以表情、质地为表现对象，画面中人物细小的动作得到显著的表现，人物心理活动和面部表情都能被观众看清楚，人物的精神面貌及物体的主要特征展现在观众眼前并吸引其注意力，缩小了观众与被摄人物之间的心理距离，使观众易于产生心理参与、交流意识。

近景是表现人物面部神态和情绪、刻画人物性格的主要景别，并且由于其画面空间的近距离和画面范围的指向性，可以被用来充分表现人物或物体富有意义的局部。在世界各国大多数电视新闻节目或专题节目中，主播或主持人多是以近景别的样式出现的（见图 2—5）。

图 2—5　近景：白岩松主持节目（图片来自网络）

5. 特写

特写指的是表现人肩部以上的头像或某些被摄对象细部的画面，是视距最近的画面，有时我们称它为头肩镜头［特写镜头示例见图 2—6（1）至图 2—6（4）］。特写画面的重要作用是表现人物的内心活动，刻画人物的性格。它的画面内容单一，把被摄主体从周围的环境中强调出来，即“从整体中抽出细节”，让观众更接近被摄体，从细微之处窥察其内部特征或表情传达的心灵信息，给观众的感染力更大，视觉冲动更强，起到强化内容、放大形象、突出细节的作用。匈牙利著名电影理论家贝拉·巴拉兹这样描述特写的功能：“它不仅使我们看到某些前所未见的物体和事件：昆虫在宽阔的叶上冒险旅行，初生的小鸡在鸡舍的角落里经历的悲剧，花的爱情行为和纤细风景画里的诗意；它不仅带给我们新的题材，……还给我们揭示了我们自以为早已熟悉的生活中的潜在基因。”① 同时，巴拉兹还说特写镜头“不仅是人脸空间上和我们距离缩短了，而且它可以超越空间，进入另一个领域，精神领域，或叫心灵领域”，它“作用于我们的心灵，而不是我们的眼睛”。

特写的类别从内容上可以分为：人物活动背景中的自然环境或生活环境的细部特写；和人物有关的各种无生命或无知觉的客观物体的特写；人物动作细节特写；人物躯体细部特写；人物面部表情或面部表情细节特写。这些不同内容的特写，其作用都

---

① ［匈］巴拉兹：《电影美学》，39 页，北京，中国电影出版社，1978。

是通过细节去揭示事物的面貌，去发掘事物的本质。

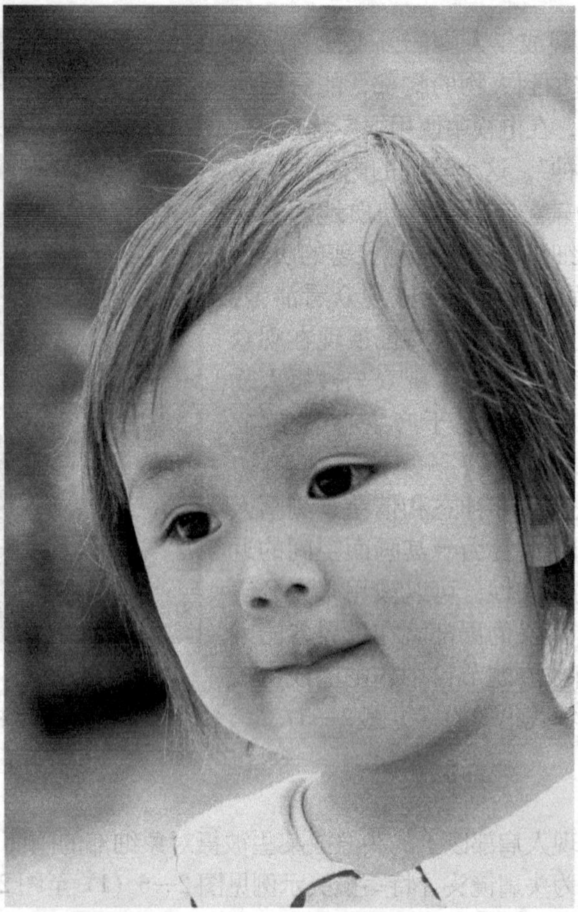

图 2—6（1）　特写：儿童（图片来自网络）

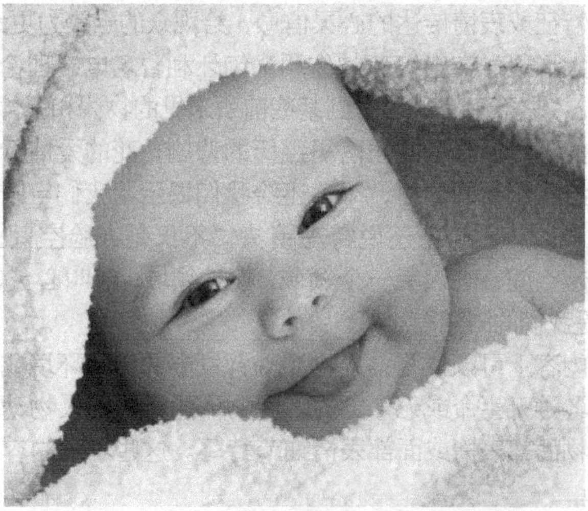

图 2—6（2）　特写：婴儿（图片来自网络）

图 2—6（3）　特写：CCTV7《军事纪实》栏目《爱在昆仑之巅》用特写镜头表现战士的手

图 2—6（4）　特写：CCTV7《军事纪实》栏目《超级女兵》视频截图

特写这一景别在电视新闻画面中有着十分重要的作用，无论是揭示新闻人物的内心世界，还是展现新闻事物的内在特征，都能以最为肯定的信息内容供人们明察秋毫，消除不确定性。特写还可以弥补新闻消息一般不太涉及的“心理情绪”这一内容的传播，使人们在接受基本信息的同时，感受特写细节所传递的无言的感情信息。例如，一些报道文物出土的消息，人们往往可以从“特写”画面中看到器物上斑驳的纹理、奇特的造型细节，从中感悟到历史步履的厚重等情趣，而这些感情内容，电视新闻的文字声音是难以传递的。除此以外，由于特写排除了与周围环境的空间联系，所以还可以用做转场镜头。

由于特写画面对细节进行放大，表现的内容集中且单一，所以使用时要注意两点，一是不宜频繁使用，二是画面暂留的时间不宜长。

第二节｜声音的形象表现

一、电视新闻中的声音

（一）电视声音的分类

声音是电视新闻的表现要素，它与画面结合，形成电视媒介所独具的视听双通道传播优势，为人们塑造出真实、完整可感的电视世界。

有符号学研究者指出：“日常体验表明，我们从现实世界中所得到的感知，不是含混就是模糊，没有明确界限，很难为我们一时所掌握。只有经过语词化，即赋予它一定概念性的意义之后，才有可能定性，为人们所认识，并在一时中固着、安顿下来。这就意味着，只有经过语言的整理和规范，人类的知觉才能在混沌中创造有序。”①

这恰恰证明了声音是人们认识事物的重要方式。在现实的传播中，声音可以分做具象性声音和抽象性声音。具象性声音使人们感受到世界万物的真切存在；抽象性声音则以历时的逻辑排列，超越时空制约，自由地表述人们对世界万物的认识，具有独特的系统叙述能力。

根据声音在新闻节目中的表现形式，其主要可分为三种——解说词、同期声和音乐。其中，同期声包括现场采访同期声和现场效果同期声，音乐可分为后期配乐以及新闻现场的背景音乐。电视中的声音是对生活中各种声音的选择、加工、浓缩后的集中表现。

电视新闻节目通过上述的声音元素，使画面活起来并构成听觉形象电视新闻节目中的声音，具体包括交代事件和情节、交流思想、传达情感的语言，使人身临其境的音响效果，以及渲染、烘托气氛的音乐。

① 刘智：《新闻文化与符号》，33页，北京，科学出版社，1999。

（二）电视声音的地位

早在1985年的全国电视新闻理论讨论会上，就针对“电视新闻究竟是以画面为主还是以声音为主”展开了我国“电视新闻理论第一辩”。时至今日，随着电视节目采编技术的发展，摄录一体化和数字编辑技术的出现，“声画谁为主”的问题已经获得了技术上的解决而不再成为电视新闻工作者的疑惑。

我们应该认识到，电视新闻中的画面和声音是相互补充、不可分割的两个重要元素。声音通过与画面的胶着、互补，形成视听不可分割的新闻空间，从两个感知通道消除人们对事物认识的不确定性，进而使人们获得确信无疑的信息。如果缺乏声音元素与画面的配合，纯粹的视觉表现往往对传递新闻信息难以做到完整、明确。

巴拉兹在《电影美学》中曾写道：“声音将不仅是画面的比如产物，它将成为主题，成为动作的源泉和成因。”① 电视新闻声音所具有的逻辑表述力，可以使无序的画面物象形成一个有序的佐证系统，伴随物象的同期声音，则使本为真实的新闻空间更具可感气氛，将与对应的面面语言符号赋予更明确的含义。

声音和画面的组合有多种多样的方式，其中最主要的有两种。第一种是声画合一。所谓声画合一，是指声音和画面同时针对同一新闻形象的表现形式。这种表现形式在保留了画面和声音的传真性的同时给新闻内容带来了强化的意识。画面中出现的人和物，或者就是声音的发音体，或者就是在具体描述画面中的事物场景。这种声画合一的组合方式能加强传播内容的真实感和可信度，避免了因画面的不确定性所带来的认识上的差异。

第二种是声画对位。这是指声音和画面围绕着同一主题、同一内容，运用各自独立的形式，再进行有机结合的一种手法。这一形式在电视新闻中得到广泛的使用。声画对位打破了看图识字的局限，通过视听两个不同感知通道之间的不同步的信息展示，产生差异，而这种差异结合的结果并未使得观众的注意力分散，反而调动了观众的注意力，对两个通道的信息加以叠加、重合、联想，加大传播力度，产生一加一大于二的传播效果。声音和画面按照各自的表现规律彼此表达不同的内容，又在各自发展的基础上有机地结合起来，造成仅仅使用画面或仅仅使用声音所不能产生的整体效果。声画对位的结构形式使声音和画面不再互为依赖、重复表现同一个事物，而能够各自发挥作用，从而扩大了电视新闻报道的信息容量。

二、声音的功用及其形象表现

声音作为电视新闻的重要表现方式，主要由解说、同期声（包括现场语言和现场

① ［匈］巴拉兹：《电影美学》，209页。

音响等)、音乐等部分组成。

(一)解说声

解说声是一种附加于图像之外的声音成分。它是由记者通过对客观事件进行主观描绘、处理和提炼加工后，形成文字稿，再由播音员播报出来的有关新闻内容的声音元素，是电视新闻声音的构成要素之一，多用于表达比较具有主观色彩、比较抽象、比较完整的内容。

1. 解说词的功用

解说声的语言内容习惯上被称为新闻稿或解说词。解说声（解说词）作为承载新闻信息的一种“载体”，它在具体实践中的作用可分为基本功用和加乘功用两方面。

(1) 解说词的基本功用是补充画面信息，完善对新闻事件的叙述。在电视新闻传播过程中，声音和画面共生于电视语言中，分别承担着不同的信息传递工作。画面所传达的视觉信息真实、直观，但是画面作为一种非语言的视觉符号，其意义具有模糊性、不确定性，单靠画面讲述新闻，既不现实，也不经济，画面必须通过解说词获得确定意义。解说词作为画面的补充，它运行在画面的流动中，与画面同时构成审美对象，作用于欣赏者。同时，解说词还要具备准确性，即以事实为依据，真实可信。

以《民生大参考》2007 年 4 月 14 日报道的《女子网络行骗被抓》为例，记者在一家派出所见到行骗的女子、骗到的电动车、行骗的对象及处理案件的民警，行骗的原因、过程已经完结，无法再现，对行骗女子的惩罚无法预先展现；这一事件中的各个要素之间通过什么关联起来，画面也无法说清。在这则事件性新闻中，需要解说词讲述如何行骗、如何破案、可能受到什么惩处。

2002 年《焦点访谈》报道的是江泽民和克林顿在印尼首都雅加达会晤，当双方领导人在大厅里握手见面时，记者在解说词里交代了一个细节，说会晤的地点是由中方租下的，因此，江泽民是主人，克林顿是客人。这句解说词表达的内容是观众永远也无法从屏幕的画面中获悉的。解说词增加了信息量，同时也给这条时政新闻增添了情趣。

(2) 解说词的加乘功用表现在与画面配合表现主题、营造意境、提升内涵上。观众在观看电视时，往往是停留在对事物表面形象的理解上，这就需要借助解说词来说透画面，利用其文字语言的力量来引导观众的认识，让观众重新对画面思考，形成全新的感受，并展开丰富的联想，深刻领会主题思想。

以《话说长江》开头的“源远流长”为例，解说词说道：

> 您可能以为，这是大海，是汪洋吧？不，这是崇明岛外的长江！
>
> 您可能会联想到长长的飘带、洁白的哈达。是啊！多么美丽，这也是长江！长江在这个世界上已经生活了千千万万个春秋了，可他还是这样年轻，这样清秀！他总是像初生的牛犊一样不知疲倦，永远充满着青春的活力。

解说员陈铎和虹云饱含深情的解说，借景抒情引导观众触景生情，进行同步想象，从而使人宛如身临其境，获得了深刻体验。然而，在这里解说词所起的作用却不止是这样简单，主创者通过解说词创造出了一些影像语言所无法表达的意象，无疑为作品增添了更多的魅力。如与“您可能会联想到长长的飘带、洁白的哈达”这一句解说词同时呈现的画面，如果没有解说词的引导，长江的画面说不定也和任意一条曲折河流没什么两样。经过解说词的引导，那些熟悉哈达的人马上就会展开联想，由此认同长江和哈达具有同样圣洁、神秘的特质；不熟悉哈达的人也可以由飘带这个比喻而把长江和自己生活经验中熟悉的事物联系在一起，使得陌生的长江和人们的距离瞬间拉近了。

2. 解说词的结构

在非现场报道中，解说词是新闻解说声主要依据的文字稿，新闻解说词要紧紧围绕报道主题，与画面形成一个有机的统一整体，它的基本结构一般由导语、主体、结尾三部分组成。

(1) 导语。特·米尔纳曾说，导语是一种解释、摘要、高潮，一种包裹里的要点或者是新闻预告的总和。电视新闻导语是电视新闻开头的第一句话或第一段落，要用简练生动的语言文字，介绍新闻事件中最重要的内容、最主要的事实和最新鲜的状态，直观鲜明地揭示主题，概括提示新闻最本质的思想内容从而引起观众的关注和兴趣。一条电视新闻能否吸引观众的目光，导语往往起着决定性的作用。

关于导语的写法，根据选取事实、反映事实的主要特点，可分为概述型导语、描述型导语和评论型导语。

第一种类型是概述型导语，它是使用最为广泛、使用频率最高的一种导语形式。它以概括的、直接陈述的方式写作，简洁明了地传递事实信息，极易为读者所理解。

请看陕西电视台的电视新闻《温副总理带灾区孩子上课》[①]：

【导语】陕西南部遭受百年不遇的特大洪灾后，国务院副总理温家宝6月21日赶赴重灾区佛坪县视察灾情。在长角坝乡沙坝村临时教学点看望遭灾不停学的师生们。

这则导语不足百字，却将时间（6月21日）、地点（长角坝乡沙坝村临时教学点）、人物（温家宝总理和临时教学点的师生们）、原因（陕西南部遭受百年不遇的特大洪灾）等重要信息交待得一清二楚，并成功吸引观众注意，想要进一步了解灾区临时教学点的情况，即怎么样（How）。

第二种类型是描述型导语，而根据描述对象的不同，它又可以分为任务描述、事物描述、现场描述三大类。电视新闻由于画面的存在使其导语解说应与视觉形象适配，以一种诱导性的声势，让受众产生强烈的收视欲望。

请看第21届中国新闻奖一等奖作品——荆州电视台《一堆木头与一连串车祸》——

① 参见《2002年度中国新闻奖作品选》，365页，北京，新华出版社，2004。

的导语：

【导语】今天下午4点多钟，在荆州荆监一级公路江北段，一辆满载木头的货车突然冲出公路，一头栽进路边的树林，木头撒落在公路上，天色渐暗，这些木头成为一个个路障，非常危险。

这是一则典型的描述型导语，以事件为切入点，细致地描绘了现场情景，让观众如临其境，为后续的新闻报道营造出一种诱导的声势。

第三种类型是议论型导语，根据议论的方式不同，它可以分为两大类：针对某一社会热点通过提问切入的导语称之为“提问式”；而基于对事实叙述的基础所展开的议论导语可以被称做“结论式”或“评论式”导语。

请看第22届中国新闻奖二等奖作品——北京电视台新闻消息《北京告别91年钢铁生产历史》——的评论式导语：

【导语】昨天，首钢北京石景山钢铁主流程停产仪式举行。首钢北京石景山钢铁主流程圆满完成了历史使命，顺利实现全面停产。这是中国钢铁史上的一个历史时刻，也是北京城市发展史上的一个重要时刻。我们与延续了91年的钢铁生产作别。这份告别永载史册。

该导语既说明了事件的客观情况——首钢北京石景山钢铁主流程停产仪式在昨日举行，又对该事件发表评论，点明首钢停产搬迁的重大历史意义，从而更好地引起受众关注，引发受众思考。

议论型导语往往采用夹叙夹议的方式，通过极有节制、极有分寸的评论，引出新闻事实，揭示新闻本质，以唤起读者的注意。

电视新闻导语是引导观众观看电视新闻的一扇门。相对于报纸、广播等其他大众媒体的新闻导语而言，电视新闻导语更具立体化、真实感和互动性。电视新闻节目的传递，除依赖画面外，更有赖于声音，声音一听而过，不像报纸那样可以重看一次，所以电视新闻导语要尽量通俗化，避免使用深奥难懂的词汇和字眼。电视新闻利用它所独具的媒介特性——综合传播符号的优势——在导语和导语性画面之后，还能凭借新闻标题强化导语内容，加深受众印象。

(2) 主体。主体是新闻解说词的主体部分，是支撑整体的中心。早期解说完全承担了中心内容的表达作用，而如今随着新闻采制设备性能质量的提高，同期声的应用更为广泛，现在新闻解说多以同期声加解说词共同构成。

主体的结构方式是多种多样的，综合来看，大致有以下几种。

第一种类型是“倒金字塔”结构。“倒金字塔”结构就是把最重要的写在前面，然后将各个事实按其重要性程度依次写下去。这是新闻写作中最常用的格式，被美国哥伦比亚大学新闻学院教授麦·曼切尔称为“标准型”。这种结构不用苦于构思，便于编写，当删去末节时，不会影响全文，符合人们的收听顺序，便于人们接收重要信息。

第二种类型是“包裹式”结构。电视新闻的重点是主题，主题贯穿于整个消息，并随新闻事件从头到尾不断发展着。信息、叙述、声音和画面都经过选择和组织，以说明主题并表现其必然发展过程。对于电视消息来说，由于人们收看电视新闻的“声画并茂”的心理需求及电视媒体视听展示的先行特点，加之记者可以驾驭的结构因素较多，因而在安排结构时，一般采取不同组合方式的“包裹式”结构。所谓“包裹式”结构，是指将电视新闻的多种结构因素结合起来的结构方式。形象地说，这种结构，就是把现场画面（含同期声）、记者现场述评、访问对象同期声、电视新闻解说及其他各种因素“打包”，变成一个多层的“汉堡包”呈现给观众。

第三种类型是自由式结构。自由式结构，望文生义，一眼便知这种结构有一定的“自由”度，它不受事件发展进程的约束，只要围绕一个中心议题，便可以按编辑记者的思路自由展开，从多个点面铺开或点到为止，谈南论北，收放自如。所有材料及观点须与社会热点问题相吻合，主题思路要始终明确。这种结构多适宜说理性或评论性节目。

自由式解说以点多面宽为特点，看似行云流水，但是围绕中心议题紧密、逻辑结构严密、关系层层递进，针对具体问题，经过对现象上的横向及纵向的对比、分析，本质上的适度探讨，最终自然而然地得出突出主题的结论。

第四种类型是时间顺序结构。一般来说，报纸消息首先突出一条消息的关键内容，然后介绍背景材料并详述事实。而电视消息常按时间顺序安排，激起观众的兴趣，然后逐步进入高潮。许多纪实性电视新闻是按时间顺序依次结构的，解说词也就按事情发生、发展的先后次序安排材料。纪实性电视新闻的材料应经过精心筛选，不能在纪实中不分主次，解说词切忌配着画面记流水账。

例如，中国新闻奖重庆电视台获奖作品《嘉陵江一餐饮船翻沉 11 人落水》，解说如下：

> 今天下午，湍急的江水导致嘉陵江渝澳大桥水域一艘餐饮船与陆地连接的部分缆绳发生断裂。下午四点多，救援人员登上这艘名叫“周洪渔船鱼”的餐饮船疏散被困的 10 名船员，突然，餐饮船和陆地间仅剩的一根缆绳断裂，船只向下游漂去，一分钟后与另一艘餐饮船发生碰撞，导致“周洪渔船鱼”餐饮船翻沉，船上 11 人全部落水。
>
> 事发后，海事局和市公安消防总队立即展开施救。由于担心出事船舶对下游的渝澳大桥和嘉陵江大桥造成破坏，市交巡警总队对大桥进行了交通管制。
>
> 经过紧急施救，到下午六点左右，落水的 11 名人员全部获救。“鑫缘渔港”餐饮船断缆漂流至渝澳大桥处固定，暂未危及下游桥梁和船只。

该新闻时长两分半钟，以事件发展为轴，吸引观众眼球追随电视新闻不断了解事件动态，并从“今天下午”、“事发后”、“下午六点”几个关键时间点切入，有效地对新闻材料进行筛选，从而完整、全面、简洁地对新闻事件进行了报道。

第五种类型是背景式结构。新闻背景是指交待新闻事件发生的历史条件和环境。电视画面擅长表现“现在进行时”，对于过去的展示显得力不从心，仅有的零星照片或文字资料十分有限，交待背景就主要依仗解说词了。解说词恰恰可以通过翔实的文字交代出特定的社会背景、时代背景、历史事实、因果关系以及对今天有影响的人和事。背景的交待对今天的事实往往起着陪衬、渲染和烘托的作用。背景材料主要包括说明性材料、注释性材料和对比性材料。背景的运用在电视片中是没有固定位置的，好的背景应融合在新闻片中。插入背景材料时，解说词应从对应的画面中找到一个合适的插入点，使背景与现实紧密结合，过去与今天融为一体。这种结构目前经常采用。

（3）结尾。精彩的结尾可以深化主题，升华思想，给人以启迪，引导观众思考。有些新闻运用结尾，有些则不用。

结尾的方式多种多样，或启发观众思考，或提醒观众注意，或展望，或抒情，或表明将要出现的不良后果，或号召观众行动起来积极响应，或交代一个结局。好的结尾要突破模式，开阔思路，出新意、有创造性，使观众的思绪久久地沉浸在节目中。

3. 解说词的写作要求

（1）要准确，确保新闻的真实性。首先，准确是新闻语言最重要的一点，内容的准确是新闻真实有效传播的前提。正确运用恰当的新闻语言准确地表达新闻事实，是提高新闻准确性的关键环节。其次是要做到时间、地点、人物、事件、过程、结果等新闻要素表述准确。最后，要做到引用的各种资料、数据、史实、引语的准确。

（2）要简练，多用短句，少用长句。对于电视新闻这种稍纵即逝的传播媒介来说，就要以短取胜，尽量做到紧凑简练，简明扼要，达到凝练概括的效果。而短句句式单纯，结构简单，容易理解，并且节奏明快，更适于新闻语言的表达。①

（3）要形象具体，少用生僻字，多用口语化的描述对陌生词汇进行解释。所选用的语言和词汇，包括语言的搭配也要适合于人的听觉习惯，要做到口语化、生活化，通俗易懂。在观众能够接受的范围内，尽可能地寻求接近性。解说词不提倡使用华丽的辞藻，而要使用朴实自然的词句。但需要注意的是，口语化也不等于不加选择地使用日常用语，口语化写作更应讲求语言艺术的运用，要力争做到播放时朗朗上口，收听时悦耳动听、俗而不庸。②

（二）同期声

电视新闻同期声就是记者在拍摄电视画面时，同步记录的与画面有关的现场的人物或环境的声音。同期声主要包括拍摄对象的叙述、记者的现场提问以及画面的现场音等。电视新闻同期声能够直接、客观、生动地记录新闻事件，反映新闻报道中人物的思想、感情和内心世界。电视新闻报道中同期声有效增强了报道的真实性，增加了新闻报道的信息量，增强了报道的感染力。

① 参见靳斌：《电视新闻采编与制作》，235页，北京，中国广播电视出版社，2004。

② 参见闫海洋：《电视新闻解说词的写作》，载《青年记者》，2007（14）。

1. 同期声主要分现场效果同期声和现场采访同期声两种

现场效果同期声也被称为现场自然声响同期声，是指伴随新闻事件发生而同时发出的各种音响，包括大自然和人类社会。现场效果同期声对电视新闻画面内容起着补充介绍环境和说明背景特点的辅助作用，可增强电视新闻的现场感，给观众以身临其境的感受。

现场采访同期声，专指现场采访者与被采访者的语言声音。恰到好处地运用现场采访同期声，能够增强新闻真实感、交流感和新闻感染力，引起观众情感共鸣。

将同期声与解说词、图像、画面等节目要素合理构建、有机搭配，综合运用技术和艺术手段，可以提高新闻节目的表现力，提升节目的传播效果。目前，在电视新闻现场报道、纪录片、专题片等节目中，同期声的运用多有出色表现。

2. 同期声在不同新闻节目中的具体运用

（1）在社会热点事件的报道中，恰当地采用同期声，能扩大观众的参与感，有利于营造舆论氛围。新闻记者可利用同期声，邀请观众参与新闻事件评论，让普通人在镜头前真实表达他们自己的思想。例如，现在有“醉驾入刑”的新规定，对一些仍然敢以身试法的人，电视新闻可通过采访报道，让大众各抒己见，评价事态的性质和影响，促进社会和谐发展。

（2）在对新闻事件进行调查性报道时，同期声的运用有利于对新闻事件起到求证作用。新闻调查类节目经常牵扯到一些社会丑恶现象或不公现象，记者在采访这类节目时更要注意同期声的录制和保存，以备将来不时之需。通过原人原声的同期声来揭示新闻事件的本质，更令人信服新闻中反映的事实真相，达到惩恶扬善树新风的目的，掷地有声的同期声在任何时候都是强有力的证据。

这里有两则最经典的运用同期声的案例：一是中央电视台《焦点访谈》曾经播出的央视记者去山东省莒南县法院采访，莒南县法院院长面对记者采访，晃着《记者证》问记者：“这个东西是金子的吗?”并口出狂言说：“我上管天、下管地、中间管空气。”观众看了无不对这位法院院长的狂妄感到愤慨。二是中央电视台《焦点访谈》栏目播出央视记者采访山西交警在309国道乱罚款的新闻。记者随运煤车采访，遇到山西省黎城县交警大队交警刘代江拦住车要罚款20元，记者问一句：“这是什么钱?”交警刘代江说：“下车我告诉你。”记者说：“你给我写上吧。”刘代江说：“我给你写的有啊，再来20元。”从这一段对话同期声中可以看出交警的蛮横和执法的随意性。上面两则采访同期声的运用，不仅真实地表现了当事人的嚣张气焰，也给整个节目增添了一个亮点，这两篇新闻至今仍让人记忆犹新、津津乐道。[①]

（3）在人物题材的电视新闻报道中，同期声能真实地表达人物的性格特征和思想情感，有助于烘托新闻节目主题、反映新闻现场气氛、展示新闻人物个性。

---

① 参见张清平：《同期声在电视新闻采访中的运用》，载《记者摇篮》，2010（3）。

例如，2010 年度哈尔滨新闻奖一等奖新闻作品——《生命与使命》。其中主人公武警某部战士李雨明这位世博卫士的一段同期声令人动容。在电视画面中，身患白血病的李雨明躺在病床上，当看到家乡人时，他带着笑容坐了起来。五常市委常委、人武部部长王庆华说："希望你积极配合医生治疗，祝你早日康复，再回到你的执勤岗位，为世博再做贡献。"李雨明说："一定，一定。"这短短的四个字说得如此坚定，与画面中苍白病弱的脸庞形成对比，更让人感受到李雨明是一位坚强不屈、与病魔顽强抗争的年轻武警战士。可见，同期声的恰当运用是解说词所无法替代的。

(4) 在对正发生的突发新闻事件进行报道时，恰当运用同期声能让观众身临其境，增加新闻冲击力，以收到更好的传播效果。

比如在汶川地震发生后，央视新闻频道直播 5 月 19 日人们所举行的哀悼活动，群众在天安门广场为地震的遇难者降旗默哀的过程中，自发地齐声高呼"四川加油!"、"中国加油!"这震撼人心的声音不仅表现了群众对于遇难者的哀悼及同情，同时也向世界展示出现代化、人性化、坚强的中国强大的民族精神。

经典的案例还有在 2011 年日本大地震报道中，NHK 电视台大量运用了同期声，以及美国"9·11"事件报道中对于同期声的运用。

总的来说，同期声对于再现新闻画面、塑造新闻客观真实性、表达主题及人物情感等方面都有着不可替代的作用。在新闻采制过程中，新闻从业人员也越来越重视同期声的收录，在 2012 年电视新闻评选中，85%的获奖作品都巧妙地运用了同期声。作为电视新闻再现社会生活的重要表现符号之一，电视新闻同期声为电视新闻画上了点睛之笔。

对于同期声的运用，要认识它的地位，注意扬长避短，充分发挥其作用。在运用同期声的实践中，应注意以下问题。

第一，同期声应与解说词、电视画面相互配合，相互补充，形成电视新闻的有机统一体。

第二，同期声的运用要围绕主题，简明扼要即可，其所含信息量要是最有价值、最有效用的。否则，就会让同期声的运用变得毫无意义，缺乏表现力。

第三，新闻工作者必须要对同期声进行一定的编辑，而在这种剪接中，一定要避免扭曲访问对象的原意，不要造成报道的失实。要避免人为地"导演"、"摆布"同期声。

(三) 音乐

著名电影作曲家赫尔曼普曾说过："音乐实际上为观众提供了一系列无意识的支持。它不总是显露的，而且你也不知道它，但是它却起到了它的作用。"作为电视新闻声音元素中的基本项，音乐一般都充当配角，很容易被观众视做"背景"而忽视。需要指出的是，新闻报道的目标基本上是人及其日常活动，人的思想情感固然是反映之客体，擅长言情的音乐加入到新闻当中也顺理成章，并有它无可替代的功用。[①]

电视新闻音乐主要有以下功能。

1. 以乐传情，用音乐来表达情感

音乐在情感的表现上既可以高度概括又可以细致分析，通过速度的快慢、力度的强弱、旋律的高低起伏、节奏的疏密抑扬、调性的冷暖、和声的色彩、配器的织体及不同声源体的音色，音乐可以真切地表现人的喜怒哀乐各种情绪，能够深刻有力地影响人们的情感体验。

例如，《东方时空》栏目的《百姓故事·回家的人》讲述了一则人间情浓于血缘亲的养父子之间的感人故事。有一天当孤儿终于叫领养人“爸”时，镜头特写给了这位养父的面部，性格憨厚内向的养父做出的面部表情无法充分显露其内心包含的激动、欣慰、幸福等一系列复杂情绪，所以这个大特写的表现力非常有限，但由于此时音乐大起，将电视影像和语言都无法表达的人物的内心情感展现得非常到位，且将情节推向了全片的情感高潮。

又如，《心理访谈》栏目的某期节目曾有这样一个细节：掩坐在屏风后的访谈对象被问及一个问题时欲言又止而终于缄默不语，此时镜头推向她露在屏风外的右手，特写了这只手下意识地紧抠膝盖的不安动作，这时乐队不失时机地配上了一小节不谐和音，非常贴切地展现出了她的内心冲突。[②]

2. 用音乐渲染气氛，升华画面内涵

声画兼备是电视传播的优势，电视新闻音乐的合理运用能够使观众从音乐声中感受到事实的发展，拉近受众的接受心理。为节目配上气氛、情绪与之相同的音乐，可以从听觉上给予支持，使之更丰满、更立体化，从而增加新闻的感染力。

譬如，2008 年中央电视台在报道北京奥运会时，某一赛事结束前几分钟，完全不用解说词，而是通过激昂奋进的音乐配上选手夺冠过程中的精彩画面进行展示。电视编导利用音乐强烈的感染力渲染了现场紧张热烈的氛围，使现场或者电视机前的观众激情得以外露，情绪得以积聚，很好地满足了他们期待回味选手夺冠过程的心理预期，达到了很好的传播效果。

再比如，央视社会与法频道《天网》节目播放过一起名叫《巡逻一日》的节目。电视片里一直不停地演奏由不固定音组成的快速主题性音乐，音乐旋律与节奏展现出的是那种让人焦躁的情绪，强有力地烘托了巡逻队看到奇怪血迹、寻找嫌疑犯、救助被死亡威胁的猎人、勇斗野兽的高度紧张气氛。

中央电视台财经频道的《经济半小时》栏目报道了陕西省洋县车主在前往四川运瓜途中一路上屡屡被罚的遭遇，结尾处在音乐声中回放瓜农茫然无奈的脸，既呼应开

① 参见缪天瑞：《调的性格》，见缪天瑞主编：《音乐百科词典》，133 页，北京，人民音乐出版社，1998。

② 参见董毅：《简论电视新闻音乐的应用功能》，载《新闻界》，2005 (3)。

头，又深化了新闻报道的主题，强化了整治市场经济秩序的紧迫感。据当时采访的记者介绍，节目播出后，洋县当事人老邓打电话说，看到结尾，听到音乐，他落泪了。[①]

3. 用音乐转接画面，以形成完整的新闻播报

听觉上背景音乐的连续能够弥补视觉内容不连贯所带来的突兀感。电视新闻栏目篇幅小、跨度大，很难找到合适的剪辑点。为了保持节目整体的流畅性，音乐就是最好的线索，能够形成新的时间联系。用片花音乐来突出板块的划分是一种主要的形式。如《新闻联播》、《新闻 30 分》、《第 1 时间》在国内和国外板块之间用了由片头音乐派生的片花，既有明显的间隔和提示作用，又保证了栏目的风格统一。

电视新闻音乐能够充分发挥这些作用，也有着重要的使用规则：第一，配乐要搭配对时候；第二，音乐要搭配对画面；第三，使用配乐要适度，少用精用，以提高音乐的价值。

总之，音乐在电视新闻中其写意的手法和艺术感染力，都是其他电视语言无法替代的。在电视新闻报道中合理地加入音乐，将其与画面、解说等元素完美地结合起来，才能增加新闻的可看性，满足电视观众日益提高的关注需求，创造出更好的传播效果。

第三节 | 多元视听要素的作用

一、字幕

（一）字幕的定义及地位

电视字幕是用文字符号的方式传递信息的一种视觉语言，它包括电视新闻画面中所出现的文字总和，是电视新闻的有机组成部分。1984 年中央电视台首先在《新闻联播》中打出标题字幕。

尽管电视新闻画面能够再现事实场景，并形成声画结合的双通道传播，但我们仍需要借助字幕来充分表达出画面场景确切的含义。随着电视节目制作实践的深入，人们对字幕在电视新闻中的地位与作用都有了更进一步的认知。

（二）字幕的作用

电视节目的字幕是画面与声音的延伸，是节目内容的重要组成部分。在电视新闻

① 参见李建敏：《音乐在电视新闻中的魅力和应用》，载《青年记者》，2006（14）。

中，字幕可以弥补画面和声音的不足，增强电视新闻表现力，起到提纲挈领、画龙点睛的作用，增大新闻节目信息含量。恰到好处的字幕能够增强画面与声音的渲染力，在视觉上有很强的冲击力。具体说来，字幕具有以下三大作用。

1. 弥补画面和声音的不足，起辅助说明作用，加深观众理解

新闻节目是由多条新闻组成的集合体，内容广泛，有时跳跃性较大。电视画面和解说稍纵即逝，有时候画面信息并不足够完整和充分，这就需要字幕来弥补表达与传递着某种相对完整的信息，用来补充新闻节目内容之外的信息。

例如，电视新闻在阐释较为抽象的政策、法律、法规的发布以及生活信息提示时，通过图、声并配以字幕，可以加深观众对信息的记忆度和理解力。同时，通过新闻节目中采访对象的字幕信息插播，能够让观众对新闻事件或新闻人物有更深入、更全面的了解。

2. 扩充新闻信息，增强电视新闻表现力

在信息爆炸的时代，电视在竭尽所能扩充其能承载的资讯量。比如，在电视新闻中，目前广泛运用的滚动字幕，在不影响节目正常播出的前提下，随时提供相关节目的最新资讯，扩充信息量，增强电视新闻的传播效果；另外，以独立字幕形式滚动播出新闻，还可提高新闻的时效性。

3. 美化画面，增强视觉冲击力

字幕也是画面构成的一部分。电视画面中插入字幕，可以参与画面构图和空间的布局，根据不同的新闻内容和报道方式采用不同字体、字形、字的颜色与图形元素，起到突出重点、美化视觉、增添画面活力的效果。如央视《新闻联播》栏目中的《说句心里话》、《有感而发》、《我说奉献》，《内蒙古新闻联播》中的《百姓心声》等，新颖的画面背景、醒目的字幕与被采访对象的真实表达相结合，增强了新闻的视觉冲击力。

（三）字幕的分类

电视新闻字幕内容上传达新闻信息，形式上参与画面结构表现。字幕一般分为六种类型。[①]

1. 标题字幕

新闻标题字幕是一档节目或是一条新闻的题目，说明新闻报道的内容，概括新闻报道的意图。新闻标题也是新闻片段之间的内容区隔，吸引观众对新闻事件的关注，

① 参见李和平：《关于电视新闻字幕运用的思考》，载《新闻界》，2010（5）。

从而提高新闻节目的收视率。

2. 全屏字幕

全屏字幕又叫整屏字幕，常用于行政法规、图文信息、图表数据等抽象内容的展示。通过文图声像的有机组合，清晰、全面地表达信息，提示信息的重要性。

整屏字幕直观易懂使得传播中观众的解码一环更为顺畅。例如，一则题为《10 日起可补办实名制火车票》的新闻就使用了整屏字幕。该新闻全文内容如下：

> 旅客购买实名制车票后，如丢失车票，在不晚于车票票面始发站停止检票时间前 20 分钟，可到车站售票窗口办理挂失补办手续；应提供购票时所使用的有效身份证原件、原车票乘车日期和购票地名称，车站确认旅客身份、车票等信息无误后，旅客按原车票车次、席位、票价重新购买一张新车票；旅客持新车票乘车时，应向列车工作人员声明，到站前，列车长确认该席位使用正常的，开具客运记录交旅客作为到站退票的凭证；旅客到站后 24 小时内，凭客运记录、新车票和身份证原件至退票窗口办理新车票退票手续。

该新闻内容不长，但涉及的补办手续十分复杂，涉及的步骤和物件颇多，观众容易混淆；用整屏字幕分步骤逐一呈现（见图 2—7），可以将实名制火车票的补办手续一目了然地呈现在屏幕上，观众可以立刻明白并接收该新闻传递的信息。

图 2—7　整屏字幕视频截图

3. 话语字幕

话语字幕是指与电视新闻声音相对应的画面字幕，包括采访过程中记者和采访对象的同期声、解说词、对白、独白、旁白以及节目主持人的话语声等。

在新闻中常常会有被采访者的同期声，如果被采访者说的是方言或口语，很容易造成视听误差，影响到整个节目的准确性，引起歧义，而屏幕下端的同期声字幕，不仅弥补了这一缺憾，同时也进一步确保了新闻的真实性。

4. 标脚字幕

标脚字幕是画面标注字幕和脚注字幕的合称，标注字幕是指屏幕四角出现的起标示作用的信息，如台标、节目名称或标志、节目剩余时间等；脚注字幕是指画面人物、事件的介绍信息，如人物的身份、职务，或时间、地点，以及事物的名称、定义和其他需要说明或强调的内容。

5. 滚动字幕

滚动字幕是指在画面上以一定速度连续滚动传播的字幕。滚动字幕不仅可以播送与当前新闻无关的内容，也可以作为正在播出新闻的补充内容，滚动播出直接相关的新闻事件、事态的最新情况等，形成连续有力的传播。譬如，2007 年 9 月 29 日，河南省陕县发生煤矿透水事故，2007 年 8 月 1 日 11 时 48 分，中央电视台新闻频道以滚动字幕的方式首发第一批矿工获救的消息。

6. 头尾字幕

新闻栏目的片头字幕，传达栏目开办的宗旨与性质；片尾字幕一般是参与该节目创意、策划、编辑、摄制人员名单及一些与节目有关的协助单位、制作时间、制作单位等。

（四）新闻标题的分类与制作

“标题根植于新闻之中，是新闻中最重要、最有价值那份事实的浓缩和概括。”①它是新闻的眼睛，承载着传达某些特殊信息的提示、评价、吸引、感染等功能。

1. 新闻标题的分类

电视具有画面、声音、文字三种信息传递通道，具有明显优势。画面、声音、文字三者和谐互补，构成了电视全息式的传播框架。电视新闻标题可分为图像新闻标题、口播新闻标题、提要新闻标题、题花式新闻标题和小栏目或直播节目标题。②

（1）图像新闻标题，字幕通常叠加在开头一组画面的正下方，字幕显现时间长度为正常人浏览两遍的时长。

（2）口播新闻标题通常叠加在主持人画面正下方或过肩题图侧下方，有时也可叠加在包装图版的正下方。

（3）提要新闻标题，字幕通常伴随着解说一直叠加在提要画面的正下方。

（4）题花式新闻标题，字幕可根据需要叠加在画面的左下方、右下方或右上方。

（5）小栏目标题或直播节目标题，字幕通常叠加在小片头的落幅画面上，并且字块在画面中十分突出。

---

① 彭朝丞：《现代新闻标题学》，21 页，北京，长征出版社，1988。

② 参见滕晓华：《新闻标题制作》，载《新闻前哨》，2004（3）。

2. 新闻标题的制作

新闻标题是吸引观众的点睛之笔，一个合格的新闻标题应符合“十字经”要求，即准确、简明、通俗、生动、工整。然而要制作一则优秀的新闻标题却不止这么简单。

（1）标题内容方面的要求。

第一，要多用动词。在新闻标题制作过程中，恰当地使用动词，会使新闻标题更富有动感、富有感染力。如《新品菊花——笑迎游人》，其中的“笑”和“迎”这两个动词，就使一个鲜活的场面十分形象生动地融入了观众的脑海中。又如《巨野：“转”出工业强县 “调”出碧水蓝天》，通过使用两个形象化的动词“转”和“调”，从而生动地将巨野县转变经济增长方式、调整经济结构方面的具体工作实绩清楚地表达出来。类似的还有《专家预计：2014 年，彗星将与地球“擦肩而过”》、《我军实弹演习，上千炮弹“万箭穿心”》等，这样的标题之所以能够激起广大观众的兴趣，无疑与新闻标题中使用了形象化的动词密不可分。①

第二，要多用口语。电视是一种“家用媒体”，因为是“家用”，注定电视语言是那种跟观众拉家常式的交流，绝不能文绉绉、硬生生，所以口语化表达是对其必然的要求。2009 年 9 月台州历史上的第一条铁路建成通车，台州电视台新闻综合频道在报道这一新闻时，用了一个题目《台州通火车了》，既通俗又简洁，让人一目了然。后来这条新闻获得了台州市广播电视新闻奖一等奖。

第三，新闻标题要“避虚就实”，做到“虚实结合”。电视的新闻标题要在有限的时间里把最有价值的新闻内容传达给观众，因此新闻标题不能“假大空”。比如，2012 年 3 月郑州房价出现首降，河南电视台新农村频道《新闻开汇》栏目记者在制作此条节目时拟订的题目是《郑州房价终于降了》，按说这个标题也是个实题，但它所传达的信息还是有点“虚”，房价具体降了多少呢？是大幅下降还是略微下调呢？观众最想知道的信息标题中并未交代。在播发节目时编辑把标题改成了《郑州房价降了 24 元》，该标题不仅说出了郑州房价下降的新闻事实，还把下降的幅度予以明确体现，观众一眼就能看出最核心的信息。②

又如，《温家宝井下与矿工一起过年》，若是将这一标题制作为《温家宝下基层视察工作》，就变成了一个普通的、概括性的、司空见惯的新闻标题，适用于温家宝任何一次基层视察，因而远不如原标题，把最具新闻价值的事实亮出来，并且更能体现国家领导人的亲民形象。这类消息的标题制作是越具体越好，把观众最关心的通过标题反映出来。

当然，电视新闻标题也并不是越实越好，太实则让人缺乏想象，太虚则容易让人摸不着头脑，虚实结合是应该遵循的总体原则。在新闻标题中运用修辞手法能够很好地达到“虚实结合”的效果。中央电视台播出的一则消息的标题是《内蒙古做好“加

---

① 参见李海侠：《论电视新闻标题的制作艺术》，载《中国传媒科技》，2012（11）。

② 参见刘晓峰：《电视新闻标题如何吸引人?》，载《新闻大学》，2012（8）。

减乘除”促进经济“又好又快”科学发展》，运用的是借代这种方法，不直接把人或事物的名称说出来，而是用了一个与它有密切关系的名称或事物“加减乘除”来代替发展经济措施，引起观众的联想，增加了标题的生动性。

(2) 标题形式方面的要求。

第一，要短小精悍。观众通过电视观看新闻标题，若是过多过长，易造成观影疲劳，产生急躁和厌烦心理，还会干扰对新闻的正常收看。标题文字越是简洁、精练，且富于形象感，越是适宜观众阅读。易读、易懂、易记的标题使得观众对其内容入目入心，易于对新闻留下深刻的印象。标题务必要做到“立片言以居要”。另外，字幕员要为设计屏幕上的标题字幕煞费苦心，设计不好就会严重破坏画面的整体感觉甚至影响电视画面信息的传达。

第二，灵活使用多种句式。标题采用恰当的句式表达，能够更好地传达新闻内容，并易于提高观众对新闻信息的识记效率。在实际操作中，新闻标题的句式多样多变。例如，2009 年 7 月 31 日，中央电视台《新闻 30 分》栏目播报的一则体育新闻标题是《惊喜！中国女将夺 2 金 1 银 1 铜》，通过感叹句式表达出大家在中国游泳女将获得多枚奖牌之后的喜悦之情（见图 2—8）。

图 2—8　电视新闻标题中的感叹句

下面是一组实例：

《蔬菜冬储鼓了农民腰包》——陈述句

《质量监督卡给豆芽菜上户口》——陈述句

《“一定要让灾民吃上饭!”》——感叹句

《你在他乡还好吗？》——疑问句

《为什么奥巴马此时见达赖？》——疑问句

《挖个坑挂个牌子就算开工？》——反问句

《消费者不是弱者》——否定句

第三，电视新闻标题出现的时间、位置、字体、颜色等元素要合理选择，审慎确定。字体、造型、字色的不同运用和搭配可以表现出不同的艺术风格，产生不同的屏幕效果。目前国内外电视媒体基本采用在屏幕最下方上标题字幕的方式，但是也不乏在左侧栏或右侧栏上标题字幕的例子。无论在何处，其基本的原则就是不过多干扰画面信息。消息类新闻标题的字形字体讲求清晰、质朴、大方，普遍采用黑体、宋体或楷体等。对新闻专题类节目来说，标题字幕的字体字形的选择应依据节目的题材种类和内容的特点而决定。如文化艺术类节目可选用草书、行书；儿童类节目可选用活泼的变形字；重大政治或历史题材类节目则选用浑厚的颜体或黑体。

第四，尽量避免使用复合型标题。电视新闻标题通常以单一型标题为主。当然，一般在重大时政报道、主题性报道、少量的新闻特写或新闻专题片中也会使用“主题＋副题”或“引题＋主题＋副题”的标题形式。这是因为对于在画面中仅仅停留不足 10 秒的新闻标题字幕来说，观众根本无暇像读报一样认真研读、分析新闻标题；而在重大主题性报道、专题片中，不是新闻标题停留时间很长就是标题需要重复出现，观众有时间结合内容来品评标题。①

二、新闻图表

电视新闻图表作为当今电视新闻的一种载体和表现形式，具有极强的表现力，可以更好地反映电视新闻所要表达的内容，也能增强电视新闻信息的宣传和传播效果。

新闻图表，国外媒体称之为信息图表或信息插图。它的构成要素主要有：图片、表格、文字说明。其中表格又分为柱状图、扇形图、折线图、示意图等。新闻图表制作不是简单地在文字上面添加照片和图形，而是在信息含量或者表达形式上的一种动态的平衡，使得信息得到充分的、准确的、点对点的图形化表达，从而可以更好地表达新闻内容，让观者可以直观了解数据的变化，化枯燥数字和文字为生动形象。②

图表以其表现形式划分为六种类型，分别是文字型、线条型、柱状型、箭头型、动漫型和色彩型。这些不同类型的新闻图表省去了不少繁杂的解说并增加了画面的可视性与信息的直观。其具体的功用与表现如下。

（一）使抽象的概念形象化，易于新闻理解

一般来说，对于概念抽象、工艺复杂、变化微妙，难以用普通电视画面和声音进行叙述的实践，都会增添新闻图表来化抽象为形象，使观众更好地理解新闻内容。比如，2003 年，联合国公布“三江并流”世界自然遗产，当时中央电视台没有航拍的画

---

① 参见刘春生：《谈谈电视新闻标题的写作》，载《新闻传播》，2011（5）。

② 参见王素文：《浅谈电视新闻图表制作》，载《新闻传播》，2012（9）。

面，然而观众并不清楚“三江并流”是什么情景，于是中央电视台采用了制图的方法，将“三江并流”以新闻图表的形式展示，让观众清晰地了解“三江并流”的含义，并展现出这一自然景观的伟大，当之无愧为世界自然遗产。

电视新闻在表现数字时也常用到新闻图表的方法。例如，中央电视台在报道珠峰重测时运用了色彩型图表，用不同的色彩表示珠峰不同的高度段。2007 年 5 月 2 日，云南梅里雪山发生雪崩，东方卫视在报道时，也运用了一张有四种颜色的色彩型图表，分别表明梅里雪山景区 3 000 米、4 000 米、5 000 米、6 000 米的高度。①

（二）使表现的形式直观化，易于信息传达

电视新闻图表可以清楚地表达事物的各项内容和信息，过滤掉不重要的信息。它能够把复杂事物的基本特征用简单的方式表达出来，比起单纯视频新闻，电视新闻图表更加直观也易于观众接受和观看。

例如，2007 年，浙江卫视在报道“五一”黄金周期间“哪里最好玩”时，就运用了图表，把好玩的地方一一作了图示，让观众更加清晰地了解如何规划假日，享受一个愉快轻松的节日。同样是“五一”黄金周，东方卫视在报道游客所做的不文明行为时采用了漫画型的图表，没有直接曝光真人的不文明行为，让观众在轻松一笑的同时也进行深刻的思考，达到很好的新闻效果，令人印象深刻。

观众所接触到的新闻很多都发生在陌生的环境，特别是国际新闻，人们更加不熟悉。比如，巴以冲突中两方势力如何驻扎，如何攻守，仅仅依靠电视画面和声音是无法给观众一个确切交代的，这时新闻图标就发挥出对信息传达所起的补充作用。例如，中央电视台在报道中俄军队黄海联合演习时，运用箭头型图表，以红蓝两色箭头代表两种军事势力，在地图上展示双方的动态，从而让观众将联合演习中的状况了解得一清二楚。

三、特技效果

近年来，随着科技的发展，特技被越来越广泛地应用到电视制作的各个领域。特技是运用现代电子技术塑造特殊电视画面的创作手段。电视新闻采制人员除了认真拍摄好每一幅新闻画面之外，还要认真运用动画、特技等后期制作技术，力求使电视视听语言达到最佳效果。在制作电视新闻中巧妙地运用一些特技手段，对电视新闻的信息传播乃至新闻容量等方面究竟会产生什么样的影响，也是大家瞩目并在实践中不断探求的问题。

有人把新闻本身比做一座庞大的建筑，那么电视新闻无疑就是建筑中较为独特的

① 参见王素文：《浅谈电视新闻图表制作》，载《新闻传播》，2012 (9)。

一部分，而优质的画面组合便是建筑群中精美的间架结构。特技画面在电视新闻制作中，就犹如众多建筑工具中不可缺少的一种。①

特技手段与新闻画面内容紧密联系在一起时，对抒发内在情感、感化人的心理，以及增强视觉冲击力起到很大的作用。② 动画也属于特技使用形式的一种，当下成为电视新闻中相当重要的叙事和表现手段，催生了电视新闻新的制作方式。

特技在电视新闻中的具体应用表现在以下几个方面。

（一）再现新闻场景，确保新闻真实性

新闻记者由于设备缺乏、未能到场或是拍摄条件不允许等原因，无法记录下某些新闻事件发生时的画面，在这种证实画面欠缺的情况下，由新闻工作者依据电视新闻文字稿内容、通过计算机图形图像处理创作的动画，可以模拟、“仿真”叙事，具有一定的证实作用。③ 而电视新闻有别于报纸、杂志等平面媒体的表达方式最突出的特征就是“看图说话”，画面的缺失可谓是电视新闻的最大“硬伤”，为了弥补这一缺憾，电视新闻工作人员会在后期采用特技手法还原事实场景，确保新闻真实性，也给观众最为直观的感受。

这一手法多用于突发事件、灾难事件的报道。如四川省宜宾市城区一座公路大桥上发生一起车祸，事发当时行人横穿公路，行进在两辆相对行驶的车辆之间，由于只注意了左边的车辆而忽视了右边的车辆，被右边车辆撞倒，引发车祸致其死亡。事发后记者赶往现场，只拍摄到了被撞者受重伤躺在车下的画面，难以清楚明了地表现车祸全过程。为此，记者在这条车祸新闻的编辑制作过程中，根据交警的现场勘查和目击者的口头描述，利用三维动画再现了车祸发生的整个过程。新闻播出后，观众直观地了解到了事件过程，更重要的是这种演示方式在展示血的教训的基础上，更加强了警示教育作用，达到了宣传交通安全法规的目的。

（二）渲染画面情绪，增加视觉效果

镜头画面客观地记录着新闻事件，然而新闻工作者通过自己的选择、编辑能够使新闻材料所传达的信息具有一定的倾向性，从而更深刻地反映新闻内涵。特技效果在新闻中的运用能够更加烘托主题，巧妙地运用电视视听语言讲故事。

例如，中央台一则湖南郴州林业遭受特大雪灾的报道，从郴州的“郴”字组成意思“林中之城”这个细节开始，采用分画面的特技做法，在同一场景画面，左边屏幕中展现的是现今遭受特大雪灾后残枝断杆的凄凉景象，右边屏幕显现的是昔日枝繁叶

① 参见郭宇新：《浅谈特技画面在电视新闻中的运用》，载《新闻传播》，2011（3）。

② 参见张丽、孟群编著：《电视新闻编辑与数字制作》，125页，北京，中国广播电视出版社，2002。

③ 参见吴凯明：《论动画在电视新闻中的应用》，载《新闻战线》，2008（9）。

茂的森林影像。不仅让人感慨不同的时间、相同的地点，一场暴雪所带来的沉重灾难，而且向观众展示了郴州林业 50 年封山育林的巨大成果和毁于一旦的凄惨后果。这种直观对比给人们以强烈的视觉震撼。

（三）强化细节，增强新闻形象感

电视画面中最能抓住人眼球的就是细节，一个老农粗糙双手的特写镜头就胜过千言万语，能够形象地表现出农民兄弟的辛苦生活。通过特效制作放缓新闻节奏，放大新闻细节，有助于强化事件或人物，增加新闻形象感。

举例来说，2008 年汶川地震的报道中，中央电视台采用重叠画面的手法，把广大官兵、武警战士抗震救灾的动人场面与满目疮痍的震后场景重叠，从而在有限的时间和空间中让观众获取双重信息；再者，同年中央电视台在对北京奥运会每天的赛事及赛场内外的情况逐日播报时，也经常采取叠画面的形式，活动现场与人群表情、研究场景与有关说明等系列画面叠加以增强新闻的信息含量和事件的重大性。①

（四）丰富画面表现力，加强可视性

特效科技的表现形式可谓丰富多样，灵活运用能够增加新闻趣味，从而吸引观众，提高新闻传播效果。

比如，在传统的会议新闻中加入特技效果，让枯燥的新闻内容变得鲜活生动，可以增加节目的趣味性和可视性，会产生耳目一新的效果，变枯燥为趣味。黑龙江抚远广播电视台在报道地方“两会”会议时，采用特效画面，将代表组成的年龄、性别，代表的不同层面以比例图的形式展现，让观众一目了然。对各代表团选举和大会选举过程，把不同的被选举层面的名称用字幕打出，放在荧屏左边，把代表不同比例、不同数量的人体画像放在荧屏右边。当播音员播到会议有不同意见时，画面随之变换人员的数量，动画效果逼真，引人入胜，把枯燥无味的会议新闻包装得精致耐看，与众不同，充分表达出编辑的意图，从而大大增强了新闻的传播效率。②

四、演播室背景

随着我国传媒产业的飞速发展，传统新闻节目制作模式早已改变，同时与之相关的演播室背景在近几年来也发生了巨大变化。随着数字化改革的不断深入，高、标清

① 参见郭宇新：《浅谈特技画面在电视新闻中的运用》，载《新闻传播》，2011（3）。

② 参见王升君、田祝华：《电子特技在电视新闻节目制作中的应用》，载《佳木斯大学社会科学学报》，2006（9）。

数字电视信号节目质量越来越好，人们对演播室背景的要求也越来越高。不同节目的演播室各有特色，各种背景的使用使电视节目更加丰富多彩。①

（一）早期演播室背景

由于技术手段的限制，早期的新闻演播室背景由实物搭建而成，一般使用大幅喷绘幕板与实景相结合。这种实物背景通常与固定节目绑定，无法即时更换，使用周期长，资源利用率较低。这种背景的实际效果与喷制水平的高低、整体色彩与实物的搭配、灯光和摄像机配合相关。②

（二）虚拟背景

虚拟背景又可称为电子布景（electro studio setting），此概念于 1978 年提出，直到 1992 年，随着计算机技术与虚拟现实技术的发展，虚拟背景才真正走向实用，并逐渐发展成为虚拟演播室。

这种虚拟演播室是在高速图形计算机和视频色键基础上发展起来的演播室技术。其实质是将计算机制作的虚拟三维场景与电视摄像机现场拍摄的人物活动图像进行数字化的实时合成，使人物与虚拟背景能够同步变化，从而实现两者天衣无缝的融合，以获得完美的合成画面。它具有制景费用低廉、更换布景方便、便于发挥主创人员创意、实现其他技术难以完成的特技的优势。

各种类型的电视节目都可以应用到虚拟演播室，其中我们会发现新闻、天气预报、选举报道等节目排在虚拟演播室应用的前列；而限制人数参与的谈话类节目则排在游戏类、艺术类和音乐类节目的前面；虚拟演播室在教育类节目中也得到了很好的应用；同样在少儿类节目中使用虚拟演播室技术效果也很好。③

（三）开放式演播室背景

开放式演播室是指将演播区、导播设备系统控制区和日常节目编辑制作区等功能区域有机地融合在一个空间里，并把工作场景作为实时演播场景。④ 这一背景既要符合镜头效果的技术要求，又要满足工作环境和视觉效果的艺术需求。因而，人员不能过多，活动不能过大，背景不能过于凌乱。目前这种新闻演播室背景应用比较常见于新闻播报，它的优点是成本低，真实感强，容易拉近与观众的距离。中央电视台的《新闻联播》栏目就是典型的开放式演播室背景（见图 2—9）。

---

①② 参见史晓辉：《新闻演播室背景的发展研究》，载《中国传媒科技》，2012 年 6 月（下）。

③ 参见 Moshe Moshkovitz：《虚拟演播室技术》，23 页，北京，清华大学出版社，2005。

④ 参见杨佩：《开放式演播室的探讨和思考》，载《广播与电视技术》，2010（12）。

图 2—9　开放式演播室背景

（四）LED 大型背景

LED 显示屏可以显示变化的数字、文字、图形图像，具有亮度高、工作电压低、功耗小、小型化、寿命长、耐冲击和性能稳定等优点。例如在晚会中使用 LED 大型背景，展示背景图画。2014 年央视的春节联欢晚会就使用了 LED 大型背景打造如梦如幻的舞台效果，根据不同节目变换多种背景，时而花团锦簇，时而碧海蓝天，带给观众一场视觉盛宴。如图 2—10 所示。

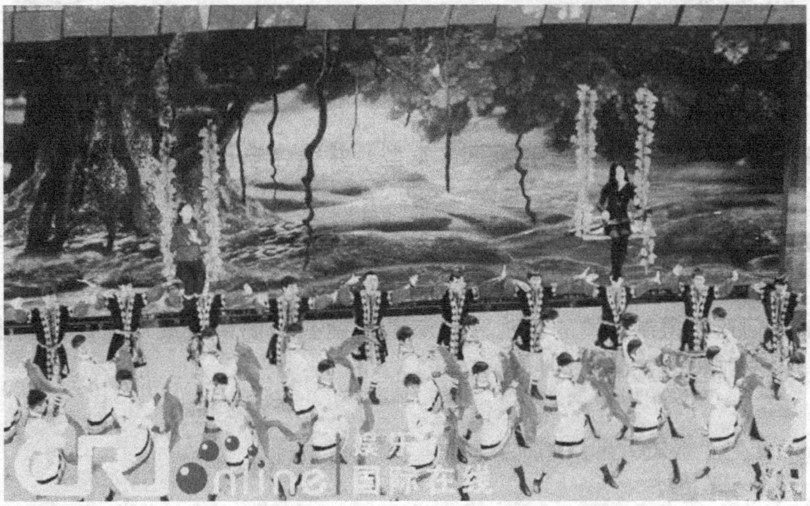

图 2—10　LED 大型背景

（五）DLP 拼接显示系统背景

DLP（digital light procession）的工作原理就是借助微镜装置反射需要的光，同时通过光吸收器吸收不需要的光来实现影像的投影，而其光照方向则是借助静电作用，通过控制微镜片角度来实现的。

DLP 拼接显示系统背景的优点是画质清晰、色彩丰富、图像逼真且持久，因而受到观众青睐，得到了广泛的应用。2011 年 7 月 4 日，中央电视台新闻频道《新闻直播间》节目直播了泰国大选的同步报道，通过演播厅的大屏幕，观众清晰地看到了记者的现场报道，这次报道的真实效果给广大观众留下深刻印象。在这次直播中，新闻演播厅的背景正是启用了屏幕拼接墙显示系统。

（六）制播一体开放式新闻直播演播室

这种直播间集以上多种演播室背景功能于一体，采用 LED 显示屏和 DLP 大屏幕相结合的方式，可实现新闻、资讯、访谈、专题等多类型节目的录制或直播。例如，东方卫视新闻演播室就是采用的制播一体开放式新闻直播演播室，设立了主播区、讲解区、立播区、互动区和访谈区五大景区，与传统主持人端坐于主播台前不同的是，在这个大型的演播室内主持人们加入站姿、移动等多种播报形态，穿梭于各个漂亮的景区之间，依托极富视觉冲击力的超大屏幕，灵活采用视频、图表、连线等多种手段播送新闻，不再依赖提字机，而是用自然语态传递资讯，带观众一起轻松看新闻。

思考题

❶ 如何理解电视新闻中的画面造型？画面基本景别有哪些？各自有什么特点？
❷ 请简要概括电视新闻中的声音类型，并结合自己的理解谈谈它们各自的功能。
❸ 电视新闻中包括哪些多元视听要素？结合具体电视新闻节目谈谈这些视听要素的功能怎样在节目当中体现。
❹ 如何避免摄制人员的主观意识渗透到镜头画面中造成对电视新闻报道客观性的影响？

实训题

❶ 用固定镜头拍摄一组不同景别的活动影像。
❷ 以记者出镜的方式拍摄一段电视现场报道。

第三章 电视新闻拍摄

本章学习要点

- ◇ **重点掌握镜头角度、运动镜头、长镜头、主客观镜头的拍摄方法。**
- ◇ **能够熟练地将这些方法运用到电视新闻的拍摄中。**

镜头角度即拍摄角度。在电视新闻采制中，镜头代替人眼来观察世界，因而镜头角度的变化能带给人们不同的视野，从而传递不同的含义。具体来说，镜头角度可分做俯角、平视角和仰角。

运动镜头基本包括被摄主体运动的镜头和通过摄像机的运动所记录下来的镜头。有这样一种说法："当被摄体跳下悬崖时，摄影机也应该跟着掉下去。"它阐明了摄影机和被摄体之间的关系。然而，当拍摄一些静态主体时，为了增强镜头节奏和视觉效果，人们也会对静态的被摄体进行有节奏的运动拍摄。

长镜头，又被称做"段落镜头"或"多构图镜头"。它是指在一个持续时间比较长的镜头内，用推拉摇移手法多层次、多景别地表现同一景物。它有利于保证时空的连续性、完整性和真实性。

客观镜头类似于小说写作中的第三人称叙事，是摄影机采用大多数人在拍摄现场所共有的视点拍摄的镜头。由于其"超然物外"，显得相对理性、冷静和客观，又被称为"中立镜头"。它将内容客观地表现给观众，直观效果上可产生"临场感"。由于拍摄者在处理画面时不加主观评论，采取中立态度，因而能使观众最大限度地发挥自己的判断力。

第一节 | 镜头角度

镜头角度即拍摄角度。在电视新闻制作中，镜头代替人眼来观察世界，因而镜头画面角度的变化能带给我们不同的视野，从而传递不同的含义。具体来说，镜头角度可以分为俯角、平视角、仰角。

一、俯角镜头

俯视角度镜头，又称为俯拍角度镜头，指摄像机视轴偏向水平视线下方所拍摄的镜头，或摄像机高于被摄主体、从高处向下俯摄所拍摄的俯视角度镜头。① 这种镜头能够营造出俯瞰的画面效果，在表现主体时能表达一种客观、公正、强调或压抑的感觉，显示出一种严肃、规范、低沉的气氛。俯角度具有较强的感情色彩，可以表现出阴郁、悲伤的情绪和气氛。②

俯角镜头的作用表现在以下三个方面。

第一，展示景物全貌，强化环境空间。

地面上树立的高景物、站立人物在这种镜头中都呈现出斜向汇聚的效果。例如，体育赛事新闻中通常都会采用俯拍交代周围环境，展示运动员入场等。

第二，营造压迫感，常用于表现遭受危险、威胁或压抑低沉的气氛。

在俯拍镜头中，人和物的形体会发生变形，呈现一种被压缩感，因而俯拍镜头可以表现人物悲惨、渺小、绝望的命运处境。

第三，当俯视角度与被摄体达到垂直状态时，被称为“扣拍镜头”。这种镜头竖向后对人和物压缩感特别强烈，画面造型非常别致，环境空间布局别具一格。

二、平视镜头

平视镜头，指的是摄像机与被摄物体等高时拍摄的画面，如果被摄体是人物，那

① 参见丁维满：《影视镜头的角度》，载《科技信息》，2007（36）。

② 参见袁金戈、劳光辉主编：《影视视听语言》，北京，北京大学出版社，2010。

么摄影机应与人物的眼睛保持水平高度一致。观众在电视机前以平视角度观看被拍摄对象时，仿佛这个人和物就在自己眼前，易产生共鸣，增强观众的主动参与感。在平视镜头中，可以采用正面拍摄、侧面拍摄和背面拍摄。

（一）正面拍摄镜头

正面角度具有稳重、庄严的感觉，在拍摄人物时使用正面角度，会让观看者产生一种与被摄对象面对面交流的感觉。例如，在报道领导人重要讲话时，图片可以采用侧拍的画面，而电视镜头一定是采用正面镜头，以表达出庄重感和交流感。

（二）侧面拍摄镜头

采用侧面角度拍摄可以很好地展现出被摄对象的运动姿态，如赛跑运动员或行驶中的汽车，画面效果自然，充满活力。同时，当侧面拍摄的画面中出现多个人物时，侧拍镜头就能很好地表达出人物之间的关系，表现出人物之间的交流或对抗。

（三）背面拍摄镜头

背面镜头具有较浓的抒情意味，文字作品朱自清先生的《背影》感动了一代又一代人，抒写出父与子之间深沉的爱意，电视新闻画面也有异曲同工之妙，中央电视台《新闻调查》栏目播出过一期调查数名青少年相继自杀原因的节目——《双城的创伤》。在结尾处，主持人柴静和一位自杀未遂的孩子走上土坡交谈起来，聊了一阵之后，孩子突然转身离去，头也不回地爬下了土坡，镜头就一直跟着他离去的背影。这个消失在镜头里的背影，不仅是事件的简单叙述，而且是一个能引发人们深入思考的写意画面。

三、仰角镜头

仰角镜头是指摄像机低于被摄体，从下往上，由低向高，从而使被拍摄对象呈现出挺拔、高大、雄伟、威严的画面形象，让人产生仰视、赞颂、敬畏或恐惧的心理反应，具有较强的表现力。仰拍画面具有夸张、变形的特性，给观众的视觉感受要比实际生活强烈得多。因此，在具体运用中，仰视镜头常用来表示对英雄人物的歌颂，烘托一种悲壮和崇高的艺术氛围。比如《开国大典》等影片中，凸显天安门雄伟高大的镜头都是仰视角度拍摄的。影片《少林寺》中多次出现仰视角度镜头，一方面勾勒出武侠英雄高大的形象，来展示英俊威武、大义凛然的气概，另一方面描摹了邪恶小人狰狞恐怖的面貌，以凸显其卑鄙可耻。

有时候，仰视角度镜头可以模拟剧中某个主人公的特定视角，或代表观众的视线，传达特殊的观众情绪效果。《城南旧事》影片中全片都用稍稍仰拍的镜头，惟妙惟肖地模仿剧中主人公英子的视角，契合影片成长回忆的叙述角度。在特殊场合下，仰视角度镜头还可以模拟动物的视角，如《猫狗大战》、《精灵鼠小弟》、《神犬巴迪》等美国影片中用仰视角度镜头来代表猫、狗、鼠的视线，产生独特的人格化、喜剧化效果。①

第二节 | 运动镜头

运动镜头应该说基本包括被摄主体运动的镜头和通过摄像机的运动所记录下来的镜头。电影美学中有这样一句名言："当被摄体跳下悬崖时，摄影机也应该跟着掉下去。"它阐明了摄影机和被摄体之间的关系。然而，当拍摄一些静止的物体时，为了增强镜头节奏和视觉效果，我们会对静止的被摄体进行有节奏的运动拍摄。

一、被摄主体运动的镜头

运动，是自然界和人类社会最富变化、最具魅力的物质现象，运动展示出生命和自然的韵律，运动表现出万事万物的发生、发展和更替。

首先，当运动主体展现在电视画面之中，本身就具有浑然天成的结构、节奏和旋律，具有无限的、永恒的视觉灵感，也最容易吸引人的视觉，产生对运动的敏感。其次，被摄主体的运动包含内容和形式两方面的表现意义。电视画面能够把运动主体和运动形式加以真实表现，而且带有不同的内涵并引发不同的心理反应。比如，同样是手，正握笔疾书的手和正把握方向盘的手内涵就不同；大步流星和轻盈雀跃的身形不管是内容还是形式都产生不同的视觉效果。还有，运动形成了一定的运动速度和运动节奏。被摄主体的运动速度和节奏，是产生电视画面冲击力、感染力的重要形式因素，它直接影响观众的心理节奏和情绪反应。速度快的运动，给人以热烈、紧张、力度大、欢快豪迈、急切躁动等感觉。在画面造型中可以通过相应速度的运动来烘托和表现相应的情绪和氛围。如用飞驰的列车、紧敲的锣鼓、热烈的掌声、湍急的瀑布等等。而那些慢速度、慢节奏的运动往往具有伤感的、凝重的、沉静的、抒情的视觉效果。比如一个情绪低落的人的动作往往是犹疑迟缓的，嫩绿的草地、盛开的鲜花常用作孩子们游戏时的背景，等等。运动速度和运动节奏是运动本质的外化和表现，通过画面加以准确反映就能够在观众的视觉感知和心理上引起预期的效果。在这一点上，

① 参见丁维满：《影视镜头的角度》，载《科技信息》，2007（36）。

电视的“画面表现力”是很强的。所以我们在选择画面进行编辑节目时，除了画面内容还有其运动值得关注。

二、通过摄像机的运动记录下来的镜头

通过摄像机的运动而记录下的镜头，依据摄像机的运动形式及变化镜头焦距所拍到的画面，相应地划分为推镜头、拉镜头、摇镜头、甩镜头、移镜头、跟镜头，还有综合运动镜头等。

（一）推镜头

推镜头可由两种方式形成，一是摄像机向被摄主体方向推进，二是机位不变，通过变动镜头焦距，由广角调到长焦来拍摄远处物体或那些不可能接近拍摄的对象［见图 3—1（1）和图 3—1（2）］。①

1. 推镜头画面的视觉效果

（1）画面表现的视点前移，被摄物由远到近，由小到大。景别范围随着镜头前推的过程渐次由大变小，形成了由一种较大景别向较小景别连续递进的过程，具有大景别转换成小景别的各种特点。与固定画面不同，观众能够从画面中直接看到这一景别变化的连续过程。比如，推镜头中一个被采访者从全景到面部的特写可以在一个镜头里“一气呵成”，而不必像在固定画面中那样由全景镜头跳接到一个特写镜头。

（2）推镜头的过程是捕捉和指向被摄主体的过程。在画面上镜头起幅→推进→落幅的连续推进中，落幅中的被摄主体是最终要强调和表现的对象，这个主体画面应是观众感兴趣的人物或景物或某细节部分。比如拍摄贫困山区的小学课堂，从坐在简陋低矮教室里听课的孩子们的全景镜头一直推到其中某一个孩子凝神专注神情的特写，引起观众的注目。那么开始的那个全景画面即为起幅，最后的特写即为落幅，在起幅和落幅之间的连续画面即为推进。

2. 推镜头的主要功用

（1）指向被摄主体，突出重点形象。推镜头在将画面推向被摄主体的同时，取景范围由大到小，随着次要部分不断移出画外，所要表现的主体部分逐渐“放大”并充满画面，因而具有突出主体人物、突出重点形象的作用。推镜头在形式上通过画面框架向被摄主体的接近，从两个方面规范了观众的视点和视线：一方面，镜头向前运动的方向性有着“引导”，甚至是“强迫”观众注意被摄主体的作用；另一方面，推镜头

① 参见杨建涛主编：《电视摄像》，167 页，武汉，华中科技大学出版社，2011。

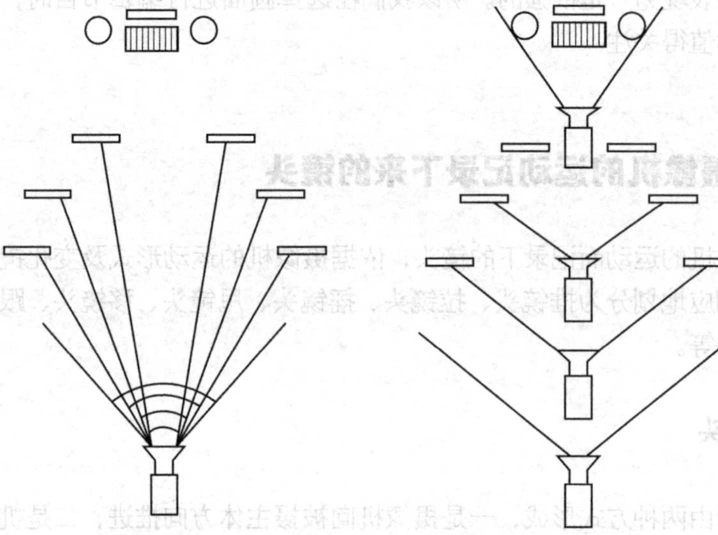

(a) 变焦距推拉平面图　　(b) 移动机位推拉平面图

图 3—1（1）　两种推镜头示意图

(a) 变焦推镜头　　(b) 位移推镜头

图 3—1（2）　推镜头效果示意图

的落幅画面最后使被摄主体处于画面中醒目的结构中心的位置，给人以鲜明强烈的视觉印象。也就是说，观众很容易在这一“进”一“显”的过程中领悟到画面所要表现的主要人物和形象。

(2) 突出细节，抓住重要情节因素，明确整体与局部的关系。单一的特写细节画面不足以建立与事物整体相连的真实感，而推镜头能够从一个较大的画面范围和视域空间起动，逐渐向前接近这一画面和空间中的某个细节形象，这一细节形象的视觉信号由弱到强，并通过这种运动所带来的变化引导观众对这一细节的注意。在整个推进的过程中，观众能够看到起幅画面中的事物整体和落幅画面中的有关细节，并能够感知到细节与事物的整体联系和关系。

在中央电视台《焦点访谈》的优秀节目《收购季节访棉区》中，当记者和摄像师赶往正在违反国家法规私自收购棉花的加工厂时，听到风声的加工厂老板仓促避去，但记者敏锐地发现老板办公桌上的茶杯余温犹存，显然人走不久，摄像师从全景画面推成记者手试茶杯温度的特写画面，非常好地传递出了这种现场信息。此后，当记者追问留在加工厂未及躲避的收棉女工在干什么时，女工支支吾吾谎称在玩，摄像师发现女工发辫间有不少收棉时沾上的棉绒，于是从该女工的近景画面推摄成头发与棉绒的大特写画面，清楚地告诉观众她在说谎。又如，湖南卫视的《8090》栏目，在当事人情绪发生变化时，镜头就可以随着情绪的变化缓推到近景或特写；《天天向上》栏目在嘉宾有状态出现时，镜头就可以急推到嘉宾身上，甚至肢体的某个细节。

显然，由于许多事物的细节和某些情节因素因其形象本身的细小微弱和不甚明显，在大景别画面中观众一般不易看清它，所以推镜头将细节形象和特定的情节因素在整体中呈放大状地表现出来，具有重点交待和突出显现的效果。

(3) 有连续前进蒙太奇句式的作用。前进式蒙太奇组接是一种大景别逐步向小景别跳跃递进的组接方式，它对事物的表现有步步深入的效果和作用。推镜头画面景别不是跳跃间隔变化而是连续过渡递进的，这是有别于一般前进式蒙太奇的地方。它的重要意义在于保持了画面时空的统一和连贯，消除了蒙太奇组接带来的画面时空转换的可能性和虚假性。它从大景别起幅不间断地向小景别落幅变化，使主体与所处环境的联系具有不可置疑的真实性和可信性。比如有一则洗衣粉广告，开始全景中演示者手拿一块沾满污渍的布，推镜头将其浸入溶有洗衣粉的盘中，第二个镜头再将布拿出来即是干干净净的了，随着镜头拉出露出演示者得意的神情。明眼的消费者总会有这样的疑问：前后两个镜头中是一块布吗？所以如果这一演示过程不用分切镜头而用一个连续完整的镜头一次性完成的话，就排除了那种中途换假道具的疑窦，可以使镜头本身表现出强烈的真实感。

(4) 推镜头的速度影响并调整画面的节奏。推镜头使画面框架处于运动之中，直接形成了画面外部的运动节奏。如果推进的速度缓慢而平稳，就能够表现出安宁、幽静、平和、神秘等氛围；如果推进的速度急剧而短促，则常显示出一种紧张和不安的气氛，或是激动、气愤等情绪。特别是急推，被摄主体急剧变大，画面从稳定状态急剧变动继而突然停止，爆发力大，画面的视觉冲击力极强，有震惊和醒目的效果，具有一种揭示的力量。比如，在以香港回归为主题的优秀音乐电视作品《公元一九九七》中，有两段形成鲜明对比的慢推与急推的段落。当歌词中唱到祖国人民对香港回归的期盼和关注时，画面中先后出现的是工人、农民、士兵等具有代表性的人群，每个人群都以缓慢而匀静的推镜头来表现，这些慢推画面组接起来传达出一种众望所归的自豪感和齐心协力的凝聚力，缓缓推进的画面造型运动喻示出这种情绪力量。而当歌词唱到有关“九七”回归日渐临近的内容时，画面中组接了数个时钟的急推镜头，比如北京站前的大钟、电报大楼的顶钟等，这些“扑面而来”的时钟特写画面犹如一个个发出呐喊的巨口，告诉全世界收回香港的时间就要到了！这种动感强烈、极富冲击的急推形式直观形象地外化出了香港回归的紧迫感和喜悦感，充分地表现了歌曲内容的情感意义。可见，对推镜头推进速度的不同控制，可以通过画面节奏和运动节奏反映出不同的情感因素和情绪力量，可以由画面内容和视觉形象快慢不同的运动变化引发观众们对应的心理感受和感情变化。

3. 推镜头的拍摄要点

（1）推镜头应该有明确的表现意义。在推镜头中，景别由大变小，这对观众的视觉空间既是一种限制也是一种引导。通过推镜头的运动造型方式给观众某种启迪，从而引起观众对画面中某个具体形象的注意，或者是表现出某种意念，或者是某个希望引起观众注意的细节，或者是通过推镜头运动方式形成与内容情节发展相呼应的节奏。

（2）推镜头的重点是落幅。推镜头的起幅画面的景别要大些，用以交代环境。推进要目的明确，不要让观众感到犹豫不决、欲进又止、欲止又进。推镜头的起幅和落幅都是静态结构，因而画面构图要规范、严谨、完整，特别是落幅画面应根据节目内容对造型的要求停止在适当的景别上，不要一味地一推到底。另外，起幅和落幅画面应拍长些，以备后期编辑（剪辑）时灵活机动选用。

（3）拍摄主体应始终处于画面的中心位置。在使用推镜头时，应保持起幅画面的完整，让主体在镜头推进过程中始终处于结构中心位置，并使落幅画面构图准确。后期编辑时，无论镜头在推进的什么位置上剪断，屏幕上都是一幅结构完整、平衡的画面。因此镜头在推进过程中，画面中心点要边推边向落幅中心点靠拢，始终保持主体在画面中的优势位置。

（4）速度要与画面的情绪和节奏一致。一般来讲，当画面情绪紧张时，推进速度要快一些；当画面情绪平静时，推进速度要慢一些。当拍摄运动物体时，物体运动快，推进速度要快一些；反之，推进速度要慢一些，以达到画面的外部运动与内部运动相一致，实现一种完美的结合。①

① 参见杨建涛主编：《电视摄像》，武汉，华中科技大学出版社，2011。

（二）拉镜头

与推镜头相反，拉镜头画面产生的视觉效果是：逐渐远离被摄主体或从一个拍摄对象到更多对象的变化，使观众有视点向后移动的感觉。其特点是，不是让观众开门见山，一览无余，而是逐渐扩展视野范围，在同一个镜头内渐次了解到局部与整体的关系，造成悬念、对比、联想等效果。在拉镜头中，被摄主体由大变小，周围环境由小拉开变大。

1. 拉镜头的特征

（1）形成视觉后移效果。在镜头向后运动或拉出的过程中，造成画面框架的向后运动，使画面从某一主体开始逐渐退向远方，画面表现出视点后移，呈现一种较小景别向较大景别连续渐变的过程，具有小景别转换成大景别的各种特点。

（2）周围环境由"无"到有，拉镜头可分为起幅、拉出、落幅三个部分。画面从某被摄主体开始，随着镜头向后拉开，被摄主体在画面中的成像面积由大变小，主体周围的环境则由小变大。

2. 拉镜头的主要功用

（1）说明主体细节在特定环境中的位置。它有利于表现被摄主体与所处环境的关系。

（2）它的取景范围和表现空间是从小景别到大景别不断扩展的。在由起幅点到落幅展开的过程中，新的视觉内容不断入画，原有的画面主体与不断入画的形象构成新的组合，产生新的联系，逐渐展示局部与整体之间更多更全面的情节，以至于每一点新内容的进入与组合都可能使镜头画面内部发生结构性的变化。比如，有这样一个拉镜头：一个拉二胡的特写，镜头随着音乐节奏拉开，观众看到一位女乐手在一个别致的碗型舞台上动情演奏，再看是在一个坐满了中外宾客的大露天剧场，接着镜头全面展开，远处夜色背景中"HOLLYWOOD"霓虹灯闪烁……原来是在美国好莱坞近处的露天剧院里正演出的一场华人新年音乐会。这样不断扩展的视域空间，烘托了场面气氛，不失时机地交待了环境，给观众的画面呈现出多结构、多层次、多信息的特征。

（3）有连续后退的蒙太奇句式的作用。由于拉镜头是在一个镜头中景别连续变化，与推镜头一样保持了画面表现时空的完整和连续，在画面表现上具有不可置疑的真实性和可信性。

比如，世界著名的"空中飞人"科克伦 1996 年在中国的长江三峡上走高空钢索时的一个拉镜头。中景起幅画面中科克伦神情专注，手握数米长的平衡杆，小心翼翼地向前行进，猛烈的山风吹得他头发零乱、衣襟乱飞；随着镜头逐渐拉开，观众看到他脚下那直径仅寸余的钢索以及他时有摇晃的身姿，在略带仰角的落幅画面中，系于两边峡岸上的一线钢索上科克伦的身影已经很小了，观众还看到了高悬的钢索之下湍急的江流。可以说这个拉镜头十分真实地表现了科克伦“飞”越三峡时的惊险场景。更重要的是，这样一个拉镜头从人物中景到大全景场面的过渡是不间断的，因而它排除了画面编辑、分切所具有的时空、人物的转换可能性，观众通过整个镜头看到的是同一个人的表演，是当时环境中的真真切切的现实。因此，在纪实性节目的拍摄中，我们可以有意识地运用推、拉镜头来强化时空连贯的纪实性效果和造型表现上的真实性。

（4）常被用做结束性和结论性镜头，并延展令人回味的空间。在一则反映城市美容师——一位环卫工人——劳模事迹的人物专访里，结束部分有一个拉镜头：天色微亮，东方露出淡淡朝霞，这位环卫工人在行人稀少的路边一步一扫，动作麻利，一丝不苟；随着镜头拉出，宽阔干净的大道、两旁林立的树木和高楼进入画面，他的身影渐远，虽然在画面上看上去其身形渐小，但在观众的心中引发的情感悠长，也暗含该劳模具有勤劳、质朴的品质的深层意蕴。又如，在一部反映老年人晚景的电视专题片中有一个儿孙不孝、独居窄巷的老大爷推着卖冰棍的小车缓步回家的场景，摄像师将其处理成拉镜头：夕阳余晖下的深长小巷里，老人佝偻的身躯逐渐远去，画面中仿佛渗透着一种难以言表的酸楚、凄凉之感。可见，拉镜头如果处理得当，往往能在特定情景下“拉”出情绪、“拉”出感情，有一种延展画面时空、令画面内涵回味无穷的功效。

3. 拉镜头的拍摄要求

拉镜头的拍摄除镜头运动的方向与推镜头相反外，其他在技术上应该注意的问题与推镜头有着基本一致的创作要求，诸如在镜头拉开的过程中应该注意保持主体在画面结构中心的位置，对画面拉开后的视阈范围的控制，拉镜头速度的把握、节奏的控制，等等。①

（三）摇镜头

摇镜头的最大特点是摄像机机位固定，所拍镜头景别不变，由摄像机围绕一根与地面垂直或水平的轴线连续改变拍摄方向，左右摇或上下摇，或者两者结合的复合摇，也称斜摇。

1. 摇镜头的视觉效果

首先，就像人们站在某一个地方转动头部环顾四周，视线由一点移向另一点，一个完整的摇镜头也同样包括起幅、摇过程、落幅三个相互连贯的部分。画面反映的空间排列顺序与现实的空间排列顺序是一致的。

其次，观众的视觉注意力随着摇画面的方向、速度等被迫调整，基本上是摇到哪里看到哪里。

① 参见刘万年编：《视音频处理技术》，109页，南京，南京大学出版社，2009。

2. 摇镜头的主要功用

（1）用大景别摇画面展示宽阔的区域。在节目中用大范围景别摇镜头画面来介绍环境，展现事件发生地的概貌，视觉背景显得开阔，周围景物有尽收眼底的感觉，不管是群山还是大海，在摇镜头中可以得到较充分的展现，烘托出苍茫辽阔的环境气氛。这种大视野的环境形象通常只用远景景别或全景景别且运动速度均匀的画面来展现，在摇镜头过程中不是为了具体描述某个细节，而是追求画面内容的整体形象和意境。如中央电视台《新闻联播》中报道过一条关于温州某村举办全国首家农民子弟百台钢琴演奏会的新闻，在偌大的广场上百台钢琴整齐排列，阵容强大，新闻用一个摇镜头展现一群群年龄不等、神情不一的小钢琴演奏员，形成了总体效果美好、充满希望的氛围。

（2）有利于通过小景别画面传递更多的视觉信息。摇镜头扩展了画面的表现空间，可以包容更多的视觉信息。对于超宽、超广的物体，如跨江大桥、拦河大坝等横线条景物用横摇，对超高、超长的物体，如高耸入云的电视发射塔、幽深的山谷等纵线条景物用纵摇，能够完整而连续地展示其全貌，形成一幅视觉信息饱满且容量大的横卷或纵卷，达到用小景别出大效果的目的。比如，在一部拍摄关于计划生育的专题片中，有一个在街上拍的摇镜头，从镜头的起幅到落幅，出现在画面上的是不断运动、不断重复的人群，这种摇镜头延长了观众对人群的视觉感受，加深了对“人满为患”的印象，形象地告诉人们，无论是“能源危机”还是“水资源危机”，它背后都隐藏着“人的危机”。

（3）表明同一场景中两个主体的内在联系。生活中有许多事物经过一定的组合都会建立某种特定的关系，这些关系如果一同放在一个大视野中并不容易引起人们对它的注意，而当用摇镜头将它们分开再合成表现时，这种关系常常会在形式上提醒人们注意，例如，从新闻发言人摇到听取发言的新闻记者，从国徽摇到正在宣读判决书的法官，从国旗摇到旗杆下的哨兵，等等。在这样的画面中，发言人与记者、国徽与法官、国旗与士兵的关系是用镜头语言表现得十分清楚的。摇镜头除了通过镜头摇动使两个物体建立某种联系外，还通过摇出后面的物体对前面的物体进一步说明来引导观众的思路。例如，画面表现一个人走进一个大门后镜头摇起来出现火车站的牌子，画面通过视觉形象明白地告诉观众这个人走进了火车站，而不是别的地方。由于有了后面这个画面才使得前面画面的意义更为明确。

（4）把性质、意义相反或相近的两个主体用摇镜头连接起来表示某种暗喻、对比、并列、因果关系。例如，从一个正在扫地的清洁工摇到一旁正往地上吐瓜子皮的青年，从一片花朵摇到一群天真的孩子，从一个正向外涌出工业废水的管道口摇到河里漂浮的死鱼。这种通过摇来建立某种对应关系的镜头，如同对列蒙太奇的表现性组接一样，把生活中富有对比因素的两个单独形象连接起来，使它所表现的意义远远超出了这两个单独形象本身的意义。然而，比对列蒙太奇更有力量的是，在摇镜头中的这种连接，要求这两个视觉形象必须在同一场景中。这本身就因两个事物在同一时空而具有强大的真实性，它比对列蒙太奇那种将两个场景中拍摄的画面组接在一起的表现方法更少了人为加工的痕迹和节目制作者的主观表现性，因而在纪实性节目中具有不容置疑的论证力量。

（5）可以表现一种主观性镜头。在镜头组接中，当前一个镜头表现的是一个人环视四周时，下一个镜头用摇所表现的空间就是前一个镜头里的人所看到的空间。此时摇镜头表现了画面中人的视线而成为一种主观性镜头。

（6）用非水平的倾斜摇和旋转摇来表现一种特定的情绪与气氛。视觉经验告诉我们，如果想使画面具有倾向性的张力，最有效和最基本的手段是让画面倾斜。倾斜可以破坏观众欣赏画面时的心理平衡，造成一种不稳定感、不安全感。同时，倾斜也可以造成一种欢快、活跃的气氛。倾斜的画面加之摇动的双重结合，可以使不稳定、不平衡的因素表现得更为强烈。

3. 摇镜头的拍摄要点

（1）摇镜头必须目的性明确。摇摄形成镜头运动，迫使观众随之改变视觉空间，观众对后面摇进画面的新空间或新景物就会产生某种期待和注意。如果摇摄的画面没有什么可给观众看的，或是与前面的景物、形态相似，或是后面的事物与前面的事物没有任何联系，这种期待和注意就会变成失望和不满，进而破坏观众对画面的欣赏心境。因而，摇摄一定要有目的性，要言之有物。落幅画面要稳、准，不要落在不该停、无法构图的地方。镜头的运动应使画面具有某种表现因素，摇摄不应成为表现的目的，而只能是表现的手段。

（2）拍摄的速度应与画面内的情绪相对应。摇摄的速度会引起观众视觉感受上的微妙变化，任何一个成功的摇镜头都离不开对摇摄速度的正确设计和精心控制。因此摇摄的速度要适当，切记不能太快，否则会让人看得头昏眼花。摇摄的时间也不宜过长或过短。摇镜头过长会让人感觉拖泥带水，摇镜头过短会失去摇镜头的意义。摇摄的速度要注意与画面情绪发展相对应：当画面内容紧张时，摇速相对快些；当画面内容抒情时，摇速相对慢些。

（3）要保持整个摇动过程的完整与和谐。摇镜头的全部美感意义不在于单一画幅上构图的完整和均衡，而在于整个摇摄过程中的适时与和谐。一般来讲，摇摄的全过程应当稳、准、匀，即画面运动平衡，起幅、落幅准确，摇摄速度均匀。为了使画面平稳，摇摄时最好使用三脚架。摇摄的起点和终点一定要把握得恰到好处，技巧运用得有分寸。摇过去了就不要再摇回来。所以在条件许可的情况下，最好先预摇一遍，然后正式开始拍摄。

（四）甩镜头

极快速的摇镜头画面习惯上叫做“甩”。从一个画面的结尾经过甩，中间穿插了一段模糊不清的画面；当画面再稳定下来时，已经变成了另一个画面。这个甩镜头强调的不是画面内容而是方向，它多用于处理具有内在关联或因果关系的画面组接技巧，其中间环节忽略不计。

（五） 移镜头

在实际生活中，人们常常是边行走边观看，移动镜头正是反映和还原出人们在生活中的这一视觉感受。其特点是机位发生变化，边移动边拍摄，各种运输车辆或轨道车等都是它的运载工具。航拍是其中的一种特殊形式。

1. 移镜头画面的特征

移镜头的视觉效果是画面始终处于运动之中，直接调动了观众视觉的行走感受，使观众产生一种身临其境的感觉。还有就是移动画面所表现的空间是完整连贯的，观众的视点跟随着不停地改变。移镜头可以把行动着的人物和景物交织在一起，使其产生强烈的动态和节奏感。

2. 移镜头的作用

（1）扩展画面空间，打破屏幕限制。人们通过电视屏幕这样一个小四方块来接收画面信息，移动摄像使电视画面造型突破了屏幕限制，创造出独特的视觉艺术效果。横向移动镜头在横向上突破了画面框架两边的限制，开拓了画面的横向空间；纵向移动镜头在纵向上突破了电视屏幕的平面局限，开拓了画面的纵向空间。纵向移动镜头向前或向后的移动，在电视画面中直接通过运动显示了画面的深度空间。在画面造型上，它不仅依靠影调和透视这些平面造型的规律来表现立体空间，而且还利用镜头纵向运动，在运动中展示一个除了长和宽之外还有纵深变化的立体空间，给人造成一种强烈的时空变化感。

（2）在表现大场面、大纵深、多景物、多层次的复杂场景时具有气势恢宏的造型效果。移镜头能在进入的空间内随意运动并通过运动形成的多角度、多景别、多构图画面对一个空间进行立体的多层次的表现，并且也可以有控制地逐一展现景物，有时只要稍稍改变一下摄像机的位置或角度就能形成一个全新的、引人注目的构图。例如，在许多电视系列片如《话说长江》、《话说运河》、《望长城》中，大量的航拍镜头将观众视点带到空中，居高临下极目远望，把辽阔无垠的壮美河山尽收眼底，扩大了画面表现空间的容量，形成了浩大的气势，成为节目表现景物的中坚画面。

（3）在表现主观倾向具有强烈主观色彩的镜头时，移镜头更能给观众带来身临其境的感受，画面真实感和现场感强烈。移镜头画面带给人们的视觉意识更自然生动，因此而有更强的真实感和现场感，尤其在新闻纪实性节目中，这种镜头运用好了会产生极佳的效果，如在《焦点访谈》播出的《深圳书市为何火爆》一片中，为表现书市中拥挤的人群和人们求知的热望，用了这样一个移动镜头：摄像机如同人一样艰难地“穿行”于书市大厅之中，只见画面中满是排队付款或低头看书的人，由于现场实在拥挤异常，摄像机还时常“躲闪”着避免撞到只顾埋头看书的入迷者。观众好像是随着摄像机的运动“进入”到那种特定的情境中去，仿佛也在人群中穿梭浏览一般，因而能从这个移镜头中感受到强烈的现场感和参与感。例如，在电视纪实类节目中，经常可以看见长镜头类型的移摄，在一部有关老楼房拆迁的电视片中，有一个镜头是介绍老楼居民的集体厨房，镜头从第一个煤气灶处开始，用一个很长的多视点移摄，不断地拍摄一个一个挨着的煤气灶、每个煤气灶边上的水龙头、拥挤的橱柜、各自为政到处乱拉的电线，使观众从移镜头中感受到强烈的现场感和参与感。

3. 移镜头的拍摄要点

在拍摄移动镜头时，应尽量采用广角镜头和短焦距拍摄。这是因为广角镜头视野广，在移动拍摄的过程中，被摄主体不容易偏离镜框，而短焦距镜头拍摄的运动画面动感十足且较为平稳，适合用于移动镜头拍摄。

（六）跟镜头

摄像机始终追随运动主体一起运动而进行拍摄的电视画面称为跟镜头。它与移镜头最大的不同在于，跟镜头画面始终跟随一个（或一组）运动主体，这个运动着的被摄主体在画框中的位置相对稳定。

1. 跟镜头的画面特点

跟镜头画面中始终有一个具体的运动的主体，摄像机跟随着这个主体一起移动（移跟）或摇动（摇跟），并根据主体的运动速度来决定镜头的运动速度，一般情况下主体在镜头的开始至结束均呈现为一个相对稳定的景别。①

2. 跟镜头的画面作用

（1）突出主体，展现主体运动状态。跟镜头能够连续而详尽地表现运动中的被摄对象，它既可以突出运动中的主体又能交待运动主体的运动方向、速度、体态及其与环境的关系。被摄体在跟镜头中始终处于画面相对稳定的某个位置上，因而使观众与被摄对象之间的视点相对稳定，形成一种对动态人物和物体的静态表现，使动体的运动连贯而清晰，有利于展示人物在动态中的神情变化和性格特点。②

（2）通过运动主体，引出环境。在跟拍中，摄像机同被摄主体一起运动，在一般情况下，摄像机的移动速度与拍摄主体的运动速度相同，从而在画面中形成运动主体静止而静止的背景不断变化的场景。人物的运动“带”动摄像机的运动。摄像机随着人物将其走过的环境逐一连贯地表现出来。这种跟镜头的重点在于通过人物的运动引出其所在的环境。比如在新闻采访或暗访中跟随被访者边走边拍。另外，影片中表现

---

① 参见刘万年编：《视音频处理技术》，125页。

② 参见李杰：《浅谈电视拍摄中的跟镜头》，载《技术与艺术》，2005（4）。

追逐时常用跟镜头，被摄主体相对不变，而背景则一会儿是高速公路，一会儿是盘山公路，观众通过这个跟镜头看到了追逐经过了许多地方，更感受到了追逐的艰辛、逃跑的困难。[①]

（3）从人物背后跟随拍摄的跟镜头，引导观众视线，创造观众与主体同一的主观视角。摄像机背跟方式的跟镜头使镜头表现的视向就是被摄人物的视向，画面表现的空间就是被摄人物看到的视觉空间。这种视向的合一将观众的视点调度到画面内跟着被摄人物走来走去，从而表现出一种强烈的现场感和参与感。例如在动画电影《恐龙》中，一只大鸟衔着一枚恐龙蛋穿过河流、森林和峡谷飞向大海，让观众通过鸟的视角观察到了震撼的自然画面。通过跟踪拍摄，创造观众与主体同一的主观视角。

3. 跟镜头的拍摄要点

（1）要跟上、对准拍摄对象，达到跟拍的技术水平。由于在跟拍中，被摄主体与摄影机都处于运动之中，两者的速度最好能保持一致。在电视中，一个运动物体越是稳定的表现，画面越具有美感价值。[②] 因此这对摄影工作者提出了更高的工作要求，摄影机的运动应与镜头中的主体运动相协调，保证拍摄画面的清晰、准确，避免不稳定、穿帮、出画等问题，让观众的注意力始终都集中在被摄主体上。

（2）跟拍画面应保持相对稳定，不能过分追逐拍摄对象。在跟拍中，拍摄对象的运动是复杂多变的，会产生起伏、曲折等运动，摄影机的拍摄工作不能过分受到被摄主体的影响，应保持相对的稳定，摄影工作人员可以通过焦点变化、拍摄角度变化等手段做调节，避免因为镜头大幅度和次数过频的上下跳动影响受众观看，产生视觉疲劳。

（3）不宜多用较慢、较长的跟镜头，这会给观众带来厌烦情绪，产生不自然的感觉，更主要的是使节奏拖沓，结构松散。例如在转播马拉松比赛时，如果全程都是赛跑选手的跟镜头难免枯燥无味，因此导播常常会切换远景、全景等镜头拍摄整体赛场情况、观众等。

（七）综合运动镜头

综合运动镜头是由摄像机在一个镜头中把推、拉、摇、移、跟等各种镜头运动方式，不同程度地、有机结合起来所拍到的画面。

这种画面的视觉效果是，在一个镜头中包含有多景别、多角度的多构图画面和多视点效果，画面中的运动轨迹是多方向、多方式运动合一后的结果。虽然看起来显得有一种不规范感和随意性，但是用它来记录现场能够使画面内容主次分明且详略自主，对主体能够有较强的表现力和再现生活动态流程的能力；它还能通过画面结构的多元性形成表意方面的多义性。

---

①② 参见刘万年编：《视音频处理技术》，125页。

这种综合性镜头在新闻类节目中较多地应用于表现纪实性的长镜头中。比如在《东方时空》“讲述老百姓自己的故事”时常有较好的运用。

电视新闻通过不同的机位、变化的焦距和光轴在拍摄中形成视点，并通过这些运动的视点来再现真实的世界。当我们看电视时，“动”最能吸引我们的目光，画面的变化最能引起我们的注意力。推、拉、摇、移、跟这些不同的运动方式就像是我们说话时的语音、声调、情绪，通过这些变化来表达不同的情绪或情感。因而，我们要认识到运动画面对于刻画人物性格和表现人物情绪有着无可比拟的重要作用。

第三节 | 长镜头

（一）长镜头的概念

长镜头，又被称做“段落镜头”或“多构图镜头”，它是指在一个持续时间比较长的镜头内，用推、拉、摇、移等手段多层次、多景别地表现同一景物。它有利于保证时空的连续性、完整性和真实性。

（二）长镜头的优点

长镜头理论是 20 世纪 50 年代由法国电影理论家巴赞提出的。他列举了长镜头的三个优点。

(1) “遵守事件的空间统一性”，保证了事件的时间进程受到尊重，景深镜头能够让观众看到现实空间的全貌和事物的实际联系，保持了时空的完整性、可信性。

(2) 长镜头注重通过事物的常态和完整的动作揭示动机，保持了生活的透明性、暧昧性和多义性。

(3) 连续性拍摄的镜头——一段落——充分体现了现代电影的叙事原则，再现了现实生活的自然流程，因而更具立体感，使观众能以多角度洞察生活。

从以上三点可以看到长镜头对于电视新闻来说有其不可忽视的指导与实用价值。它“强调真实地再现生活的原来形态”的理论基础，正是防止电视新闻采访失实的具体要求。电视新闻的现场采访、报道各种对话活动都要求记者运用长镜头技法保持新闻现场时空的高度一致性，“直播”更是长镜头传播魅力的最佳发挥。

（三）长镜头在电视新闻中的应用

在现代电视新闻中，由于写实的需要，长镜头得到了更多的运用。通过纪实性长镜头，观众看到一个不间断的新闻事件和一个不分割的新闻现场。在现场内，人物的行为、事物的运动都是相对完整的，使人感到更真实可信。特别是一些生活细节，自然而然地在现场内出现，对于烘托主要新闻事实和主要新闻人物起到了不可替代的作用，是表现现场气氛不可缺少的因素。长镜头不仅可以忠实地再现物质的自然运动，同时，它作为一种表现手法，最大限度地减少了画面编辑过程中对事件发展过程人为地曲解与限定，保证了观众认知过程的自然流畅。

日本广播协会（NHK）电视台曾播出一条新闻《永野被刺》：诈骗集团的头目永野，骗取了大量钱财，罪行败露后躲在家里闭门不出，不见任何人。永野家门前人群杂乱。突然，出现了两名凶手砸门叫喊，打碎玻璃跳窗入内。一声惨叫之后，两人跳窗而出。警察把两人押入警车。警车驶去。整个新闻全长近 6 分钟，几乎是用一个长镜头一气呵成的。观众好似身临其境，在电视机前目不转睛，从头看到了尾。

电视新闻中长镜头的最大优势在于它可以连贯地使用现场的图像和声音，把亲身介入转为心理介入，将亿万观众“带到”新闻现场，通过视觉和听觉，综合获得与在现场相似或基本相同的感觉。例如，在湖南卫视《变形计》中《网变》这期节目的结尾处使用了这样一个长镜头：城市少年魏程将要离别高占喜的家人，在告别过程中，魏程突然扔下背包，双膝跪在相处了七天的“爸爸妈妈”面前，此时镜头从魏程的近景拉至全景并转到少年身后，镜头中不管妈妈和弟弟怎么劝，魏程都不肯起身。画面推至魏程脸部特写，这个孩子噙着泪水望向高占喜的母亲，一直叫着“阿妈”，过了好一会儿才站起来。在这个时长 50 多秒的长镜头里，拍摄者通过一定的场面调度，让观众注意到魏程的肢体和表情，使观众感受到魏程对“爸爸妈妈”的留恋和这份感情的真挚。

记者对现场情况熟悉，又能熟练地按照客观事物的发展顺序和观众的认知规律拍摄编辑画面，使得观众可以获得比本人在现场更丰富的整体了解和细节感受。一条成功的电视新闻，它所带来的现场感，完全来源于现实，同时应该比现实更集中、更细腻、更深刻。例如，有一个电视节目，介绍歌星毛阿敏从北京千里迢迢去成都看望她资助喂养的一只大熊猫。一年了，毛阿敏还没见过它，对它的情况也一无所知。镜头从动物园围墙边的林荫道开始：（中景、两人）毛阿敏同剧组人员边走边谈，走至一大门（右拐）进去（这是一间通道）。穿过通道，进入一片开阔的草坪和茂盛的树林，这就是熊猫饲养场。由于面积很大，毛阿敏没有一下子看到熊猫，她兴高采烈地喊着：“我的女儿在哪儿？我的女儿在哪儿？”在饲养员的指引下才远远地看见有两只熊猫抱着树在玩耍（左拐，全景，镜头在毛阿敏的后面跟）。饲养员呼喊着熊猫的名字，熊猫似乎明白了“母亲”的到来，笨拙地从树上下来。面对人群，它在张望，好像在辨认哪个是“母亲”。（镜头移向毛阿敏的右后方）离熊猫还有十几步的时候，毛阿敏有点胆怯，停住了脚步。熊猫向她慢慢走来，毛阿敏想后退，饲养员安慰她：“没事，不要害怕。”（全景，镜头从毛阿敏的左侧移向其右侧）熊猫抱住了毛阿敏的脚，又是抚摸，又是亲吻。毛阿敏缓缓蹲下来，渐渐地消除了惊恐心理（中景），与熊猫“交谈”。“母女”相逢，格外亲切。这个长镜头真实、生动、感人地记录了毛阿敏“母女”相见的整个过程，把毛阿敏从开始的轻松愉快，到中间的略带紧张和后来的“亲密无间”的情感变化，细致入微地表现出来了。这不仅是毛阿敏和一只熊猫的故事，而且是通过她的行为表现了人与动物、人与自然的和谐，体现了人间的爱、世间的美。

在电视新闻中，同时作用于视觉和听觉所产生的现场感，是文字传播媒介很难做到的。合理地增加长镜头的使用，则是增强现场感最有效的手法之一。

目前，在我国的电视新闻实践中，长镜头运用得还比较少。主观的原因主要是部分编辑记者对长镜头的写实作用还没有足够的认识，认为一个长镜头不如一组镜头表现力强、信息量大，舍不得在本来就很短的新闻中拿出一大段时间编入长镜头。客观的原因主要是新闻素材本身的动态很弱，在常见的会议新闻、成就新闻中，长镜头几乎毫无用武之地。另外，我国现场报道仍然偏少，现场直播就更少，人们很关心的社会新闻，其现场直播几乎没有。

很显然，现在的长镜头概念中早已不是当初将摄影机放在一个固定不变的位置上，对镜头所及的范围内动作、持续发展的进程如实记录，我们在此要强调的是在一个长镜头中对综合运动镜头的有效利用。换句话说，综合运动镜头是长镜头中一个重要的、有效的表现手段。

第四节 | 主观镜头与客观镜头

一、主、客观镜头的界定

（一）客观镜头

客观镜头类似于小说写作中的第三人称叙事，摄影机采用大多数人在拍摄现场所共有的视点拍摄的镜头。由于其“超然物外”，显得相对理性、冷静和客观，又被称之为“中立镜头”。它将内容客观地表达给观众，在银幕直观效果上可产生临场感。由于拍摄者在处理画面时不加主观评论，采取中立态度，因而能使观众最大限度地发挥自己的判断力。

摄影师通过客观镜头“记录”而非“监视”的情况下拍摄人或物，因此画面并非杂乱冗长而是经过了拍摄者自己的解读，利用景深、角度等为观众提供直观可视的电视画面。所以，我们说客观镜头具有明显的描述性特征。客观镜头可以展现出空间位置和主体运动。对动作的重现和创造是电视艺术的主要任务，没有摄像机对运动的表现，也就没有作为一门独特艺术的电视。[①] 摄像师感受画面，通过画面的空间位置表现主体的形象，用以塑造人物并描述其内心世界，这样的情绪画面使观众不仅可以看到所呈现的图像，而且能够感受到画面情绪的存在。

（二）主观镜头

主观镜头指的是摄影机的视点直接代表某一剧中人物的视点所拍摄的镜头。观众在收看主观镜头时以该剧中人物的角度“目击”或“臆想”其他人物及场面的活动与发展，从而产生与该剧中人物相似的主观感受。

在实际运用中，摄像机以画面中人物的位置为视点拍摄，摄像机代替了人眼，镜头与画面内容相连接，起到推动情节发展的作用。而且，主观镜头还能展现出镜头主体在特殊情况上的感受，如视线模糊、产生幻觉、舞动摇摆等。我们经常能看到这样一种主观镜头：当失明的人换上新的眼角膜、纱布拆开时，画面通常会模糊，而后慢慢转为清晰，让观众跟着镜头与事件主人公一起体验重获光明的过程。另外，主观镜头还能制造悬念。由于剧情推进的需要，编导刻意要隐去某人物，避免面部形象出现在画面上，又要点明其所作所为，于是用主观镜头取而代之，目的是用以制造悬念。这一手法在中央电视台科教频道的《探索·发现》栏目中经常使用，以勾起观众的收看欲望。

例如，在 F1 赛车运动转播中，通常会不停地切换主客观镜头。一方面通过赛道旁摄像机的客观镜头看到赛车极速狂奔，让观众不由得也想亲身体验一下赛车手的感觉；另一方面，安装在驾驶员的头盔上的摄像机，让我们从主观镜头的位置看到赛事过程，仿佛自己就坐在车中，亲自驾驶着极速奔驰的赛车。

可见，主客观镜头有着其各自重要的作用。具体来说，客观镜头有助于保证镜头内容的真实性和叙述的客观性；而主观镜头则能表现出极强的体验感，观众有身临其境之感，坐在电视机前却仿佛跟随着电视画面经历时间过程。

二、客观镜头的主观性

客观镜头的主观性是拍摄者直抒胸臆的间接表象，虽然镜头反映的是客观现实，但人们仍然可以从画面语言这种客观镜头的记录中，诸如拍摄角度、拍摄距离、镜头焦距、景别大小、画面构图、透视效果等，清晰地看到拍摄者的内心情感世界，因此，这种客观镜头便具有主观性。在新闻报道特别是纪录片的拍摄中，客观镜头除了受拍摄时的外部条件限制，更多地受拍摄者的主观意志所左右，镜头的推、拉、摇、移是随着拍摄者的主观意愿进行的。如天津电视台拍摄的《延安情怀》、《变迁——讲述百

---

① 参见夏正达编著：《摄像基础教程》，75 页，上海，上海人民美术出版社，2009。

姓住房故事》、《冯骥才与作家画》都明显地烙有拍摄者的主观印记。客观镜头的主观因素在于它紧紧抓住了客观事物的主要方面，试图用最简洁的画面语言让客观事物的真实方面凸显出来，用最经济的视听艺术手段将复杂纷繁的镜头语言洗练明确地表达给受众，使观众在较短的时间里清楚事实真相，以达到最好的传播效果。①

美国的《国家地理》、《动物世界》等纪录片的拍摄者主张摄影机永远是旁观者，不干涉、不影响事件的过程，永远只做默察、旁观式的记录，其镜头语言的客观性很强，画面感觉也更真切些。然而，即便是这种默察、旁观式的记录，也毫无例外地留下了记录者观察事物的主观意志。

如在中央电视台的《新丝绸之路——生与死的楼兰》里，客观镜头记录着茫茫沙海中行进的考古车队停在了不远处的沙山脚下，伫立着数十根墓桩的沙山原来就是千年楼兰的古墓葬群。从考古队长手持毛刷刷下洒落着的细细流沙和盛着欧罗巴美女的船棺，到一块块棺盖揭起露出墓主人的面容和棺内陪葬的牛头枯骨，都是凄美的客观镜头语言。客观镜头随着考古队员每一个挖掘细节的展开，3 000 年前的罗布泊顿时呈现在了观众面前。客观镜头的主观性在这里不仅表现为记录者对墓主人的敬畏心理，还体现了记录者通过镜头语言，诅咒恶劣的自然环境吞噬掉了远古文明，即人为过量地砍伐植被，葬送了美丽的幸福家园。②

客观镜头的主观性在 2008 年北京奥运会的报道新闻里也有体现，尤其在航拍北京的镜头中，观众看到的是雄伟的奥运场馆、华丽的立交桥、热情的志愿者等客观镜头，但这其中深深地烙下了拍摄者的主观意愿和对北京这座城市的理解与认知。北京是否有魅力？北京的魅力又在哪里？此时，完全取决于拍摄者个人的主观视角。虽然客观上北京这座城市自身固有魅力，但观众最后看到的客观镜头却是掺杂了拍摄者以个人观点选择的画面。因此，这样的客观镜头必不可少地会反映出拍摄者的主观世界，反映出记录者对这座城市的好恶情感。此外，对镜头大小的选用、对取景的时间挑拣，也都会因个人的主观意志取舍、定夺，客观镜头的主观性正源于此。

三、主观镜头的客观性

主观镜头的客观性是拍摄者的内心世界通过镜头语言这种画面形式去刻意追求的直接表象，受一定客观条件制约，因而，人们才能够比较容易地透过这种外部的画面语言记录看到拍摄者的内心活动，所以具有客观性。主观镜头也常被喻为第一人称视角，它反映画面人物的主观视点，可以是对话另一方的反应镜头，也可以是亲历客观场景的某个方面。③

---

① 参见王建国、石墨：《电视拍摄中的客观镜头主观性与主观镜头客观性分析》，载《当代电视》，2011 (7)。

②③ 参见石革新：《电视镜头的主观性与客观性》，载《当代电视》，2006 (6)。

主观镜头同样无一例外地反映客观事物，既要符合人物情节本身，又要满足作者叙述的要求，还要合乎观众解读的逻辑思维方式。

例如，2008 年 4 月 4 日清明节当天，中央电视台《焦点访谈》栏目邀请中国民间艺术家协会主席、著名作家冯骥才先生介绍清明节的传统文化内涵，请其讲述清明寒食的来历。当他说到介子推不愿当官、背起老母逃往深山时，电视上出现的就是一个主观镜头——晃晃悠悠移动着的山间小道（摄录机模仿人物边跑边拍）。这个镜头轻松简单，免去了演员的辛苦，也明明白白地交代了事件，简简单单就达到了“情景再现”。

还有一些历史纪录片受历史事实和时间发展脉络的限制，会采用电脑动画的方法再现历史人物和历史场景，比如，纪录片《郑和下西洋》、《故宫》、《新丝绸之路》，这样的镜头、画面不再是某一历史事件的直接反映，而主要是拍摄者或访问者的视角再现，因而很难将其称之为客观视角。但同时，振奋人心的西洋航海图的电脑动画，金碧辉煌、气势恢弘的故宫全景俯瞰，神来之笔的敦煌洞窟壁画复原，都依托一定的历史事实来再现那段历史，其客观性必然十分明显。

在新闻采访和影视剧中往往会有一种半主观镜头被大量使用，经典手法是在正打镜头过后，接一个过肩反打镜头。这种带着正打镜头人物关系的反打镜头所衍生出的半主观镜头，与客观镜头和主观镜头一起成为电视拍摄的基本法则，它同时也应成为电视拍摄者的看家本领。

思考题

❶ 电视新闻拍摄中有哪些角度？不同的镜头角度传达了什么意义？

❷ 结合具体电视新闻节目，找出其中的主观镜头与客观镜头并分析各自的作用。

实训题

❶ 分别运用技巧性镜头拍摄手法，实践七种运动镜头（推、拉、摇、移、甩、跟、综合运动镜头），并概括阐述各自的视觉效果、主要功用、拍摄要点。

❷ 用一个长镜头完成一段纪实影像的拍摄。

第四章 电视新闻编辑技巧

本章学习要点

- ◇ **深入了解并培养蒙太奇思维。**
- ◇ **掌握电视编辑中画面及声音编辑技巧，在节目中运用好“声画合一”和“声画对位”。**
- ◇ **做到正确处理电视新闻报道中的细节与节奏，恰当使用新闻背景资料。**

新闻编辑要编辑制作出优秀的新闻作品，必以正确的新闻思想为首要，同时求实的节目编辑主张不可忽视。这里的编辑主要指新闻节目编辑中的画面编辑、声音编辑、细节与节奏以及新闻背景的运用等。

第一节 | 画面的编辑

电视新闻画面作为传递信息的一种特殊语言，它和文字语言一样，要遵守一定的章法，只有这样，才能准确地表达人们的思维、意念，准确地反映客观世界。

作为电视语言的基本因素——镜头与声音，都分别承载了大量的信息，承担不同的作用，在此不作赘言。本节主要阐述在电视新闻中，如何正确遵循组合逻辑，灵活运用蒙太奇理论，使剪辑组合的画面语言既能表述准确又能引人入胜。

一、蒙太奇思维

世界上万事万物之间都存在着有机联系，人们有将相关事物联系起来进行思考的思维习惯，这正是电视画面编辑中蒙太奇组接的基础。因此“蒙太奇”实际上是一种思维方式。中央电视台研究室组织编写的《电视新闻条目》中对“蒙太奇”做如下注释：“影视作品独有的表现方法和思维方式之一。原意为‘构成’，是法语建筑学术语montage的音译。这一概念由狭义逐渐向广义发展。作为影视作品结构手段和叙述方式，意即‘对列构成’，包括镜头分切与组接、场面段落之间的组合与转换以及剪接的具体技巧与技法。画面之间、声音之间、声画之间的组合关系等，均属蒙太奇手段的具体内容。通过组合，将影视中视、听诸元素构成运动的、完整统一的屏（银）幕形象。作为一种思维方式，它贯穿在影视创作的各个方面和各个阶段。电视新闻节目要求记者、编辑在构思、拍摄、编辑及导播的整个过程中，进行具有屏幕感的独特思维活动。”①

在电视画面组接中，为了体现镜头的逻辑关系，制造特定的效果，经常运用传统的影视“蒙太奇”手法。根据法国电影理论家马丹尔在《影像的语言》一书中的分类，蒙太奇的形式主要分成两大类：叙事蒙太奇和表现蒙太奇（又称对列蒙太奇）。

（一）叙事蒙太奇

这是一种叙述式结构，通过镜头组合来记叙事态发展与事件内容，交代情节与事

① 中央电视台研究室：《电视新闻条目》，载《电视研究》，1995（1）。

物相互间的关联等。它以交待情节、展示事件为主旨。它是按照情节发展的时间流程、逻辑顺序、因果关系，来分切组合镜头、场面和段落，表现动作的连贯，推动情节的发展，引导观众理解所反映事情的内容，是视听节目中最基本的、常用的叙述方法，更是电视新闻最主要的表述方法。其优点是脉络清楚，逻辑连贯，明白易懂。比如央视《神八天宫开始对接》的视频一共 1 分 35 秒，按照时间流程，运用镜头的切换和串词的配合，精彩连贯地交代了“神舟八号”飞船和“天宫一号”太空顺利对接这一重大新闻（见图 4—1），具体分析如下：

(1)“神舟八号”飞船与“天宫一号”（全景，摇摄）。

(2) 指挥室大屏幕（特写，摇摄）。

(3)“神舟八号”飞船与“天宫一号”完成对接（特写）。

(4) 指挥室工作人员（全景，俯拍）。

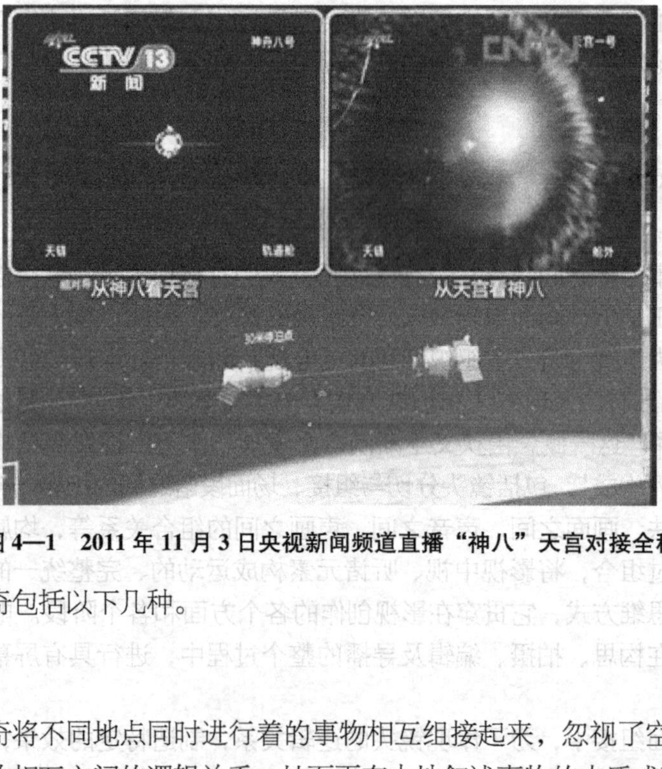

图 4—1　2011 年 11 月 3 日央视新闻频道直播“神八”天宫对接全程

叙事蒙太奇包括以下几种。

1. 平行蒙太奇

平行蒙太奇将不同地点同时进行着的事物相互组接起来，忽视了空间距离，而着重揭示若干事物相互之间的逻辑关系，从而更有力地叙述事物的本质或事件的过程。

2. 交叉蒙太奇

交叉蒙太奇将两个或两个以上的镜头以很快的速度相互交替，让若干个时间相同、空间相异的情节快速转换，以烘托紧张气氛、制造悬念或加快叙事节奏。

3. 顺序蒙太奇

顺序蒙太奇完全按照客观事物运动发展的时间顺序和逻辑顺序安排镜头，完全适合观众的视觉习惯，是最主要的记叙方式。

4. 重复蒙太奇

重复蒙太奇指重复出现前面已出现过的各种构成元素（如人、物、场面、声音），产生独特的寓意和传播效果。

（二）表现蒙太奇（对列蒙太奇）

表现蒙太奇组接的画面重点不是叙事，而是表现思想感情。它是以加强内涵表现力和情绪感染力为主旨的一种蒙太奇。与叙事蒙太奇不同的是，它不注重事件的连贯、时间的连续，而注重画面的内在联系。它以两个镜头的并列为基础，在形式上或内容上相互对照、冲击，从而产生一种单独镜头本身不具有的或更为丰富的含义，以表达某种情感、情绪、心理或思想，给观众造成强烈印象。运用这一表现手法的目的不是叙述情节，而是表达情绪、表现寓意、揭示含义。

比如中央电视台新闻频道的《24 小时》栏目播出的《“9·11”10 年祭》这则新闻，最典型的是画面选择了四个片段：飞机撞击纽约世贸中心大楼的远景镜头；远处街道上市民仰望大楼爆炸；世贸大楼里的工作人员从数十层的高楼跳下；附近居民迅速逃离灾难现场（见图 4—2）。它展示了同一时间经历这场灾难的人群的反应，由远及近，充分地利用了镜头的对列，形成画面形象的对列以及景物造型的对列，产生的对比效果给观众造成了强烈印象。

图 4—2　2011 年 9 月 11 日《24 小时·“9·11”10 年祭》视频截图

对列可以是人物形象的对列，也可以是景物造型的对列，它包括以下几种。

1. 积累蒙太奇

积累蒙太奇将若干性质、内容或者形象相同或相似的画面组接在一起，通过视觉积累效果，产生强调作用，制造一种特殊效果与气氛。例如三峡水库工地爆破山坡、搬运石块、铲土填山谷、推土机压路机来回穿梭，这些画面镜头的组接积累了工地繁忙紧张的气氛。积累蒙太奇类似修辞学中的排比句手法。

2. 对比蒙太奇

对比蒙太奇将两个性质、内容或形象完全相反的事物画面组接在一起，产生强烈的对比效果。它类似对比修辞手法，可以有形态的对比、色彩的对比、思想内涵的对比等。

3. 比喻蒙太奇

比喻蒙太奇类似修辞学中的明喻，一方面是比喻的镜头，另一方面是被比喻的主体镜头，两者是不同的事物，但有某种相似的含义可比喻。例如一个是在阳光下鲜花盛开的镜头，一个是“六一”儿童节幼儿园孩子们跳舞的镜头，组合在一起就会产生比喻的效应。

4. 节奏蒙太奇

节奏蒙太奇利用节奏的快慢营造情绪和气氛。最简单的办法就是用镜头的长短，或在单位时间内镜头剪接转换的多少，来作为制造节奏的手段。通常若多用长镜头，则节奏慢，表达轻松、幽静、舒缓的情绪与气氛；若多用短镜头，则节奏快，表达紧张、躁动、活跃的情绪与气氛。

对于电视新闻编辑，我们同样也是以遵循蒙太奇思维方式与逻辑思维为原则，来决定编辑制作节目选择与组接，即要符合客观事物运动发展的逻辑和人的思维逻辑及生活逻辑。

二、镜头的选择

电视画面编辑离不开对镜头的选择与组接。这里的“镜头”即是指连续的电视画面，一个镜头也就是指一个连续的电视画面。

电视镜头的选择首先要考虑新闻节目内容的需要。在电视新闻或电视专题片的画面编辑中，首先要考虑表现新闻主题与展开情节，记叙新闻事实与刻画人物形象等方面的基本需要。同时，在具体选择电视镜头时还要考虑以下方面。

（一）确定镜头长度

确定镜头足够的长度，目的是为了让观众有充分的时间了解其中的信息与理解其中的含义及情趣。如何使镜头长度适当，应考虑以下几个因素。

第一，画面复杂的比画面简单的要长些，例如押解一群罪犯的镜头要比押解一个罪犯的镜头要长些，群众场面的镜头比个人出场的镜头要长些，等等。

第二，有字幕的画面镜头应适当长些，以让观众能游览完全部内容。

第三，近距离镜头、特写镜头比中远距离镜头的信息量要少些，所以前者镜头比后者镜头应短些。

第四，观众熟悉的镜头应短，观众不熟悉的镜头应长。

第五，一般反映事物动态的镜头比反映事物静态镜头更有情趣，因而前者镜头比后者镜头应长些。

第六，确定镜头的长度还要考虑电视节目的表现节奏的需要，通常长镜头的节奏比较平稳、舒缓、松弛，而短镜头，特别是连续几个短镜头的切换则使节奏快捷、跳跃、紧张。

（二）确定镜头角度

镜头角度是由摄像机所处的拍摄方位确定的，或者说是由摄像机与被摄物体之间的不同位置造成的。在通常情况下，正面角度拍摄使物体显得堂堂正正，很端庄，但也很容易平淡，平铺直叙；侧面角度拍摄使物体富有立体感，影形方面的造型技巧得以发挥，但若不注意用光容易歪曲事物的形态；仰角拍摄使物体显得高大有力、占据了画面的主导地位，有一种夸张的修饰作用；俯角拍摄使物体显得渺小无力，有一种缩小贬低的修饰作用；至于逆光拍摄，搞得好可以产生类似“剪影”的艺术效果，搞得不好则一塌糊涂。因此，确定镜头角度、合理地正确运用镜头角度，是表现内容的重要手段，在电视编辑选用镜头时是值得推敲的重要一环。

（三）确定镜头运动

镜头运动的目的是为了确立观众的视觉重点。一般说来，向一个目标“推”镜头或拉长焦距，能吸引观众注意力；而向一个目标“拉”镜头或缩短焦距，则会分散或转移观众注意力，通常有将观众注意力从原目标转移到其他事物或周围环境方面去的意图。

（四）确定镜头景别

景别是由被摄对象在画面上所占的面积大小决定的，通常有全景、中景、近景、特写之分。

（五）确定造型手段

电视艺术包含多种造型手段。例如，摄像机光学镜头有各种类型，造型效果也不一，广角镜头能夸大对象的外形，产生深度透视效果；而长焦镜头会压缩空间，将背景去除，更突出被摄对象的主体。背景安排、灯光照明、服饰化妆等都属于造型手段的范畴。以拍摄人物为例，如果人物穿的是白色衣服（医生、护士），背景不妨暗一些（或以周围树木为背景），这样可以衬托鲜明；如果人物穿的是深色工作服（隧道工人），而环境又很黑暗，一定要有灯光照明，才能展示人物形象与环境气氛。但是灯光照明不可过亮，否则隧道内的光线与平地光线条件一样，就失真了。有一部反映建造上海地下铁道工人生活的电视片，就是因为灯光照明过于强烈而失真，受到电视界权威人士的批评。电视编辑一定要考虑多种造型手段的正确运用。

三、画面的组接逻辑

在电视编辑实践中，镜头的选择与镜头的组接是密不可分的。特别是在电视专题片中，镜头的组接显得十分重要。镜头组接一方面使镜头按照编辑意图自然转换，连贯顺畅，另一方面展示一定的时空关系与逻辑关系，类似写文章中的谋篇结构。其主要依据有以下几方面。

（一）按照事物发展的客观规律

按照事物发展的客观规律组接镜头，能够使镜头组接合乎逻辑、顺理成章。如编辑工业生产的电视新闻，一般是按生产的工艺流程进行镜头组接，从原料到产品；编辑农业丰收的电视新闻，一般开始都是一片丰收景象，然后是收割、打场、交粮。

（二）按照时间顺序

一般事物的发展都是有先有后，有始有终。在编辑电视新闻时，有时要按照事物发展的时间顺序进行镜头组接。

（三）按照事物的空间变化顺序

有些新闻事件不是固定在某一地点不变，而是所处的空间位置在不断地发生变化，这就要求我们在进行画面组接时，要按照新闻事件发生地点的先后顺序进行组接。

（四）按照事物发展的因果关系

这种镜头组接方式一般都是先因后果，但有时也可先谈结果，后谈原因。

四、画面的组接方式

（一）“动接动、静接静”

即利用画面外在因素的相同、相似的特点进行镜头组接。例如反映某运动员刻苦训练的镜头组接，可以将跑步、举哑铃、练单扛等运动镜头组接在一起；反映党的好干部孔繁森廉洁奉公的一个侧面，将他逝世后的遗物——书籍、笔、简陋的服装、欠债的借条、未写完的公文等——镜头组接在一起，能产生深刻的含义、发人深省。

（二）将有内在关联的镜头组接在一起

即利用画面内在因素的一致、连贯的特点进行镜头组接。例如，一个小偷偷了商店的东西被人发觉后在马路上跑，商店保安人员吹着警哨在后面追。这两个镜头组接在一起会很紧凑，但是这两人的跑动方向应是一致的，即在画面上是同一方向，这也是画面内在因素一致、连贯的要求。如果镜头组接的是同一个人的事迹，也应注意内在因素的一致与连贯。例如，一名大学生早晨在湖边读书，上课认真听课做笔记，夜晚在灯下看参考书，最后考试成绩单显示全优，这四个镜头组接在一起会显得十分顺理成章。

在镜头组接中如果要“动接静，静接动”，就要找到内在因素的一致性与连贯性。例如一个镜头反映一辆救护车在急速奔驰，另一个镜头反映一辆救护车停在医院大门口，这两者相组接就会显得“跳跃”、不自然；如果第一个镜头让一辆救护车急速奔驰后驰出画面，意味着它还有很多路要奔驰，再接救护车停在医院大门口，这就不“跳”了。有了内在因素的连贯性，镜头组接就顺畅了。

（三）安插过渡镜头以消除镜头组接中的不顺畅与“跳跃”

有时镜头组接过于简化，会产生“跳跃”、“跳轴”的情况，违反人们的视觉习惯，令人产生不舒适的感觉或看不懂的情况。这时就要用过渡镜头来弥补缺陷。例如，一个镜头反映某足球运动员射门得分，另一个镜头反映他躺在床上安然入睡，这两个镜头组接在一起显得很不协调，不可思议。如果中间插入过渡镜头，反映他在颁奖台上高举冠军奖杯，这三个镜头一连接，就自然顺畅，含义也明确了。又如，反映某自行车运动员比赛的镜头一会儿从画面左侧向右侧疾驰，一会儿从画面右侧向左侧疾驰，这就是镜头组接的“跳轴”，会使观众看得莫明其妙。如果中间加一个过渡镜头——自行车运动员背向观众向前方疾驰而去，再组接起来也就顺畅了。

（四）运用不同的镜头运动方式和造型手段来组接镜头

即运用镜头的推、拉、摇、移、仰、俯等运动方式，以及照明、布景等造型手段来组接镜头。

（五）借助特技手段采用技巧性转换方式

即以对上一镜头结束与下一个镜头开头部分的纯技术处理来转换画面内容，通常有以下几种：淡入淡出、划变、叠画、定格、翻转等。

第二节 | 声音的编辑

一、声音在节目编辑中的功能

从系统科学的观点来看，任何一种电视节目的设计、创作、传播、接收，都可以说是一个特殊的系统工程，都有着不同形式的系统结构。作为节目要素之一的声音，根据不同的内容要求和构思方法，在不同条件下与其他节目要素进行不同形式的组合后，对节目的整体效应，常常表现出特殊作用。

节目声音的系统功能，要在表现节目主题的总目标下，在与有声语言、电视图像和节目音乐等其他要素的合理结构、协调发展中才能体现出来。节目声音如果离开其他要素，或在声音强度上，或在时间延续上处理不当，即使录制得再好，也不会成为好的节目要素，更谈不上它自身的系统功能。

声音在节目中的功能一般说来有以下几种。

第一，对表现新闻事实的发生、发展、结果，在时间、空间、环境气氛以及动人情节方面，有着具体的真实性。

声音要素在电视节目中对新闻要素及视听艺术的表现有着文字、语言、图像、音乐不可替代的功能。但是素材中的声音并不一定都是理想的声音，关键是要围绕主题进行选择与构思，才能产生整个节目声音的最佳系统功能。

第二，表现新闻人物的思想情感、言行举止，具有直接的实践性。

电视新闻是对新近发生、刚刚发生或正在发生的事实的报道，这种报道从本质上说是人们社会实践最直接的反映。

人物音响在电视节目声音系统结构中处于中心地位。充分运用人在社会实践活动中发出的种种声音表现不同人物对周围环境和社会变革的不同情绪态度，揭示各种人物的内心世界，以及人与人、人与自然、人与社会的内在联系，是发挥电视节目声音系统功能的重要方面，也是受众具体认识新闻人物的精神风貌、深刻领悟节目思想内容的方便钥匙。

第三，在节目优化组合中，具有简化文字叙述，给图像注入活力的特殊作用。

这里所讲的节目的优化组织，指的是一篇报道、一次节目的整体布局问题，即按照主题思想将材料或情节在时间和空间上合理安排的问题。声音的特殊作用就在于它可以省略或简化文字叙述，给图像注入活力，而且对节目段落的连接、转场起承上启下的作用。

因此，作为编辑，对于声音包括人声（解说声、同期声）、效果同期声和音乐，要在全片的结构中做统一合理的构思，达到根据主题思想、画面内容深化主题的目的，用完美和谐的声音艺术渲染气氛，表现主题。

二、人声的编辑处理

第二章已对包括解说声和采访同期声在内的人的声音元素做了分析，本节将从对声音的编辑、混录角度来讨论具体的技法。

（一）对解说声的再认识

解说作为声音的重要组成部分，与电视观众的思想交流相对比较直接，每一句话都能影响到特定环境的气氛表达，通过播音的二度创作会使节目添加传播效果。所以首先应看解说文字是否准确，然后从以下几个方面来分析：

一是语言与画面的情绪气氛是否协调，是否符合音响总体的设计要求。

二是语言与画面的运动节奏是否合理。

三是语言的风格特色是否起到深化主题的目的。

四是解说语言表达的方式、方法及特征的运用是否做到从主题思想出发。

五是解说与画面的段落、位置是否准确到位。

（二）对采访同期声的再认识

采访同期声是指画面上所出现的人物的同步话语，它是一种直接的真实语言声音。由于对象关系的不同，它又可分为主动型、被动型和交流型。

1. 主动型

主动型即以采访者或主持人身份出现的人物的声音，用来讲述事实，发表议论。

2. 被动型

被动型即被采访者或被拍摄者的语言，用来讲观点、释疑问，使被采访者面对观众有直接的交流感。

3. 交流型

交流型即采访者和被采访者一问一答的语言或一群人的讨论语言，有较真实、较活跃的现场气氛。对它们的共同要求是：同期声讲话要简短、精练、通俗、口语化，要适合讲话人的职业、年龄、身份。如果讲话内容较长，可采取分段拍摄和录音，或者中间改用画外音（即插入资料片、图片等）的办法。

（三）人声的录制技巧

第一，采访同期声的讲话现场应与讲话内容或人物身份有一定连带关系，使环境的效果音响较好地烘托讲话内容、体现出现场真实感，并对讲话的中心有所提示和引申。

第二，注意录音话筒的方向、角度和距离，选择最佳录音点。

第三，人声与环境音响强度的比例一般保持在 7∶3 上下，不得干扰主信息传播。

第四，要尽量保持讲话内容的连贯性，在必须剪辑的地方，要找上下两段内容的相同点、承接点或不同点进行剪辑。

第五，在较长的同期声讲话段落中，常常在讲话的中间插入与讲话内容相关的图像、图片和资料镜头，以丰富讲话内容，拓展信息量，即将同期声转作画外音处理。

（四）人声的混录方式

一是声音和画面同时出现。这是一种直接切换的方法，在剪辑使用采访同期声中经常用到，而在对节目的解说词进行编辑时，一般这种切换方式有时使人感到比较突然，所以常常是在一两个场面性镜头或两三秒后加上解说。

二是先闻其声，后见其人。将声音的开始部分叠在前一个画面上，讲几句话后再出现其人，这样做不会使人感到突然，因为声音首先引起人们的注意，画面的变化就不太明显了。

三是画面和声音同时出现，但声音却是从低过渡到正常位置。这种做法在前面有解说词或表现群体场面时效果更好。

四是画面结束在前，把声音适当地延后。在需要的讲话内容结束后，逐渐地把声音压低，表示讲话还在进行，同时解说词可将其内容概括讲出，以缩短讲话篇幅，避免给人以冗长的感觉。

三、效果同期声的编辑处理

效果同期声是在拍摄现场影像的同时所采录的现场音响。

（一）效果同期声编辑的方法

1. 同步法

在现场采录的环境同期声，保持其与对应画面的同步关系，使声画空间完整统一。它要求这样的自然音响要富于情节性或具有史料价值。

2. 呼应法

在采访、谈话中，对于声画的处理有时不需要一律做同期声处理，而运用画外音手段来表现听话者的反应和谈话的气氛。比如，在重要人物叙述自已悲惨遭遇的同期声镜头中，我们听到了听众的哭泣声、议论声等画外音，或在兴奋愉快的交谈中，画外传来欢笑声等，都是常用的呼应手法。

3. 对比法

利用声画的戏剧对比来加强表现力。就像一个醉汉，嘴上说着我没喝酒，实际上看上去却东倒西歪。这种视听的对比处理会产生强烈的表现性。比如，新闻节目《蚕丝被里藏秘密》中有一组镜头，画面上是厂家生产的大量含有化纤填充物的蚕丝被，并在网络上大量销售，而画外则是该厂负责人声称，这是根据客户要求特别订制的被子的声音，耐人寻味。

4. 复原法

把从原现场录下来的同期声作为画外音配到一些原来无声的画面上去，会产生意想不到的生动效果。比如中央电视台《24 小时》栏目播出的《“9·11”10 年祭》这期节目中，当画面播出 2001 年 9 月 11 日两架飞机先后撞上美国纽约世界贸易中心和华盛顿五角大楼后，画外音用了现场救护车、救火车、警车的鸣笛声；当画面变为两幢标志性建筑物相继轰然倒塌后，画外音还原了附近居民逃跑时的录音资料，把观众又带回到了 10 年前的那次震惊世界的恐怖袭击事件中，从而使这期节目更具真实感。

（二）混录的技巧

1. 延伸法

将前一镜头的效果向后一镜头延长，可以保证效果尾音完整，使前一镜头画面所表现的情绪或气氛不致因镜头的转换而中断，得以连贯地充分发挥出来。例如前一镜头表现听者热烈鼓掌，后一镜头为演讲者走上讲台，在后一镜头的画面上，虽然没有鼓掌的人，鼓掌声却往往继续下来。因为这样能使鼓掌的情绪充分发挥出来，同时也真正符合现实的情况。

有时，前后两组画面上的形象都有产生效果声的可能，如果依靠后一镜头中的主体所产生的效果声同主题中心的关系不大，则此种效果可以不用，而仍将前一镜头的声音延长下来。例如，前一镜头表现夹道欢迎的群众，后一镜头表现送货下乡的汽车缓缓而过。汽车本来也可以发出声音，但与画面的情绪无关，而前一镜头的欢乐声却可以制造热烈的气氛，因此汽车声在这里并不重要，而欢乐的人群声却可以延长保留下来。

2. 交替法

如果相连的前后镜头画面上的形象都必须发出声音，而每一镜头所配合的声音又都较画面长，就可利用多条声道交替混合，一方面将每个镜头的效果声延长到下一镜头，另一方面又在下一镜头中同时开始该镜头本身的效果声。这样，不仅保全每次效果声的尾音完整，并且这尾音在画外与下一镜头的画面效果声重叠起来丰富了声音的内容，加强了效果的力量。例如，我们要表现水利工地紧张的劳动氛围，在一系列相连的推土机、凿石方、喊号声、汽车声的镜头中，每个镜头都很短，而各种效果声都有一定的长度，若将每种效果声尾音切断，接以另一种声音，则一连串断断续续的声音将显得十分零碎单调，无法造成真实的、有力的现场感。只有使前后效果声的头尾重叠起来，其声音的分量才能与画面上所表现的现场气氛相吻合。

3. 预示法

未见其事，先闻其声。这种方法可以使后一镜头的效果声在前一镜头画面中开始，可以给观众带来对后一镜头画面内容的预感，引起观众对将要出现的画面形象的注意。比如，在机场上接贵宾，前一镜头表现机场上等待的人群抬头向天空观望，后一镜头表现空中正在飞行降落的飞机。将配合后一镜头的飞机声向前延长，使之由等待迎接的人群的画面上开始，就等于将预感明确地告诉观众，这些观众所看见的不是别的，而是飞机。

4. 渲染法

有时在一系列画面上，其主体本身根本不发生什么声音或可能发生的声音都是无足轻重的，不能加强主题的表现，那就不应该局限于当时画面上所呈现的形象，而可以根据内容、情节的可能性配以某些与画面有机结合的效果声。这样，不仅可以加强画面的表现力，而且往往能使画面产生创造性的意义。

第三节 | 声音与画面的同构

一、新闻节目中声音的结构特点

（一）目标的明确性

音响的运用以表现新闻真实性、时效性、客观性为目标。

（二）选择的层次性

以新闻事件或新闻人物现场实况声音为主，辅之以典型意义的历史音响资料，以及能够烘托主题的无声源背景音乐（含歌曲）。

（三）素材的多样性

例如：直接表现新闻人物自身的言语声音、动作声音，新闻事件的现场气氛同期声、背景声音；间接表现（反衬）新闻事件和人物的议论、谈笑、哭喊等声音，以及特定自然物体运动的声音，烘托主题的无声源的歌曲、器乐声等。

（四）运用的节奏性

新闻报道的内容和对象不同，声音处理的节奏性也不能千篇一律。仅就新闻报道而言，消息类的现场报道应当时间节奏很强，突出主体，短小精悍；专题性节目应当社会节奏感强，音响素材丰富，排列层次清楚，生动形象；人物专访节目就应当突出被采访人物的声音等。

二、声画混录编辑的双主体配置

英国电视理论家格林·阿尔金说：“电视不只是一种看的东西，然而也没有必要说音响或图像哪个更重要。在制作一个效果好的电视节目时，两者是相辅相成的。如果说两者中任何一个能独立发挥作用的话，那不是对它的赞扬，相反，却说明这两者还没有很好地结合起来。”① 阿尔金这段话虽然泛指整个电视节目而言，但对电视新闻的声画构成却具有特别现实的指导意义。

对于电视节目声画合成的立体构思，要求编辑不仅对画面要认真处理，而且对声音在每一段、每一情节的运用也要各有区别。在写作拍摄提纲时，对音乐、音响的处理就要有所设计；在后期编辑画面时，镜头组接、转场、高潮、首尾等处理，也不要忘记积极地运用声音的表现力。实践中不乏这样的例子，单独看，一个节目的画面、解说、音乐都属上乘之列，可是合在一起，便明显互相干扰，争夺视听，抵消应有效果。和谐之美要求在不同情况下，各种视听手段应互相让路，即以少胜多，以缺胜全，以无胜有。比如，有的画面，内容一目了然，且有一种特殊气氛，解说词便可让路，用特别的同期声效果，烘托气氛，增强综合感染力量。应该明确指出，电视新闻的声画关系是以声画各尽所长而又相互融汇的双主体特点而存在的。这种有机融汇和默契互证，使新闻报道内容显得更为确凿、翔实。

声画混录编辑的双主体配置，常见的配置关系有声画合一和声画对位两种。

（一）声画合一

声画合一是指声音和画面同时指向一个具体的新闻形象的组合形式。它的特点是，声画同步发生、发展，视听高度统一，使画面和声音具有最高的保真性。

声画合一，在电视新闻中又有两种形式：它们可以是画内声音空间与视觉空间的统一（如同期声与画面的统一），可称之为“画内声画合一”；也可以是画面空间与画外声音的统一（如播音语言与画面的统一），但它们必须是在时间上的同步，也就是说，必须指向同一时间内音响与画面的同一对象，可称之为“画外声画合一”。

画内声画合一主要表现为画面物象及其声音的合一。各种器物声音作为背景，使新闻现场气氛浓郁；各式人物的声音，使新闻内容更为真切可信。其中同期语言声音的运用方式大致如下：

第一，新闻人物的声画合一，在新闻某个环节中插（切）入，作为一条新闻内容的组成部分。

第二，以记者、主持人的身份出镜头报道。

第三，以记者（主持人）的身份进行现场采访，记者（主持人）、被采访者声画合一。这类声画合一的质量取决于记者（主持人）和被采访者的水平，如果谈话、提问、回答都恰到好处，那么新闻内容为之增色，报道效果甚佳；如果是各方（或一方）语言不得要领，将使传播节奏显得拖沓、内容涣散。考虑到新闻节目的时限，在单条新闻中，同期声要用在“点”上，切不可过滥。

---

① ［英］格林·阿尔金：《电视音响操作》，5页，北京，中国电影出版社，1981。

画外声画合一这一形式适合于报道内容严肃、节奏缓慢的新闻。如庆祝会、追悼会，需要逐一介绍与会的主要人物，在画外播报姓名的同时，要出现相应的人像图像。

（二）声画对位

声画对位是指声音和画面围绕着同一个新闻内容中心，在各自独立表现的基础上，又有机地结合起来的表现形式。这一形式在电视新闻中得到广泛使用。

声画对位，其声音与画面不同步显现，不是给人以“看图识字”的简单感知。声画对位传播，是利用声音和画面不同步产生的信息差距，充分调动人们视听两个感知通道的“注意力”，引起声画信息叠加联想，加大感知深度，产生一加一大于二的传播效果。

例如，中央电视台的优秀节目《走基层：皮里村蹲点日记——大手牵小手，共闯上学路》中的声音主线由主持人解说、记者解说、现场同期声、记者采访等几部分内容组成，承担着逻辑表述的任务，主要向观众讲述了为在新疆喀什塔什库尔干塔吉克自治县皮里村的孩子受到良好教育，村里干部和大人们每年在开学和学期结束时护送孩子们去县城学习的故事。从皮里村出发，一路攀爬悬崖、趟过河流，上学之路无比艰险。再辅之以画面，令人看来唏嘘不已。

伴随着声音的解说，是一组组对比感强烈的画面：群山环绕，四处都是悬崖峭壁，攀爬的悬崖几乎是垂直耸立，动辄超过几百米，趟过的河流冰冷刺骨，水流湍急，这样的路程要超过 80 公里，行程异常艰苦……电视以它强烈的视觉冲击力深深地震撼着人们，令人不禁为行走在这样的上学路上的皮里村孩子们捏了一把汗。

接着，片中出现了记者配音的采访手记：“当问起皮里村的孩子们最想要什么时，孩子们的第一反应是都愣住了，我想是因为他们从来没有要求过什么。我又追问了几次，终于孩子们开口说，想要一双磨不坏的鞋，一条好走的路。”这段由记者叙述的采访手记通过字里行间展现了皮里村孩子们上学路的艰辛，也突出了皮里村孩子们单纯的心愿。

当观众随解说联想到皮里村孩子们艰难地踏上上学路的画面而渐感同情时，片中又出现了孩子们在悬崖峭壁间攀爬的身影以及大人和孩子们之间互相伸手帮助的一幕幕感人画面，又使该片的主题得到了深化。与此同时，记者亲身翻越悬崖的画面配上翻滚的叶尔羌河水声更加增添了新闻的真实感，也让人为整个护送队伍感到担心。当再次出现整个上学队伍趟过河流的水声时，这时距离所要到达的终点还有最后 10 公里，终点越来越近，整个队伍也松了一口气。同样的河水奔流声，但心情有别，造成的效果就迥然不同，引人深思。

整个专题片中声画完美结合，从最普通、最常见、最平凡的事实中提取典型的细节进行深描、放大，再辅之以记者的解说、现场的真实声音，二者相辅相成，共同表达、深化了主题——大手牵小手，共闯上学路。

画内声画合一形式十分适宜于“对话”采访报道，像在《看见》栏目制作的《沉默的呼吸》、《温故一九四二》、《告别卢安克》等一系列专题节目中均有广泛而出色的运用。声画对位这一形式的运用要求电视新闻从业者从声音和画面两方面下工夫：一是要从声音内容上抓新闻要点；二是要抓与内容相关的画面要点（即细节画面），当两个要点“对位”撞击时，必然会产生大于两者相加的“合力”。

第四节 | 细节与节奏

一、典型的细节

《现代汉语词典》对“细节”的解释为“细小的环节和情节”。《辞海》进一步将其解释为“细腻地描绘人物性格、事件发展、社会环境和自然景物的最小组成单位”。

在电视新闻中，细节是指新闻现场中“富含新闻价值、人物情感和意义象征的细微处”①。从语言符号学的角度来阐释，“电视新闻的细节是指能够突出新闻的五个 W 和一个 H 的语言符号语言和非语言符号语言”②。总之，细节是新闻环境中具体的特定事实，有见微知著的魅力。

在电视中一句话，一个特定的场景、人物、动作、表情就是一个细节，它通常是以近景和特写画面加以强调，并在报道中显形、传神、传情。细节以具体的形象寓于事实之中，存在于真实感强的连续时空中，它有待我们用心去捕捉、去表现。在日常的节目编辑中，那些具有表现力，能够揭示事物本质的典型情节、细节，会使以真实为生命的新闻节目体现出真情实感，成为新闻节目引人注目的兴趣点。

（一）细节可以强调事实、深化主题

典型的情节往往负载着典型的细节，细节的处理既有助于形成起伏的情节，又有助于激发观众的同感与共鸣。例如，在《走基层：皮里村蹲点日记——大手牵小手，共闯上学路》中对许多扣人心弦的细节进行了深描和放大，如皮里村小姑娘光着脚后跟、小姑娘悬崖边滑落被拽起的惊险一幕以及悬崖边小女孩的哭声等。对这种细微之处的捕捉越到位，就越能丰满整个报道，使观众印象深刻，感受深切，从而增加了整个报道的感染力。③

---

① 朱羽君、雷蔚真：《电视采访学》，143 页，北京，中国人民大学出版社，1999。

② 黄匡宇：《电视新闻语言学》，273 页，北京，中国广播电视出版社，2000。

③ 参见关琮严：《评央视“皮里村蹲点日记”》，载《中国记者》，2012（4）。

（二）细节可以刻画人物个性，强化形象感知

《前足协官员》节目讲的是在2009年开始的中国足坛扫黑、打假、反赌案件以中国足协的高官落网而告终的故事。当记者采访中国足球管理中心原主任、中国足协原副主席谢亚龙时，谢亚龙说："我也确实承认我有犯罪行为，但是我不承认我是一个贪官"，"我不是所有人的钱都收，觉得关系比较好一些的、觉得这还是把它看成一种'人情'来处理了"，"在足球圈里面，还是维护一种'关系'，就是有的时候拉不下这个脸，也有退还的，不都是为了这些钱"……从这些极具个性化的语言人们不仅可以形象地看出谢亚龙的人物个性，也可以看到在中国足坛长期的畸形生态中，作为这个机构的最高管理者，谢亚龙也是中国足坛潜规则的制造者和受害者。这些细节不仅使节目在报道事实的过程中生动地凸显了人物的本性，而且非常直观、真实，通过对人物语言细节的捕捉，把人物表现出的官僚主义作风以及盛气凌人的形象刻画得入木三分。

（三）细节可以表达情感，揭示事物本质

电视是以具体的形象传情达意的，通过镜头所记录的细节，可以直观地传达被摄主体的情感，也可以通过对细节的展现传达出事实所蕴涵的潜在情感信息，有力地揭示出事物的本质。

例如，中央电视台《新闻1+1》栏目播出的《电视问政，问出了什么?》这期节目报道了2012年12月21日由湖北省武汉市治庸问责办公室主办、为期五天的2012电视问政正式结束，而与此同时，浙江省温州市的27个直属部门的一把手，也正在经历一场类似的年终大考。这则新闻中特写镜头对准了温州市金融办主任张震宇在应对电视问政时大汗淋漓、武汉市食药监局局长杨泽发在电视问政节目中鞠躬道歉、武汉市公安交管局局长在电视问政节目中积极表态整改等一系列的细节，更加形象地揭示了这些政府官员尽管做了很多工作，但是真正要以这种形式面对群众、面对领导交上一份答卷时还是欠缺底气，这种意味深刻、表现力强的细节，不禁引发观众深思。而被提及的问题在很短的时间内得到解决，也不禁让人想问，电视问政立竿见影的解决问题的效果，如何通过一种法制化、程序化的机制，变成一种城市管理、公共管理中的日常化的制度。由此可见，细节的力量不仅在于情感的抒发，还在于它与事物本质的联系。特写画面对事物细节的描述尽管是一种表面现象的呈现，但通过这个富有价值的"表面"，观众可以透视到事物更深层面的本质。

综上所述，具有深刻内涵的细节形象是增强电视新闻表现力的重要因素，电视新闻工作者只有在日常报道中善于观察、勤于思考，捕捉到事物中生动、鲜活的细节，才能有利于制作出具有冲击力的新闻精品，提高电视新闻的可视性和解读性。

二、节目节奏

"节奏"一词，早在几千年以前就被希腊人所使用。所谓"节奏"，当时含有"程度"、"匀称活动"之意。中国古书《礼记·乐礼》中所谓"使其曲直、繁省、廉肉、节奏，足以感动人之善心而已矣"，则提示了节奏源于起止、动静的运动实质及其产生的感染力。《现代汉语词典》对节奏的通俗解释是："音乐中交替出现的有规律的强弱、长短现象。"

由此可见，节奏原本是音乐中的术语，专指由音响运动的轻重缓急形成的听觉现象，其中节拍的强弱或长短交替出现是一种有规律的运动。从根本上说，节奏是源于生活的，它是对生命规律、万物运行律动的客观存在的反映。

后来，有关节奏的概念已被借用到其他艺术创作中。同样，在视听兼备的新闻节目中，节奏也成为我们结构视听语言、优化节目表现的对象之一。在电视节目的整体表现中，节目的节奏是由物质因素和情感因素组成的复合体，它是由摄像师和节目编辑者等共同掌控并表现的。通常节目节奏被分为外部节奏与内部节奏两种，在编辑制作新闻节目时既要注意两者之间的和谐统一，同时还要注意这两者与实施内容的韵律相一致，最终达到一种和谐的意境美。

（一）内部节奏

内部节奏是指镜头的内部节奏，它是由摄像师来把握的，主要要求摄像师根据不同的题材内容，把握好不同的运动拍摄速度。比如，当报道紧张、欢快或突发事件时，镜头画面的推、拉、摇等运动速度可快些，现场报道的语言速度也可快些，这样可产生快节奏感，以求与内容及环境氛围相一致；反之，当记录较为平和的事件，如正要和平访问或访谈科学家等，镜头的运动速度则要和缓稳定，可以产生稳重的慢节奏感，以期与采访的内容或对象配合得相得益彰。

（二）外部节奏

外部节奏是指镜头的外部节奏，它是由编辑在组接画面、处理声音时形成的画面语言和声音语言的节奏，最终导致出情感节奏。比如，当报道严肃、庄重的新闻内容时，需要舒缓、沉稳、凝重的节奏感觉，编辑在组接画面时，则需要多剪接那些固定镜头或运动速度从容、平稳、镜头景别大些的画面，最重要的是剪接频率不宜快，这时候可以使用记录事实相对长些、景别较少变化的镜头画面相组接，混录的声域也宜舒缓、平和，不宜太快、嘈杂；当报道紧张、欢快的新闻内容时，需要轻松、活泼的节奏感觉，编辑在组接画面时，剪接频率宜快些，镜头角度、景别也宜多变，选择的镜头画面宜“动”，宜多用有光、色变化的动态构图画面，混录的声音也宜有轻快、跳跃、快些的节奏感觉。

除此之外，外部节奏还包括写作风格、播音的速度和新闻的长度等，这些都会决定新闻信息是紧凑还是拖沓。有研究者这样总结解说词与播音的节奏美：体现于结构安排上，或疏密有致，或繁简得当，或曲直相间等；体现于基调选择上，或凝重庄沉，或舒缓轻快，或循循诱导；体现于语流上，或张弛有致，或起伏互参，或松紧有序等；体现于语式上，或长短相调，或骈散结合，或文白参差；体现于音韵上，或抑扬顿挫，或高低起伏等。①

总之，节奏存在于万事万物之中，带有不同的脉率。如何对节奏进行把握与处理，是视听语言结构中带有普遍规律的问题。节奏对于观众会直接产生出“节目的感觉”，影响到观众对节目的兴趣。所以电视节目的节奏要与节目的内容相互一致或互相和谐，同时要符合人们接受信息时的认知需求和心理需求，从而从另一个角度增强编辑制作新闻节目的感染力和吸引力。

第五节 | 背景材料的运用

任何新闻的产生都有一定的环境和历史条件。诚如美国新闻学者杰克·富勒所说，新闻强调最近发生或发现的事实，却忽略了以前发生的事或者人们已经知道的事实。所以在新闻报道中有必要交代一下“背景”。

一、新闻背景材料界定

所谓新闻背景资料，是关于新闻事件的历史和环境等材料，是新闻的有机组成部分，是补充、反衬或烘托新闻事实和新闻主题的重要内容。②

二、新闻背景材料分类

从新闻背景资料的特点看，它一般被分为两类：一类是纵向的，即事件发展的来龙去脉，主要指有关新闻事件本身的过去存在状态信息；另一类是横向的，即新闻事

① 参见陈少波：《电视纪录片解说词创作的审美选择》，载《中国广播电视学刊》，1997（10）。

② 参见甘惜分主编：《新闻学大辞典》，郑州，河南人民出版社，1993。

件所涉及的与周围事物的关系，主要指新闻所处的政治、经济、文化、科技、道德、习俗等社会环境的背景状态信息。背景资料相对于当前所报道的新闻事实，不管是纵向的历史背景还是横向的社会环境背景，都具有历史性，它对深化新闻报道、帮助观众理解新闻有直接作用。再者，充分分析新闻背景资料是对编辑判断新闻事件社会意义的重要依据之一。有时由于背景资料本身也是很值得报道的内容而可以独立成为背景式新闻，例如，在新闻事件报道之后，专门配发的相关新闻背景报道就是典型的例证。

三、背景资料的类型

在信息时代，新闻传播承担着提供丰富的信息、解除公众对环境的困惑、唤起直觉期待、促进认识从感性向理性转变、合理满足公众有用期待的社会责任。[①] 曾有人认为，出于“丰富”和“满足”的目的，当今的新闻报道已渐渐超越纯净新闻（straight news）的范畴，进入解释性新闻（interpretive reporting）、调查性新闻（investigation reporting）和精确新闻（precision journalism）阶段，许多学者在论证纯净新闻的缺失时，将矛头集中在对新闻背景资料缺乏了解和分析方面，而解释性新闻等三种新闻报道方式都比较有深度，其报道的要点就在于背景资料的搜集和分析。[②] 根据新闻背景资料的特点、作用以及当今新闻报道对它的需求，学者李岚认为新闻背景材料可分为衬托对比性材料、注释说明性材料和阐述解释性材料，并对其做了如下具体阐释。[③]

（一）衬托对比性材料

衬托对比性材料即历史类比性材料（historical analogies），它要求通过过去的典型事例和景象，以及有强烈对比性的印象、数字和语言等，与当前事件进行对比与比拟，往往带来一些戏剧性的效果，引人入胜。例如，在2012年12月25日《新闻1＋1》报道的《交通安全，校车事故？还是教育“失顾”?》中，主持人在导语中点出，“这已经是《新闻1＋1》至少第五次关注校车安全，如果扩大范围，关于农村幼儿园安全问题，涉及的次数就更多，每次我们都希望这是最后一次，每次我们都希望因此提出的整改措施能够起到立竿见影的作用，然而这一次我们又失望了”（见图4—3）。

---

① 参见陈力丹：《试论说明性信息的接受特征与引导舆论》，载《现代传播》，1998（6）。

② 参见李瞻：《新闻理论与实务》，台北“国立政治大学”新闻研究所，1984年，转引自《新闻与传播研究》，2000（2）。

③ 参见李岚：《背景资料：增进新闻信息含量的有效途径》，载《新闻与传播研究》，2002（2）。

图 4—3　2012 年 12 月 25 日《新闻 1+1·交通安全，校车事故？还是教育“失顾”?》视频截图

（二）注释说明性材料

注释说明性材料一般用来点明新闻事实产生的原因、条件和环境，包含历史关联性材料（history context），通过横向、纵向的联系，交代事情的来龙去脉和因果关系。例如，2012 年 12 月 18 日中央电视台《新闻联播》中有一条题为《民间投资接棒快跑　民生投入力度加大》的新闻，其新闻主体中说：“今年，在新一轮稳增长政策的支持下，投资持续放缓的态势得以改善，民间投资成为投资稳定增长的主力军，来自中央和各级政府的投资更多地投向了民生领域。”

（三）阐述解释性材料

阐述解释性材料比前两种背景资料更深入，对新闻事件内部或新闻背后的因素进行较深刻的剖析、预示和展望，往往在“为何”（why）这个新闻要素上表达较多，增加了新闻的易读性，起到“解惑”作用。例如 2012 年 11 月 26 日凤凰卫视的《时事直通车》中，《印度签证连地图　反制中国新护照》（见图 4—4）的新闻主体是关于印度驻中国大使馆表示，已给准备前往中国的公民发放新的签证，新签证上印有印度地图，包括印度称印度拥有主权的领土。这则新闻在导语中交代了印度如此做的原因：“中国新版电子护照内页印制的地图引发了许多国家的不满。其中印度表示，对中方在地图上将阿鲁纳恰尔邦，也就是中国藏南地区以及阿克赛钦地区划为中国领土的做法不能够接受。”而在该新闻的结尾处又交代了：“据称有中国公民因持新版护照办理赴印度签证时遭到拖延，导致部分人出行时受到影响。”

图 4—4 2012 年 11 月 26 日《时事直通车·印度签证连地图 反制中国新护照》视频截图

四、新闻背景资料的表现形式和结构位置

在具体的新闻报道中，背景资料的运用首先应体现为新闻事实相融，其次应能在新闻结构的层次变化中起到协调作用。由于电视具有声画结合的传播特点，因此电视新闻交代背景资料的表现形式一般有画面配解说和口播两种。① 其中，配解说的画面应尽可能地使用背景资料画面；有时若无历史画面，也可使用当前事件的画面，那么相关的背景信息则由解说独自完成。

由于背景资料在新闻报道中是一种较自由的结构元素，为使新闻结构布局有序合理，提高有效信息量和传播效果，不同的新闻背景资料的位置一般可以这样安排：

其一，穿插在导语中的往往是衬托对比性材料，以引起受众的收视兴趣。

其二，与主体组合的背景资料主要用来对导语所揭示的新闻事实加以注释和说明，再由主体对新闻事实加以展开，这种新闻篇幅较长，节奏较舒缓。

其三，背景资料在结尾出现时，对新闻事实做进一步的补充、解释，或引出新意，或对新闻事实暗寓褒贬。②

①② 参见李岚：《背景资料：增进新闻信息含量的有效途径》，载《新闻与传播研究》，2002 (2)。

五、新闻背景资料的运用

新闻背景资料运用于电视新闻报道中，是对报道事实的补充和扩展，能够唤起并促进受众的联想，增进受众对新闻的理解，增大新闻信息含量，拓展新闻报道深度，转换新闻报道角度，提高节目内在的新闻价值，在增加新闻知识性的同时增加易读性。

例如，中央电视台新闻频道对“神舟八号”发射与“天宫一号”对接的直播中的新闻背景材料的运用就是比较成功的：在全天 24 小时的直播中，以“神舟八号”与“天宫一号”的最新动态为报道主线，通过穿插全方位的背景信息报道，涉及多个方面的报道，既有对“神舟八号”飞船、“天宫一号”航天器特点的专题片，又有对航天工程育种的专题介绍（见图 4—5），也有关于“神舟八号”、“天宫一号”背后新一代航天人的报道。这种全景式的背景报道让观众看得非常过瘾，既增长了知识，又从不同角度、更深层面认识了“神舟八号”发射与“天宫一号”对接的意义，不但提高了节目内在的新闻价值，而且增强了直播节目的可视性和易读性，在增大新闻信息含量的同时，拓深了新闻报道的深度，唤起了观众的关注兴趣。

图 4—5　2011 年 11 月 17 日《特别报道·航天工程育种——让生活更美好》视频截图

所以，编辑制作电视新闻节目要善于运用背景资料，有强化深度报道意识，通过对相关新闻背景资料的分析、比较，从纵、横两个方面揭示事物的关联和价值，对信息进行扩展、深化、解释、预示和展望，增加新闻报道的力度和厚度，增大新闻的信息含量。

思考题

❶ 电视编辑中画面的基本组接方式有哪些?
❷ 在现实的电视新闻报道中，哪类新闻适用于平行蒙太奇的画面编辑?
❸ 在电视新闻中，如何最大限度地发挥声音的表现力和感染力?
❹ 如何理解“细节”在电视新闻报道中的作用?
❺ 电视新闻背景资料有哪些基本类型? 如何将背景资料运用于新闻报道中?

实训题

❶ 谈谈你对电视新闻画面编辑中蒙太奇思维的理解，并分析影视节目中蒙太奇的应用。
❷ 了解“声画合一”和“声画对位”的基本含义，分别进行拍摄并编辑到电视节目中。

第五章 电视新闻消息

本章学习要点

- ◇ **电视新闻消息的基本类型。**
- ◇ **电视新闻消息的视听构成类型。**
- ◇ **保证电视新闻消息质量的五项标准。**
- ◇ **电视新闻消息的采制过程与方法。**

新闻是电视媒体报道的主体内容，新闻性节目的报道数量与质量是衡量一个电视台整体水平与实力的最重要的标志。根据对新闻事实的不同表述方式，电视新闻性节目可以分为消息类新闻节目、专题类新闻节目和评论类新闻节目，其中电视新闻消息是电视新闻报道的主体，狭义的电视新闻即指电视新闻消息类报道。消息以快速、简短、鲜活、广泛的优势，将国内外大事在第一时间告知受众，满足电视观众的多样化的信息需求。当前，电视新闻消息以多元化的表现方式和立体化的报道内容成为电视观众获取新闻资讯的最主要渠道。充分发挥电视媒体视听兼备的媒介优势，将电视新闻消息做到短而实、短而活，是做好消息类新闻的基本思路。当前，消息类新闻以多元、复合的形态存在于电视媒体的各类新闻性栏目中，与新闻专题、新闻评论共同构成了电视媒体新闻报道的基本架构。

第一节 | 电视新闻消息的定义及特点

新闻是新近发生的事实的报道，虽然这个定义出自于报纸媒体，但就其本质来说，构成报纸新闻的基本要素与构成电视新闻的基本要素并没有区别，两种媒介所报道的新闻内容都取决于事实本身所具备的新闻价值。决定二者差异的要素，来自于电视媒体的传播特性，电视是视听兼备的媒介形式。随着技术的进步，电视新闻的传播可以做到与新闻事件的发生同步，因此当前电视新闻的定义拓展为“以现代电子技术为传播手段，以声音、画面为传播符号，对新近发生或正在发生的事实的报道”。

从电视新闻报道的体裁来看，我国的电视新闻一开始基本沿用了报纸新闻的体裁划分方法，基本的新闻形态包括消息和通讯。西方新闻界对于新闻报道的体裁没有消息和通讯的划分，一般称为简单新闻（消息）和复杂新闻（深度报道）。随着电视新闻的发展，其报道形态出现多样化趋势，目前，电视新闻主要分为电视新闻消息、电视新闻专题、电视新闻评论、电视新闻现场直播四个大的类别。

一、电视新闻消息的定义

消息类电视新闻即狭义的电视新闻，是对于新近发生或者正在发生的、对观众具有知悉价值的新闻事实进行简短、迅速的报道。消息汇总国内外重要新闻，迅速及时，简明扼要，是观众了解国内外大事的主要渠道。消息是电视新闻节目的主体和骨干，是应用最广泛的电视新闻报道形式。

消息类新闻一般不独立存在，而是依附于电视新闻性栏目，由多条独立或相互关联的报道共同组成新闻栏目，如中央电视台《新闻联播》、《新闻 30 分》、《国际时讯》、《中国新闻》等。

依靠电视视听综合多元素表现符号和快速及时的传播优势，电视消息类新闻将“地球村”中发生的任何对公众有知晓价值的信息及时汇总、归纳、传播，使社会公众可以及时了解外部世界，并依据获得的信息做出判断，消除公众的未知性。与专题类和深度报道相比较，消息类新闻更及时、更新鲜，涉及的领域更广泛，各类消息的汇总报道可以使大量资讯快速流动，满足人们的信息需求。

二、电视新闻消息的特点

消息类电视新闻要求在客观、真实的基础上，迅速、简要、客观、广泛地传播报道国内外新近发生的事实，传达党和政府的法令，宣传党的路线、方针、政策，反映人民群众的呼声和要求。因此，快、短、新、广、用事实说话是所有消息类新闻的共性特征，基于电视多元符号传播的个性，对于电视新闻消息来说，还必须同时具备形象、生动、直观、鲜活的个性特征。

（一）快速

新闻之所以新，首先是时效性，即尽量缩短报道行为与事件发生之间的时间差。电视新闻消息是对时效性要求最强的新闻体裁，其基本要求是重要新闻第一时间播报，重在以快取胜。电子媒体与报纸的竞争优势之一即新闻报道的时效性，当前的电视新闻已经从“今天的新闻今天报”（Today's News Today）向“现在的新闻现在报”(Now News Now）转变。消息类电视新闻的报道内容应该是刚刚发生或正在发生、发展的新闻事实。电视新闻记者首先要具有抢新闻的意识，在有限的时间之内完成对新闻素材的搜集，第一时间播发新闻。这在突发事件的报道中体现得尤为明显。

在时效性的要求上，记者除了关注新近发生或正在发生的动态新闻事件，还包括新发现的新闻事实，如一些新的社会现象、新的趋势、新思想等非事件类的新闻类型。新闻时效性除了时间上的新，同时也包含了时宜性，即新闻事件符合当前的社会形势和报道需要，是新鲜性和时宜性的结合。

（二）简短

消息类电视新闻的短和快是相辅相成的：要实现迅速传播，就必须做到简明扼要，突出主要信息，剔除次要信息。在电视新闻中，消息类新闻承担着对重要事件的告知功能，即第一时间将新闻事实告知给受众，因此它注重对事件当下状况的介绍，即现在正在发生什么，而对于事件的前因后果、来龙去脉以及相关情况的分析与解释则以专题类新闻或者深度报道的形式呈现。

消息类电视新闻选择报道内容的依据是重要性：选择新闻事件中最有新闻价值、对观众最有知晓欲望的事实加以呈现。消息类电视新闻中即便使用背景材料，也仅限于从帮助观众理解新闻的角度做简单的介绍。消息的“短”不是以牺牲事实的新闻价值为代价，而是要求做到短小精悍，重点突出。

（三）广泛

消息类电视新闻来源于社会生活中的方方面面，多为动态新闻，一事一报，简洁明快。与深度报道相比，在等同的时间长度内，消息类电视新闻栏目可以容纳更多的新闻。深度报道注重报道的深度，而消息类新闻追求报道的广度。作为国内外信息总汇的消息类电视新闻栏目，目的在于尽可能全面地覆盖社会中的重要新闻，提供多样化的信息，满足电视观众多层次、全方位的信息需求。

（四）直观

电视是综合运用图像、声音、文字等传播符号的信息媒介。与报纸、广播比较，声画一体的运动影像是其最重要的传播符号。在客观真实的基础上，电视新闻更突出直观、形象的媒介优势，让新闻事实的传播更加鲜活、生动，注重现场感与感染力。在我国电视新闻的发展过程中，电视新闻曾一度表现为包装了解说和画面外衣的文字新闻，无疑是对电视传播优势的放弃与浪费。

第二节 | 电视新闻消息的类型

从消息承载的内容信息容量来看，电视新闻消息可以分为短消息和长消息，短消息的时间长度一般在 1 分 30 秒以内，针对新闻事实的主体新闻要素做简要和概述性的报道；长消息的时间长度一般在 1 分 30 秒至 4 分钟以内，除了报道新闻事实的主体要素外，还要对新闻要素中的某些要素做必要的展开和解释，或者在报道中描述事件的过程信息。从电视消息表现元素的呈现形态来看，其主要可分为口播新闻、字幕新闻、图片新闻与图像新闻。电视新闻消息从报道的内容角度来划分，又可分为时政新闻、财经新闻、社会新闻、法制新闻、娱乐新闻等；从报道形式上看，又可分为现场报道、连线报道、系列报道、连续报道、组合报道等。一般来讲，电视新闻消息的类型以表现元素来划分为主。

一、口播新闻

口播新闻是以播音员在演播室出图像来播报文字新闻稿的报道形式。口播新闻没有新闻现场的图像，以有声语言作为传递信息的主要手段。

在电视诞生之初，由于电视摄录设备复杂笨重，后期的新闻制作过程复杂，口播新闻在电视新闻中曾被大量应用。这种播报形式只须播音员在演播室播报文字稿，制作相对简单。1958 年 5 月 1 日，我国中央电视台的前身——北京电视台——开始试播，就大量使用口播新闻。虽然目前电视新闻已经发展出多种形式，但口播新闻仍经常出现在消息类电视新闻中。

口播新闻的劣势在于没有来自新闻现场的图像，因此缺少了电视新闻特有的现场感与冲击力。但是相对于其他消息类型，这种形式的新闻制作简便、编播灵活，可以随时插播重要的新闻，可以保证新闻的时效性。使用语言文字播报新闻，具有简洁性、精练性和密集性等特征，可以在单位时间内增加信息容量，是电视新闻提高新闻时效、增加新闻容量、扩大报道面的不可缺少的报道手段。

今天的口播新闻，力求运用抠像等电视特技，配以照片、图表、地图、动画、实物、标题字幕和活动的背景资料、形象等，用电视化手段弥补口播新闻缺少新闻现场画面的不足，增强口播新闻的可视性和生动性，扩大单位时间内的传播信息量。

当前电视新闻中常见的口播新闻大体有两类：第一是政府文件、公告类。针对最新出台的一些文件、公告、决议、命令、新闻发布稿等，对特别重要的政令等，常采用整屏字幕加画外音播报方式播出。

第二是简讯类。有些新闻具有新闻价值，但缺乏形象画面或者画面来不及传送或制作，通常采用口播新闻的形式做简要报道。以下是两则播出的实例。

字幕：美国宣布“豁免”制裁中新两国

口播：当地时间 28 号，美国国务院发表声明称，鉴于中国和新加坡都大幅削减了从伊朗进口的原油数量，将在针对伊朗相关金融机构制裁中给予中国和新加坡豁免，美国国务卿希拉里·克林顿表示，希望伊朗以实际行动表明解决伊朗核问题的意愿，否则将面临着更严厉的制裁。

字幕：洪磊：中国从伊朗进口石油合理合法

口播：本月 21 号，在回应中方是否会减少从伊朗进口石油以及是否寻求美国对伊朗制裁豁免时，外交部发言人洪磊表示，中方一贯反对一国以国内法对另一国实施单边制裁，更不接受其将单边制裁强加于第三方的做法，中国从伊朗进口原油完全合理合法。

二、字幕新闻

字幕新闻是在电视屏幕上以字幕的形式，用简介的文字向观众传播最新信息的一种电视新闻形式，是最简便的电视新闻报道方式。字幕新闻是随电视技术发展而出现的一个新品种。它具有时效快、运用灵活方便、传播新闻信息简洁明快等优势。

字幕新闻的运用按照不同的技术处理分动态和静态两类。

（一）静态字幕新闻

静态字幕新闻是指把文字打在空白的屏幕底色上，配合播音员播报文字内容。这种形式的新闻信息的传达完整准确，同时可以起到强调内容重要性的作用。

例如，央视《新闻 30 分》栏目 2012 年 6 月 29 日播出的《十条禁令为高招录取保安全》，具体内容如下。

口播：2012 年全国普通高校招生录取工作已经开始，教育部日前发出通知，重新调整发布招生录取工作 10 条禁令。

禁令包括：（以下内容以字幕形式呈现）

严禁省级招办在招生政策之外降低标准向有关高校指名投放考生档案；

严禁省级招办对已录取考生违规变更录取高校；

严禁省级高校利用调整计划等降低标准指名录取考生；

严禁高等学校在任何时间以任何理由向考生或家长收取与录取挂钩的任何费用；

严禁高等学校参加各类中介组织且未经省级高校招生委员会批准的招生现场咨询活动；

严禁高等学校在录取工作结束前以各种方式向考生违规承诺各种录取或签订“预录取协议”或以“新生高额奖学金”、“入校后重新选择专业”等承诺吸引生源；

严禁高等学校恶意竞争生源或通过虚假宣传诱导考生填报志愿甚至欺骗考生入学；

严禁高等学校无计划录取或超出省级招办核准的录取考生名册范围违规发放录取通知书；

严禁高等学校避开省级招办通过中介机构或中学教师等自行组织生源录取考生；

严禁军队院校未经教育部批准招收所谓“地方委培生”或“自费生”；

对发生违规招生的单位或工作人员，发现一起查处一起，绝不姑息。

（二）动态字幕新闻

动态字幕新闻又称滚动字幕新闻，是指文字内容以上下滚动或左右移动的方式叠现在正常播出的节目画面上（为不干扰画面形象，一般出现在画面下方）。每当有重要新闻需要及时传播，又赶不上整点新闻播出时，常采用这种方法。对于一些重大的新闻信息可以在不中断正常节目的状态下随时进行播报。

例如，在上文的字幕新闻播出进行中，通过滚动字幕的形式报道了 2012 年欧洲杯半决赛意大利队战胜德国队进入半决赛、“神舟九号”飞船返回舱成功降落在内蒙古主着陆场、香港特区行政长官曾荫权代表香港市民祝贺“神九”载人航天任务圆满成功等新闻。

三、图片新闻

图片新闻是运用单张或者成组的新闻摄影图片，结合文字解说来报道新闻事实，把报纸、杂志等新闻图片报道引用到电视新闻中来的一种报道形式。它运用报纸、杂志的新闻摄影图片，有时甚至采用漫画的形式，反映新闻事实，阐述新闻主题。它可以是单幅的新闻图片，也可以是若干幅新闻图片的组合。每幅图片一般均有相对独立的内容，说明事件或问题的某一方面，经过合乎逻辑的组合后，整组照片能相互呼应，较为完整地反映事实的全貌。

图片新闻是电视新闻在早期阶段将报纸新闻图片与电视影像表达手段相嫁接的一种表现形式。早期的电视新闻大量使用新闻图片作为电视视觉信息手段，可以弥补缺少新闻现场图像的不足，扩大报道面，增强电视新闻的形象性。但随着电视媒体日益重视图像新闻和记者队伍的扩大，来自新闻现场的图像所占比重逐步提高；同时随着电视技术的发展，新闻摄录器材日益小型化和普遍化，家用摄像机也正逐步进入百姓家庭，这些都拓宽了图像新闻的片源，因此图片新闻的形式已很少使用。在当前的电视新闻中，图片新闻一般是与口播新闻结合，或是编在图像新闻中，替代那些无法拍到的场面。随着电视新闻报道形式的创新，为了增强电视新闻的报道范围，出现了大量读报类的新闻节目，此类节目选择报纸媒体中的重要新闻，配合新闻图片或者以报纸的文字版面作为解说背景报道新闻，是图片新闻在当下的一种新的应用形式，如凤凰卫视的《有报天天读》、央视的《读报时间》等节目。

四、图像新闻

图像新闻也叫影像新闻，它是采用电影摄影或电子摄像（ENG）的方式，在新闻事件现场摄录声音和画面，结合文字解说，对新闻进行报道的形式。图像新闻尤其注重对形象画面和同期声的使用，是当前最常见的消息类电视新闻报道形式，也是最能体现电视新闻特色的报道形式。[①]

（一）图像新闻的特点

图像新闻最大的特点就是它有新闻现场生动形象的画面，尤其是声画一体的图像

① 图像新闻最早始于美国。1947 年，美国全国广播公司（NBC）和哥伦比亚广播公司（CBS）相继与电影厂商合作生产 16 毫米摄像机和胶片，用于拍摄电视新闻，从此开始了电视新闻以形象画面为特点的传播历史。20 世纪 70 年代初期，电子新闻采集系统（ENG）开始逐步推广应用于电视新闻拍摄。ENG 画面与声音摄录同步，而且及时成像，制作简便，更符合新闻的时效性要求。因此，ENG 迅速取代了电影胶片的拍摄。我国于 20 世纪 80 年代开始陆续运用 ENG 拍摄电视新闻。

新闻，既有新闻现场的活动影像，又有来自现场的同期声，较之口播、字幕、图片新闻，更能体现电视新闻形象直观的优势，给观众以身临其境的真实感，因此，有人称之为“纯电视新闻”。

由于电视图像拍摄的共时性特征，图像新闻要求记者必须亲临新闻事件现场，才能及时捕捉到声画一体的能反映新闻本质和新闻人物特征的最有感染力、冲击力、最有形象价值的镜头，用富有表现力的现场音响和简练的文字报道新闻事实。

尽管电视新闻消息按表现元素可以分为口播、字幕、图片、图像等类型，但在具体实践中，由于电视新闻是综合运用画面、声音、文字、图片、动画等多种手段，力求完整、真实、形象地反映新闻事实，因此当前的消息类电视新闻的多种形式既独立存在，又互相交叉与融合，比如在图像新闻中对于重要的内容经常使用字幕的形式加以强调，对于复杂的内容运用图片、示意图等形式加以解释等，其根本目的在于通过电视多元素符号的组合，实现电视新闻真实性、审美性、和谐性的统一，达到报道效果优化的目的。如浙江电视台播出的《浙江：万亿元投资的加减乘除》节目，综合运用了口播、运动影像、动画、字幕等多种表现元素，将一个概念化的新闻通过加减乘除逐步分解，解释得清晰明白，层次分明，主题突出，避免了此类新闻报道容易出现的“声画两张皮”的问题。

《浙江：万亿元投资的加减乘除》

口播导语：我省日前公布了促内需、保增长计划，两年内全省将新增投资一万亿元。怎样花好这笔钱，如何扩内需、保增长？精明的浙江人拿起算盘，“加减乘除”细算账。

解说	画面	同期声
“加”法：增加民生投入	动画演示	
今天，海岛县浙江玉环岛外引水项目主体工程完工，再过半个月，被饮水问题困扰了几十年的玉环人将喝上自来水。	饮水工程施工现场，百姓取水	浙江省玉环县自来水公司副总经理王美林： 到时候每天有6万吨的长潭水供到玉环，老百姓用水难问题将彻底解决。
用水条件的改善仅仅是玉环人诸多喜事中的一件。不久前，玉环县决定，在原来20亿元投资的基础上，追加10亿元，用于30项民生工程建设，海岛上的交通、电力都将有跨越式发展。而在整个浙江，明后两年在民生方面的投入将超过800亿元。	住房工程建设现场，电力建设与航拍新建居民小区	
“减”法：减轻企业负担	动画演示	

续前表

解说	画面	同期声
危机面前，为了让企业轻装上阵，浙江省日前出台“双百亿”计划，2009年将减少企业税赋100亿元，减轻企业负担100亿元，取消或暂停的行政事业性收费达48项。	城市外景 汽车企业生产镜头 浙江地方税务局镜头	
“乘”法：财政投入撬动民间资本	动画演示	
近日，从事商旅服务的杭州畅翔集团拿到了600万元的政府引导基金，而政府出手的600万，直接促使两家风险投资公司向畅翔注资3 000万美元。	企业新闻发布会 企业内部工作场景	杭州畅翔科技集团董事长林东： 如果没有政府引导基金，后面的投资入股延缓的话，那整个项目就完了。
目前，杭州市的政府引导基金已为7个项目注资1.6亿元，撬动的民间资金超过三倍。而不久前，浙江省建立的中小企业融资平台，在为100多家小企业融资3亿多元的基础上，又组织12家担保机构抱团帮助中小企业融资，有限的财政投入将吸引最大量的社会投资。	高架路 跨海大桥 企业大楼 企业生产镜头	
“除”法：淘汰落后产能	动画演示	
利用当前经济形势开展结构调整，是浙江的又一战略性举措。通过关停高耗能、高污染企业和技术升级，2010年年底前，浙江省万元国内生产总值能耗将比2005年下降20%；万元工业增加值取水量降低30%。 通过精心的“加减乘除”，目前浙江省万亿投资计划正在稳步推进，今后半年内能够开工的项目投资达1 500亿元	高新企业镜头 高速公路 港口码头 城市高楼大厦	

（二）图像新闻的视听构成类型

基于电视媒介直观、形象的表现优势，图像新闻是最主要的一类电视新闻报道形式。对图像新闻来说，包含三种不同的视听构成类型。

1. 声画同步的现场新闻

这是最具现场感和真实性的电视新闻类型。利用电视采录设备在新闻现场录制声音和画面同步的运动影像直接呈现新闻，这种方式最接近于人们生活的本来面貌，它使被表现的事物更贴近人们的日常生活经验，具有逼真的效果。主要表现为出镜记者现场报道。

2. 现场声画配解说词

电视新闻是通过压缩的时空来表现新闻的传播形式，尤其是电视新闻消息要求短小精炼，通常只有现场画面和同期声，不足以完整表达新闻的丰富信息，此时要配合解说词交代新闻要素、新闻背景，对画面内容进行解释和补充，或者对新闻事实进行归纳、分析，使之在有限的时间内传达完整的信息。这是最常见的图像新闻。

3. 现场声画配屏幕文字

文字承担解说词的功能，交代背景，阐述意义，补充压缩时空的内容，又从视觉上加深观众对新闻事实的理解和印象，同时又不扰乱听觉形象的完整性，使得电视新闻在“视、听、读”方面得到强化。多见于纪实性新闻报道。

电视新闻采用何种视听构成方式，取决于报道内容，总的原则是将视听元素组织为统一协调的叙事系统，有利于新闻信息的优化传播。

第三节 | 电视新闻消息的采制

消息是电视媒体传播新闻的主要载体，消息类电视新闻在客观、真实的基础上，综合运用电视图像、声音、文字等多种表现元素，迅速、简要、客观、广泛地传播报道国内外新近发生的事实，传达党和政府的法令，宣传党的路线、方针、政策，反映人民群众的呼声和要求，成为电视新闻报道的主体。

一、电视新闻消息采制的基本要求

基于电视新闻消息的基本特征，电视新闻消息采制的基本要求就是新、短、广、活：电视新闻消息第一要做到时间新、内容新、角度新；消息贵短，不仅篇幅短，结构也要简单，有利于观众在线性收看中快速理解；内容广泛，扩大报道面，反映广阔的社会现实；具备可视性，表现方式灵活多样。

具体到一条电视新闻消息来说，应当符合以下几个标准，才算好的电视新闻消息。

（一）具有高度的新闻价值

这是选择报道内容的问题。好的电视新闻首先应该具有高度的新闻价值，报道现实生活中最重大、最鲜活、最显著的新闻。新闻能否满足公众对有效信息的期待是判断是否进行报道和如何报道的基本依据。

（二）具有鲜明的电视特色

这是解决表现方式的问题。也就是用怎样的方式来呈现所选取和采集到的新闻事实。一名电视记者必须要考虑能够利用哪些电视元素来呈现新闻。电视新闻不同于广播新闻和报纸新闻，它是多种表现元素的综合体，是画面、声音、文字的有机统一，是真实性、审美性、和谐性的统一。电视新闻要处处体现现场、动态、直观的特性。舍弃了现场、动态、直观的特性，就等于放弃了电视新闻的基本优势。

（三）符合新闻报道规范

这是解决电视新闻的结构和表述方式的问题，即电视新闻的写作规范和结构规范。电视新闻首先是新闻，因此必须符合新闻报道的基本规范和要求，比如使用客观的表述方式、明确交代消息源、结构和语言符合新闻报道规范。如果一条电视新闻消息违背了基本的新闻结构和语言表达的基本规范，再好的新闻价值和表现方式也不会是一条好的电视新闻，甚至不能称其为新闻，例如记者明显的主观性表达方式、事实材料的来源不清楚、摆拍导演新闻现场等。

（四）符合媒体自身特征

这是解决电视新闻传播效果的问题，也就是一条电视新闻涉及的事实该如何处理才容易被观众接受和理解。符合电视媒体的传播特性和观众的信息接受习惯与心理，是保证电视新闻消息实现良好到达率和接受率的基本要求。

电视是线性媒体，新闻被置于时间版面的框架之中，内容如何安排、事实如何表达将直接关系到观众对新闻接受和理解的效果。比如，电视新闻只有一次听和看的机会，因此必须让观众一次就看明白，一次就能记住，因此在结构上要力求简单清晰，每一段落不应包含复杂的推理过程，意义层次要单纯。再比如，受到人眼视角范围的限制，因此电视新闻的标题不宜过长，力求使观众在短时间内能够立即看清并理解。

（五）要有区别于同类新闻的个性

这包含了电视新闻的报道角度和对新闻事实性质的把握。好的电视新闻通常要有自己的独特视角，这种角度可以是独特的新闻切入点、独特的立意、独特的发现、独特的内容、独特的表现形式。对事实性质的把握是指任何一个新闻事实都具有自己的属性，应该按照实施本身的属性来考虑报道角度与处理方式。

例如，一个严肃重大的新闻事实不适于采用诙谐、调侃的方式来处理，即便使用了与此类似的切入点或者角度，对事实本质上的处理基调仍然是严肃的，例如灾难性新闻，一场重大车祸发生了，去调侃司机的驾驶技术显然是不合适的，没有司机会愿意制造车祸，这样的处理方式就是违背了新闻自身的属性，会让受众感觉到媒体的冷酷与缺少人性关怀；同样，一个并无严肃意义的事实，却采用严肃的、一本正经的方式，则会降低事实自身的轻松、愉悦的氛围，变得了无生气，例如，文化、娱乐类的新闻。记者面对每一条新闻，都要从这两个方面去做一个适度的考量，以求切合事实，突出个性。

二、电视新闻消息采制的具体方法

一条电视新闻消息的采制一般经过现场拍摄、写作解说词、后期编辑三个阶段。每个阶段都有其具体要求。

（一）现场拍摄

电视新闻的现场拍摄除了符合构图合理、角度适当、镜头连续、成组的技术要求外，还应体现记者对新闻事实的理解与认识，尽量发掘能反映新闻本质、富有表现力的典型镜头，避免大量没有特指性的万能画面，具体表现为：首先，画面能够展现丰富的现场信息。其次，画面能够传递现场气氛、表现基本事实、激发观众思维。再次，抓取现场富有特点的典型细节。典型细节就是能够代表事件发展关键环节、能够强化事实、触动观众情绪的画面和动作。最后，重视对现场同期声的摄录，尤其是采访对象富有个性的语言。例如《听证会上的惊天一抛》（详见章后附录1）。

电视新闻的现场拍摄要遵循客观真实的原则，不能干预现场，调度除记者和摄像机以外的现场要素，在消息中更不允许以摆拍和情景再现的方式拍摄新闻镜头。

（二）解说词写作

电视新闻解说词是附加于画面之外的一种表意元素，是记者对新闻事实进行的陈述、描绘、概括，是记者处理和提炼新闻事实所形成的文字稿，由记者或播音员播报出来的有声语言。

解说词的作用在于补充画面无法说明的内容，比如解答新闻要素、交代新闻背景、解释画面的深层含义、升华主题。解说不是对画面的简单重复，而是对画面内容的延伸，是对画面深层内涵的扩展。

电视新闻的解说词写作经过构思、撰写、修改三个阶段。

1. 构思阶段

在构思阶段，电视记者既要考虑报道的语言，又要考虑相应的画面。电视解说词是伴随着画面而生，因而语言是否和画面对位、是否能够揭示画面内涵、时空的转换是否合理都是要考虑的要素。

构思阶段还需要考虑新闻的表现形式是否需要同期声、是否包含现场情节、是否需要记者出镜等。

当你开始准备写稿的时候，可以尝试问自己："我了解到一个事件（或故事），想告诉别人，我应该怎么讲他们才能感兴趣，才能听明白。"反复想一想这个问题，设想几种不同的形式，有助于你讲好这条新闻。

2. 撰写阶段

电视新闻是用来听和看的，不是用来读的，了解这一点尤其重要，画面可以看到的内容和细节就不必用语言来过多解释。但是事件的叙述顺序必须清晰，而且重点突出，主题单一，一则电视新闻消息有多个意义层次是不合适的。

在电视新闻中，重要的不是决定什么应该写进去，而是哪些可以舍弃。电视新闻重要的不是面面俱到地陈述，而是选择最有新闻价值的事实重点呈现，每一句话里面都应该包含观众感兴趣的内容，具体要求如下。

（1）必须做到突出核心信息。核心信息就是一个新闻事件中最重要、最突出、观众最关注的内容。实际上，每一个消息都有一个信息取舍的问题，保留什么，舍弃什么，是每个电视记者都要面对的选择。一个新闻不可能做到面面俱到，罗列一大堆事物会失去对观众的吸引力。

（2）必须做到结构简单，逻辑清晰。电视新闻只有一次听和看的机会，观众无法反复收看，因此，必须让他们一次就看明白，一次就能记住，在结构上要逻辑清晰，语言直白，关键内容要做必要的重复和解释。电视记者要时刻牢记用现场画面来叙事，而不能像报纸文字记者那样写作新闻。电视记者要善于分解事实，每一个段落的内容要单纯，每层只说明一个意思，避免复杂的推理过程，这样有利于在快速浏览中理解。

（3）必须做到善用形象思维，为听而写，为看而写。电视记者要善于用形象思维来组织文字，将复杂的新闻内容转化为直观、形象的具体影像，文字为画面服务，而不是相反。在写作时多用常用字词，避免术语，减少修饰词的使用量，数字的使用要简化，尽量使用简单句，以利于播音员朗读和听众理解。

演播室画面缺少运动和变化，形成不了强烈视觉冲击，所以演播室内容要强化内容的吸引力，尽量简略，避免主持人演播室里大段的口播。

3. 修改阶段

修改是指删除那些不重要的信息，把句子修改得适合朗读和聆听，整体上考虑内容与形式的结合关系是否协调。它需要做到两个精选：精选素材与精选角度。

（1）精选素材。精选素材的基本标准是：避免抽象概念，力求具体事实；避免评价议论，力求典型事实；避免万能画面，力求典型形象。比如，采访对象富有个性化的语言和表达方式可以增加新闻的可视性，从现场高潮切入可以增强对观众的吸引力，某些细节和动作则可以提示观众画面隐含的信息。

（2）精选角度。新闻角度即报道角度，是记者观察、挖掘、表现新闻事实时的着眼点、侧重点。新闻角度的选择是记者的新闻敏感、对事件新闻价值的直接体现。精选角度要求记者在识别新闻时要重视逆向思维，逆向思维即从事物相反的角度看问题，不拘泥于惯性思维。逆向思维体现的是记者的新闻敏感，例如《千亿工程启示：超支600万"绕"出双赢》（详见章后附录2）。

精选角度还可以通过纵横联系，从对比的方法入手。这里的对比一般遵从时间和空间两个维度。时间维度指从历史的角度进行对比；空间维度指从空间地域的角度进行对比。例如《从后排到前排 15米走了15年》（详见章后附录3）。

（三）后期编辑

消息的编辑阶段是调动所有电视表现元素使之协调一致的传递新闻信息的过程，电视新闻拍摄阶段获取的素材丰富与否、解说词写作的结构和语言恰当与否会影响到最终的编辑效果，而前两个阶段的一些不足在编辑阶段也可以采用技术手段得到弥补。

1. 声画对位

编辑电视新闻消息首要的标准是声画对位。声画对位指解说词陈述的内容与画面之间存在必然的呼应关系。电视新闻应尽量使画面使用具有特指性，避免大量使用空镜头。

在场景的转化上，消息类电视新闻的要求没有专题新闻或深度报道那样严格，但也应该注意镜头的转换以不引起观众理解上的困难为准。

2. 充分发挥同期声的独特功能

同期声包含了现场音响和采访对象的语言，具有独立表达信息的功能，充分利用同期声可以扩大新闻信息量；采访对象的同期声类似于报纸新闻中的直接引语，使得新闻报道更加真实、客观，尤其是来自于现场的真实声音和典型音响，可以使观众产生共鸣和移情作用。

某些特殊的同期声还具有结构的功能，利用声音的转换，顺畅地实现画面转换，体现结构上的灵活性。

3. 使用技术手段加强对新闻信息的解释作用

电视技术的进步使得电视新闻对信息的传递拥有了相对其他媒介形式更为丰富的手段，在新闻中使用示意图、动画演示解释某些复杂问题和关系，可以弥补画面形象的不足，也有利于观众对信息的接受和理解。使用字幕和图片强化新闻中的重要内容，能够突出新闻价值，加深印象。当然，在可能的情况下，这些手段的运用也应该坚持电视新闻动态、直观的原则。

4. 注重新闻的整体节奏

节奏是所有类型的电视节目都必然会考虑的表现要素，一般来说消息因为简短，对节奏的要求并不严格。但通过镜头转换频率、长短、运动的快慢，配合解说的快慢与长短，同期声的转换，可以形成鲜明的叙述节奏，使得消息产生错落有致的独特韵味，尤其在长消息中的采制中体现得尤为明显。

5. 慎重使用音乐与音效

电视新闻消息强调用事实说话，追求客观、真实、平衡，记者的立场是中立、隐而不显的，音乐与音效一般具有情绪性因素，容易造成新闻具有倾向性的印象，因此在硬新闻中要避免使用音乐音效，更多地依靠现场音响的作用。

思考题

某地发生里氏 5.2 级地震，当地一家电视媒体报道的题目是《我被地震撞了一下腰》，报道地震中当地民众的反应；某电视台民生新闻栏目报道一起车祸，其题目是：《小车义无反顾奔护栏，头破血流后悔晚》。请思考：这两家媒体的报道是否可以理解为体现了记者报道的独特角度与个性？应如何理解好的电视新闻应有区别于其他新闻的个性？

实训题

结合电视新闻消息的采制过程与方法，并对照电视新闻消息制作的五个基本标准，独立制作一条两分钟的电视新闻，要求使用至少三种以上的电视新闻表现元素。

附录 1

听证会上的惊天一抛

【解说】今天上午，在哈尔滨马迭尔宾馆举行的哈尔滨市调整城市居民生活供水价格听证会上，发生令人震惊的一幕：因为屡次举手没有得到发言机会，听证代表刘天晓愤怒地将矿泉水瓶抛向主持席。

【现场】刘天晓拿起一瓶矿泉水扔向主持席。

【同期声】(刘天晓)：我最早举手，为什么不让我发言，这里法律面前人人平等。

【解说】此举让现场一片哗然，刘天晓也因此争取到了发言机会。

【同期声】(刘天晓)：我代表消费者，反对涨价。其理由如下：调价时机尚不成熟，听证方案提前早产，定价成本不透明，老百姓雾里看花，这是温柔的打劫，这是水淹和谐社会。

【解说】今天的听证会一共32名代表参加，其中人大代表、政协委员，以及供水企业代表占了大多数。59岁的刘天晓是一名退休教师，他是作为普通消费者代表参加听证会的。在听证会上，除刘天晓外，其余31名代表都同意涨价。此次哈尔滨水价调整方案为：每立方米水价由1.8元上涨到2.4元，涨幅33%。据记者会前调查，市民普遍认为哈尔滨水价不该大幅上涨。

附录2

千亿工程启示：超支600万“绕”出双赢

【导语】广西铁路建设目前已进入全面加速发展期，初步匡算，近几年投资接近3 000亿元。“大手笔”如何花出“高质量”？一笔600万元的“超额”支出给了我们启示。

【正文】

地处大山深处的永安乡是永福县最边远的乡镇，湘桂铁路扩能改造工程永福段途经这里。开工头一件事是修建工程便道，施工方最初预计，80万元修5公里山路已是绰绰有余。但最终决定的投入却高达680万元，超出原计划600万元。

【同期声】中铁十一局湘桂铁路扩改工程六标段项目书记李继福：(就修桥这一项)总共需要12座，预计大致费用在240万。

【正文】

施工方告诉记者，之所以严重超支，这全在一个“绕”字上(特技：出示意图)。施工便道由原来的直线改为取弯路沿河边修建，5公里变成了15公里。但就是这么一绕，便道就延伸到了人口密集的村庄，让九个自然村近2 000群众实现了村村通公路，而且还保住了当地大片原始森林。

【同期声】中铁十一局湘桂铁路扩改工程六标段项目经理黄卫东：多花了600多万，对于我们企业来说也不是个小数字，但是我们想，修这条路就要造福一方百姓。

【记者现场】这条羊肠小道原本是村民们前往县城的必经之路，从这里到达县城开车大概需要四个小时的时间，而现在有了左手边这样的一条便道，村民到达县城开车只需要50分钟。

【正文】

对铁路建设部门来说，这条路只是施工便道，但对当地村民来说，却从此有了致富路。永安村村民陈克来自家种的6亩梨树就紧挨在便道旁，以往交通不便，果子烂在树上也无法运出去。

【同期声】永福县永安村村民陈克来：这个路没修好的时候，我们种的这个水果都是肩挑、马驮。

【同期声】永福县永安村村委会主任韦宏进：有了这条路，我们村民的人均年收入有可能提高300元到500元。

【正文】

群众得了实惠，配合铁路工程建设热情高涨。目前，永安乡段的征地工作已经全部完成，是湘桂铁路扩能工程桂林段进度最快的标段。施工方粗算了一笔账：进度上的优势，缩短了工期、节省了成本，超支的600万元又回来了。

【编后话】

目前全区各地都在快速推进项目建设，动辄数以亿计的资金，如何花出“高质量”，湘桂铁路扩能改造工程永安乡段工程便道的建设给出了回答。“扩内需、保民生”只有以人为本、统筹兼顾，想群众所想，才能事半功倍、实现双赢，科学发展也才能真真正正落到实处。

附录3

从后排到前排 15米走了15年

【导语】今晚，是所有中国人都难以忘怀的日子。中国人终于结束了15年的艰难跋涉，成了世界贸易组织的正式成员。而这一历史性的变化，首先反映在中国代表团的座位上。

【正文】

多哈当地时间晚上7点多，世贸组织第四次部长级会议的议程进行到了一半，敏感的记者们突然发现，前一天还坐在会场最后几排的中国外经贸部部长石广生和副部长龙永图已经郑重地坐到了会场的前几排。此时此刻，关于中国入世的审议还没有开始，主席台上的墨西哥代表还在做精彩的论述，但发现了这一精彩场面的记者们已按捺不住兴奋，不约而同地聚拢到主席台下，十几台摄像机齐刷刷地对准了坐在第一排的中国人。

在后排的观察员位置上，中国人已经坐了10多年，从最后几排到第一排，不超过15米的距离，中国人足足走了15年，其中的苦涩和此刻的激动，都不经意地写在了中国入世首席谈判代表龙永图那条红领带上。

【同期声】中国世贸代表团首席谈判代表龙永图：“因为以前我们都是坐在最后一排，那么从现在起，我们确实成为一个真正的世贸组织的正式成员。”

【正文】

世界各国的媒体也在关注着这历史性的变化，整个晚上，中国代表团的成员走到哪里，哪里便会出现骚动，保安的驱赶也无法阻挡人们对中国入世的关注。

第六章 电视新闻连续报道与系列报道

本章学习要点

- ◇ 电视新闻连续报道的选题特点和采制方式。
- ◇ 电视新闻系列报道的选题特点和采制方式。
- ◇ 区别电视新闻连续报道与系列报道的不同特征。

从报道内容的构成方式来看，连续报道和系列报道都是在新闻栏目中以连续、多次播出同一事件或主题的报道形式，通过多篇连续播出的报道的有机组合，形成对某一新闻事实或者主题的集中反映和完整认识。在实践中，连续报道和系列报道经常被视为一种报道形态，但实际上两者之间是存在显著的差异的。连续报道主要是对一个新闻事件发展过程进行纵向展示，在报道内容上具有明显的时间先后顺序，主要突出事件新的进展与变化；系列报道侧重于事物间的横向联系，透过不同时空事物和现象的组合，反映本质或说明某种主题，可以不必受时间上先后次序的制约。

连续报道和系列报道还经常与组合式报道相混淆。组合式报道是指在新闻性节目中，将针对同一新闻事件的不同来源的报道集中在一起，是不同报道来源的组合，旨在通过这些来自各种媒体、不同报道者的信息集中反映，带给观众理解新闻的多方视角和观点，并在内容上相互补充和印证，起到更为强烈、显著的传播效果。

在连续报道和组合报道中，就报道中的单条新闻而言，属于消息类电视新闻的范畴；系列报道则既可以以消息的形式出现，也可以以新闻专题的形式出现。它们的共性特征是通过对新闻事件多次（多条）报道的集合，形成对新闻事件整体、全面的信息传播，可以形成比单条新闻更加深入的报道效果，即 $1+1>1$ 的集合效应。组合报道单条新闻属于典型的消息。连续报道和系列报道则较为复杂，需要单独加以分析。

第一节 | 电视新闻连续报道的定义及特点

电视新闻连续报道是紧紧跟随新闻事件的发生发展进程而给予持续、多次报道的一种电视新闻形式，是最能体现电视媒介迅速及时报道新闻的一种新闻报道形态。这种新闻报道形态的产生是基于对电视媒介特性的深入认知。

电视是每日定时播出，具有与人们生活同在的伴随状态，与人们产生一种生命的互动。电视新闻可以连续报道，随着新闻事件的发展进程，不断地更新信息，引进新的发展内容、观众的反馈，直至知道某些结果，形成一个长长的信息链，人的盘根究底、追根溯源的天性可以在其中获得很大满足。而且，通过连续报道，新闻事件始终处于人们的关注之中，从而形成一种问题或者观点的持续存在和热度，促使其向合理的方向发展。目前，随着通信技术的进步和电视记者图像采集设备的简单化和小型化，对重大新闻事件的连续报道已经越来越成为电视新闻报道中常态化的行为。

一、电视新闻连续报道的定义

电视新闻连续报道是运用电视传播手段对正在发生并持续发展的某一重要的、社会普遍关注的新闻事件在一段时间内进行多次、连续、及时的报道。连续报道以新闻事件自身的发展和时间顺序纵向展开，要求记者在事件演变过程中紧密追踪，不断以新的变动为依据进行后续报道，分阶段、分层次地将事件发展中有新闻价值的信息及时地传递给观众，力争使报道完整地反映新闻事件发生、演变、结局及影响的全过程，从而达到集中、突出的强劲效果。连续报道因为对新闻事件进展的紧密追踪，又被称为追踪式报道。

连续报道多是事件性新闻，特别是重大突发事件。这类报道能满足受众追踪了解重大事态发展的心理和需求。在报道过程中，事件始终处于发展变化之中，具有不确定性，因此连续报道对于观众来说具有一定的悬念，可以吸引观众对报道过程始终保持注意力，如《新疆皮里村蹲点日记》。

二、电视新闻连续报道的特点

2011 年海地发生大地震，中央电视台第一时间派出三名记者赶赴灾区，是国际上最早抵达灾区的新闻媒体之一，在半个月时间里，共拍摄了 500 多分钟第一手的新闻素材，发回了 103 条新闻、特写和视频现场直播报道，完整再现了从地震发生、发展到展开救援的全过程，充分体现了电视新闻连续报道的基本特点：时新性、连续性、完整性、递进性、密集性、显著性和未知性。

（一）时新性

电视新闻连续报道首先必须是对观众具有知晓价值和欲望的重大事件，只有具备高度的新闻价值，才有可能吸引关注持续的注意力，因此突发性的灾难报道是连续报道的主要关注题材，如东南亚海啸、2003 年关于“非典”的报道、2008 年四川“5·12”大地震、2011 年日本地震报道等。其次，连续报道是在新闻事件发展进程中的报道，要求高度的时效性。记者往往是争取在第一时间到达新闻现场。每个报道单元都是依据事件的发展进程报道事态的最新变化，更新时间短，每当事件有了最新进展或变化时及时更新。

（二）连续性

连续性的特点指两个方面：一是形式上的连续，指报道次数的连续性、多次性。记者在反映新闻事件时，不必等待事态的结局，而以时间为顺序，就新闻事态发展变化的最新动态连续追踪，随采随报。二是内容上的连续，反映了报道对象——新闻事态本身——发展演变的连续性。连续报道一般取材于不可预知的事件性新闻。整个报道大体上与新闻事件相始终。事态本身的发展进程决定了各报道单元之间的次序不能颠倒，不能随意变动。

（三）完整性

完整性指连续报道新闻事件的发生、发展，一直追踪到事件终结或告一段落，整组报道结构完整，有头有尾，让观众看清楚整个新闻事件的来龙去脉、表里因果。在海地地震报道中，除了报道地震发生、发展和救援的过程与阶段性结果，还全方位关注了灾区灾情和民众生活生存现状，报道了中国国际救援队及其他国际救援队 28 场生命大营救和医疗救护现场，及时关注和报道了在地震中遇难的我国 8 名维和士兵从生命搜救、遗体发现、运回营地到运送回国的全过程。

连续报道的完整性和报道事态持续的时间跨度有关系，事态本身持续时间短，连续报道的完整性较强；反之，事态进展旷日持久，结局为期尚远，报道的完整性也就减弱了。

（四）递进性

连续报道在报道层次上是不断递进的。它根据新闻事件的发展变化，采用分段持续、层层递进的方法来报道事件发展的全过程。一般的报道次序是：事件现在的状况是怎样的？它是如何发展来的？后续有什么进展？结局会是怎样？这种报道次序能充分调动新闻悬念，逐层递进，环环相扣，引起观众追究事件结局的欲望，激发观众的收视兴趣。

（五）密集性

连续报道是围绕同一新闻事件或受众所关注的问题进行多次报道，虽由若干条消息集合而成，但它以整体组合的优势使得在一段时间内形成对同一新闻事态信息的密集传播，其信息传播的大容量是单条新闻消息不可比拟的。

连续报道可对新闻事态的反映做纵向追踪、横向分析，多角度、多侧面地反映事态的方方面面，内容广博，报道频率高，信息量大。

（六）显著性

由于多次连续地对同一事件做报道，不断冲击观众的视听感官，势必引起全社会对所报道事件的关注，从而产生强烈的社会影响。因而报道声势和传播效果的显著性使得连续报道成了反映事实真相、引导社会舆论的有力手段。尤其是一些问题性报道，针对疑点和问题不断追问，加大了舆论监督的力度。

例如，中央电视台关于陕西省镇坪县农民拍摄到野生华南虎照片的连续报道，从陕西省林业厅公布周正龙拍摄的野生华南虎照片开始，不断跟进事件的最新进展：陕西省林业厅公布的华南虎照片引起网友质疑——陕西省林业厅做出回应，声称照片为真——周正龙以脑袋担保照片为真——网友发现华南虎照片与一张此前印刷的年画虎高度相似——中国摄影家协会对照片做出鉴定，一致认定照片为假——陕西省林业厅坚持照片为真——国家林业局派出工作组赴陕西调查——警方发现周正龙作假证据——周正龙被刑事拘留——周正龙以诈骗罪被判处有期徒刑。正是媒体的不断跟进报道和关注还原了事实真相，并引起公众对于政府科学精神和诚信问题的关注，体现了强大的舆论监督力量。

显著性的另一个方面是连续报道的题材必须重大。从结构形式上讲，任何一个新闻事件都可以搞连续报道，但并非运用了这一结构形式就可获得好的关注度和传播效果，只有那些对全国（或全省）有深刻影响的、为社会广泛关注的重大新闻事件才适合作连续报道。报道题材与内容的选择是保证连续报道具有深度、广度及社会影响力的关键。

（七）未知性

在连续报道中，当新闻事件没有最终尘埃落定之前，没有人能够断定事件的发展方向与结局，虽然可以根据现有状况做出一定的分析和预测，但最终的结局受到各种因素的影响，具有未知性。新闻事件在进展过程中的发展方向也存在诸多的不确定性，例如莫斯科人质事件，政府与车臣武装分子的谈判过程一波三折，而最终制订的周密的解救人质计划却没有取得成功，造成了大量人员伤亡。而正是这种不确定性造就了连续报道强烈的悬念，可以吸引观众的持续注意力。

第二节 | 电视新闻连续报道的采制

虽然连续报道的每一次报道（单条新闻）都是以消息的形态出现的，但与单篇新闻即完成事实主体信息报道的一般消息报道不同，它承担着通过动态、连续的持续报道跟进新闻事实的发展进程的功能。从报道的选题标准上看，并不是所有新闻事实都会采用连续报道的形式，从报道的具体方法上看，也与一般消息类新闻具有显著的区别，这是一类特殊的消息报道形态。

一、电视新闻连续报道的选题

从连续报道的基本特性可以看出，连续报道的选题具有强烈的时效性和显著性特征，即正在发生的重大事件。因此，以下两类题材成为电视新闻连续报道的选题重点。

（一）重大突发事件

《中华人民共和国突发事件应对法》对突发事件的定义是：“是指突然发生，造成或者可能造成严重社会危害，需要采取应急处置措施予以应对的自然灾害、事故灾难、公共卫生事件和社会安全事件。”突发事件一般分为以下几类。

自然灾害类：地震、飓风、火山爆发等。

事故灾难类：火灾、交通事故、爆炸、核电站泄漏、危险品泄漏等。

公共卫生类：传染病、食物中毒、医疗事故、食品与药品安全等。

社会安全类：恐怖袭击、社会暴力事件、重大刑事案件、劫持人质等。

按照社会危害程度、影响范围等因素，自然灾害、事故灾难、公共卫生事件分为特别重大、重大、较大和一般四级。危害程度越高，新闻价值也越大。突发事件具有偶然性、破坏性、继发性、关联性特征，突然发生，事前不可预知，发展和结局具有未知性，往往具有很强的破坏性，一般发生之后不会马上停止，往往会有连续的发展变化，而且影响的面广，程度深，往往与社会各个方面相关联，天然地成为连续报道的主要题材。

从国际经验看，突发公共事件的领域或系统主要有：农副产品和食品系统，城市供水系统，医疗卫生防疫系统，城市应急服务系统，电信系统，能源系统（包括电力、石油和天然气），运输系统（包括航空、铁路、公路、管道、水运、海运等），银行与金融系统，化学工业和危险材料系统，邮政系统，国家重要资产（包括纪念建筑、核电站、水坝、政府设施、商业资产等），国家领土、领空、领海、空间和国防工业基地等。因此这些领域内的突发事件是系列报道选题的重点领域。

（二）重大的社会活动

一些引人注目、正在进行且会持续一段时间的重大社会活动也具备构成电视新闻连续报道的要素。重大社会活动往往不具备突发性的特征，媒体事前会获知事件的一些基本信息，但由于其社会影响大，受众关注度高，也适合做连续报道，比如 2012 年“神舟九号”飞船发射与“天宫一号”对接的事件。飞船的发射及其设定的任务目标是事前就规划好的，媒体在飞船发射前就可以获知这些基本信息，但“神舟九号”载人发射及与“天宫一号”的对接是举国关注的重大事件，且发射和执行任务的过程中充满了不确定因素。因此，从飞船出厂到运输至酒泉卫星发生中心，发射前的准备工作，发射过程，进入轨道后的运行状态，与“天空一号”对接过程，包括三名宇航员的个人情况，媒体都给予了全程的跟踪报道。与之相似的还有“蛟龙”号载人深潜器挑战 7 000 米深潜纪录的连续报道。此外，一些重要的国际国内会议（如八国峰会、上海合作组织峰会、我国的人民代表大会、政协会议等）、重要的政治人物、社会名流的访问活动，这种题材是与突发事件相对的预知性新闻。

二、电视新闻连续报道的采制

基于电视新闻连续报道的自身特点和题材特点，结合电视媒介的传播规律，电视新闻连续报道的采制主要从以下几个方面入手。

（一）讲求时效，第一时间到达现场，从现状入手，将最重要的信息及时发布

连续报道关注突发事件和重大社会活动，最有价值的新闻信息存在于新闻现场之中，记者只有身处现场，才能获得最真实、准确和全面的报道素材。到达现场之后立即投入采访，并依据获得的素材做出判断，在第一时间将最重要的信息播发出去。

从实践来看，只讲快速反应很容易导致忽略客观准确，尤其在突发事件报道中，极易发生报道失实，影响媒体公信力，因此记者必须处理好“快速”和“准确”的关系。

某些报道主体，例如突发事件，往往具有破坏性，在采访和报道中要注意不能片面强调破坏的方面，也要从建设的角度看问题。对于信息的披露要本着客观、全面的态度，从有利于事件应对的大局出发，不能为了追求轰动效应而不加选择。

（二）每当事件出现新的进展时及时做补充报道，并适当回顾之前的报道内容，重视综合分析和其他媒体的报道

很多时候，记者并不在突发事件的现场，在第一时间、第一新闻的竞争上处于一定的劣势，这时要充分发掘连续报道的持续性特征，树立后来居上的意识。某一重大新闻事件的开端如果是引人关注的，那么这一事件如何发展，朝着什么样的方向发展，直至会产生什么样的结果，都必然是牵动人心的，记者需要通过深入采访掌握尽可能多的素材，并依据对素材的综合分析获得新的认识，充分开发利用新闻资源。

重大的新闻事件多数发生在局部地区，但影响往往是多方面的，涉及社会整体。因此在报道中要注意有全局意识，既重视纵向的进展和变化，又重视横向层面的影响与反馈。

（三）注意报道的阶段性，对于报道过程中出现的一些偏差和失误，要及时予以更正

因为连续报道的事件具有未知性，因此在报道中不要在事件发展的过程中为事件定性，急于得出结论，报道要注意留有余地。采访尽量全面，选择权威的采访对象，在新闻现场，记者应多采用观察的采访方法。突发事件采访要求记者具有强烈的敬业精神、踏实的工作作风、突出的采访能力，尽可能对事件现场、当事人等进行周全的采访，并且在报道中多使用同期声，使报道更加客观准确。一旦报道中出现偏差和失误，要在下一次的报道中及时予以更正。

（四）突出新闻现场，多采用现场采访和现场报道的方式

新闻现场不仅承载着新闻五要素等基本信息，还承载着现场气氛、环境等延展性信息，利用现场采访和现场报道的方式可以将新闻现场的信息完整地传达给观众，因此记者在连续报道中应尽可能使用现场采访和现场报道的方式，通过现场镜头和同期声对新闻事件进行解说，尤其在报道中注意使用现场的高潮、冲突、具有特殊意义的背景和人物等因素，使得报道更具现场感、感染力和可视性。

第三节 | 电视新闻系列报道的定义及特点

1984 年，中央电视台推出反映新中国成立 35 年来成就的《光辉成就》、《“六·五”成就》。自此，中国电视屏幕上诞生了一种新的报道形式——系列报道。之后，系列报道显示出旺盛的生命力，发展异常迅速，由单条新闻的系列组合发展到如《弹指一挥间》（1989 年国庆期间推出）等专栏性的系列报道。近些年，电视新闻系列报道成为电视媒体在报道重大新闻题材时经常采用的一种报道形式，如中央电视台在报道纪念改革开放 20 周年、30 周年时都采用了系列报道的形式。2012 年中央电视台推出的《走基层》也是电视新闻系列报道。

在当前的电视新闻节目中，单从报道体裁来看，电视新闻系列报道的每一个报道单元一般属于消息类新闻，但这类新闻往往以多篇报道组合的方式，多侧面、多角度地反映某一新闻主题或者报道某一新闻主体，以立体化、全方位的报道形式，形成集中报道的密集化、规模化优势，扩大了新闻报道的社会影响，成为一种重要的电视新闻报道形式。

一、电视新闻系列报道的定义

电视新闻系列报道是以现代电子技术为传播手段，综合运用图像、声音、文字等电视表现元素，围绕某一新闻题材、新闻主题，从不同侧面、不同角度进行连续、多次的报道，在一个集中的时间段内连续播出的新闻报道形式。系列报道对于深化主题，强化对所报道的事物或问题的关注与理解具有重要作用。

从定义来看，系列报道是围绕同一主题的多篇报道的集合，一般至少包括三篇以上的报道单元；每个报道单元多以长消息的形式出现，持续时间不长，多数在 5 分钟以内，风格统一。

二、电视新闻系列报道的基本类型

在当前的电视新闻节目中，系列报道主要以两种形式存在。

（一）以多篇报道呈现同一报道主体的不同侧面

例如，2004 年获得中国新闻奖的电视系列报道《任长霞》由三个报道单元组成，每个单元 5 分钟。第一单元：《巾帼铁肩担道义，慧心义胆保民安》，报道河南登封市公安局局长任长霞恪尽职守，与黑恶势力斗争，屡破大案，保一方百姓平安，广受群众赞誉的事迹。第二单元：《洒泪心系百姓苦，欢笑情解万民忧》，当面对百姓的疾苦时，任长霞与他们一同落泪；当案件破获，百姓困难得到解决时，任长霞与他们同笑。从任长霞的哭与笑，反映她为民解忧的高尚情怀。第三单元：《从严治警身先正，真心英雄更多情》，以“情”作为关键词，报道任长霞以身作则，从严治警，对战友和家人的深情。三个单元从不同侧面全面展示任长霞的先进事迹和人格魅力。

这种报道组织形式主要是针对某个重大新闻事件，既可以应用于事件性新闻，如 1998 年抗洪救灾系列报道，也可以应用于非事件性新闻，如 2006 年中央电视台综合频道推出的《落实科学发展观》系列报道。

（二）不同报道主体的若干单元共同呈现同一新闻主题

2008 年 9 月 26 日起，中央电视台《新闻联播》播出“经典中国辉煌 30 年”系列报道，该系列报道包括民生、国防、交通、住房、教育、医疗、工业、农业、航天等若干个部分，从各个方面反映我国改革开放以来取得的巨大成就，每个单元虽然报道的主体各不相同，但都统一在“辉煌成就”这一大主题之下。每个单元独立成篇，在风格一致的基础上共同反映改革开放巨大成就的宏大主题。这种报道组织形式一般针对某个重大的社会议题，多为经验型、总结型报道，注重新闻策划，不强调时效性，但重视报道的时宜性。

三、电视新闻系列报道的基本特征

系列报道和连续报道都是由多个独立报道单元集合而成的，并且都是集中在一段时间内连续播出，但从组成整体的单元的构成方式来看，二者有明显的不同：连续报道主要是对一个新闻事件发展过程进行纵向展示，在报道内容上具有明显的时间先后顺序，主要突出事件新的进展与变化，是递进式结构；系列报道侧重于事物间的横向联系，透过不同时空事物和现象的组合，反映本质或说明某种主题，没有时间上先后次序的连续性，既可采用递进式结构，也可采用并列式结构。电视新闻系列报道的特征如下。

（一）主题同一性

在电视新闻系列报道的两种主要存在形式中，无论是哪一种内容组织形式，都是在一个共同的新闻主题统领之下的，脱离了这个主题，各单元之间就失去了组合的合理性，就会造成报道内容上的混乱，也会对观众接受和理解新闻内容产生干扰，影响传播效果。之所以产生电视新闻系列报道这种形式，就是为了强化对共同新闻主题的传达效果。央视 2012 年《新春走基层》系列报道，报道地点分散于天南海北，报道的内容从京九线上的铁路工人到江西老区的留守儿童，看上去似乎毫无联系，但在反映春节期间普通老百姓生活这一主题上，构成了一个有机的整体，形成了春节期间的关注热点。

（二）传播系统性

系列报道中的系列，从词意上分析，系即连缀、系统；列即排列。也就是说，系列报道要按照一定的系统来排列，要把一组反映某一相同或近似的实质问题、但又相对独立的新闻事实按一定程序和内部联系来集合成报道整体。简言之，系列报道要讲究内部组合，以便在观众中形成系统化的接受心态。因而系列报道各报道单元的系统组合也是报道成败的关键。

相对来说，电视新闻系列报道对新闻时效性要求相对较弱，更注重报道的时宜性，因此在实践中尤其重视根据社会形势和媒体的报道目标进行周密的策划。从报道内容的选择、报道队伍的分工，到播出的安排，体现出明显的计划性、目的性和系统性。

（三）信息密集化

组成电视新闻系列报道的单个构成单元以电视新闻消息的形式出现，一般依附于消息类电视新闻栏目，在一定的时间段内连续、多次播出，以形成规模化的报道优势。虽然系列报道并不能强调各条报道之间的内部逻辑关系，但在一个相对较短的时间段内，若干条新闻集中报道同一主题下方方面面的内容，大量信息的汇总会产生集合效应，容易形成一个时期内信息密集、引人注目的社会热点。

第四节 | 电视新闻系列报道的采制

在电视新闻系列报道中，组成系列的每一条新闻都应遵循电视新闻消息（当系列报道是以系列专题组成时则是专题）的共性质量要求，比如现场、直观、动态的特性，简单易懂的主题，突出核心信息，去除无效信息，独特的新闻角度等。同时，与连续报道一样，根据电视新闻系列报道的基本特性，从选题到制作方式，采制电视新闻系列报道都有其个性要求。

一、电视新闻系列报道的选题

一般意义上，新闻报道的选题有两个基本原则：首先是新闻价值原则，即所要报道的事实本身所具备的新闻价值要素的多寡；其次是社会需要原则，即当前社会的舆论引导的需要和政府的宣传重点。

选题是电视新闻系列报道能否成功的先决条件。从总体来看，连续报道和系列报道都关注相对重大的新闻题材，但连续报道的题材多为重大的新闻事件，尤其是重大的突发事件，而系列报道所反映的对象大都是非事件性新闻。整个报道以新闻主题为依据，从不同侧面、不同角度横向展开，有目的、有计划、有选择地对彼此独立存在却反映相同本质的事物或某个典型事物逐一进行或分解式地报道，从而全面、系统、深入地反映事物的内在本质和发展趋势，因此在兼顾新闻价值原则的前提下，更注重社会需要原则，体现了媒体通过主动议程设置实现舆论引导的功能。

（一）典型人物报道

典型人物报道是指针对一个时期内社会中具有代表性的先进模范人物的报道。在电视系列报道中，典型人物是一类重要的报道题材。在中国新闻奖评选中，电视新闻系列报道的获奖题材多为典型人物报道。先进人物的成长历程具有一定的时间跨度，内容丰富，有利于通过人物先进事迹中的不同侧面全面地展示人物形象。例如，2004 年中央电视台播出的《公安局局长任长霞》，2007 年内蒙古电视台播出的《党员领导干部的楷模——牛玉儒》，2011 年辽宁电视台播出的《平凡中的伟大——郭明义》。

（二）重大社会议题

重大社会议题是指针对当前社会中的重大事件或热点、难点问题的报道，此类选题引人注目，与老百姓具有很强的接近性，且具有一定的复杂性，需要寻找多方面原因解释和分析，具有展开报道的空间。

比如中央电视台《南菜北运系列报道》，多路记者通过不同蔬菜产地的调查，分析“南菜”不能顺畅“北运”的症结所在，并寻求解决之道。2010 年江西电视台的《江西农民惜售粮食调查》系列报道、2011 年浙江电视台的《6 000 亿温州民资投向调查》系列报道，都是针对当时出现的某种社会现象进行的多角度的调查分析；2011 年山东电视台《再造新北川》系列报道是对山东省对口援建四川北川县这一重大事件的报道。

（三）总结回顾性报道

这类报道选题是指针对一些重大的社会事件发展历程和经验、教训的回顾与总结，对成就的取得及其历程的集中展示，往往借助于某些特殊的时间点作为报道的契机，强调报道内容的时宜性，也是目前电视新闻运用最多的系列报道题材。

如在 2011 年中国加入世贸组织 10 周年之际，中央电视台中文国际频道《中国新闻》栏目中的《入世十年》系列报道，集中报道我国在加入世贸组织 10 年间所取得的成绩，总结经验和教训。其他如中央电视台《落实科学发展观》系列报道、《经典中国辉煌 30 年》纪念改革开放 30 周年系列报道等皆属此种选题类型。这种选题题材重大，具有全局意义，密切配合形势的需要，充分发挥集中报道的优势。

二、电视新闻系列报道的采制原则

电视新闻系列报道的采制原则，一是明确系列报道的传播目标，二是准确把握系列报道的体裁特征，三是要紧密结合电视特色。

（一）明确系列报道的传播目标，依据题材特点确定选材与结构

依据不同的选题类型，电视新闻系列报道的传播目标也不尽相同，题材决定了报道目的。对于典型人物报道，主要是通过报道先进模范人物的事迹鼓舞人，激励人，弘扬正气，形成向模范人物学习的积极社会风气。在采制这类报道时：第一，要注重发掘人物的独特个性，并从不同侧面加以总结和提炼。第二，选材重点是以情动人，将报道的着力点放在感染力上。第三，将人物置于冲突之中，增强节目悬念和可视性。例如，《公安局局长任长霞》。

重大社会议题类的系列报道，目的是解疑释惑、寻找答案、提出思考。这类题材适用于逻辑性结构，即从最新的现象入手，分析现象背后的动因和结果。采制这类报到时：第一，将现象及其对应的动因分门别类加以展示。第二，在节目的整体安排次序上体现逐层深入的逻辑性。第三，选择最具冲突性的事实展示矛盾，形成每个报道单元的兴奋点。例如《6 000 亿温州民资投向调查》。

经验回顾性报道是主题统领式报道，目的在于通过对历史和现实经验的体会与总结，得出具有普遍性意义的结论。因此，这类报道可以打破时空局限，按照有利于主题表达的需要来选择素材和结构。采制这类报道时：第一，吃透政策，紧跟形式，重视策划。第二，寻找关键词，以关键词统领采访的选材过程。第三，以点带面，以小见大，在现实生活中及时发现、捕捉具有典型意义的人和事。例如，《入世10 年》。

（二）准确把握系列报道的体裁特征

当前有一种观点认为，从整体上看，系列报道应该属于深度报道的范畴，因此有一种系列报道越做越长的倾向。系列报道中的每条新闻都是“单元”要素，它们独立成篇，从本质上说是一条独立的消息，因此，系列报道中的每一条新闻都要按照电视新闻消息的标准要求，做到短小精练。电视新闻消息不适于表达复杂的主题和包含多个意义层次，因此系列报道中的每一篇新闻都应该有一个相对简单易懂的中心思想。

新闻主题则是各“单元”要素间的联系纽带，它不仅要统帅所有的材料，还要统帅各个独立篇章的中心思想，使它们互相联系又有所侧重，并且有机地组合，从而体现整体报道的广度和深度。

（三）突出电视特色

电视新闻消息是在有限的时间内传递信息的报道形式，因此要从优化信息传播效果的角度综合利用图像、声音、文字等表现元素，尽量将电视新闻做出简明易懂，突出现场感，以及动态、直观的特色。

思考题

为什么突发事件和重大社会活动通常会以连续报道的形式出现？而典型人物、热点议题和总结回顾性报道通常会采用系列报道的形式？

实训题

通过收看电视台（选择当地能够收看到的电视新闻频道或通过电视媒体官网查询）一天内播出的所有新闻节目，列出收看到的连续报道和系列报道的新闻标题，区别这两类新闻报道在选题、报道内容与制作方式上的异同。

第七章 电视新闻专题

本章学习要点

- ◇ 电视新闻专题的基本特性：电视特色、新闻内涵、专题属性。
- ◇ 理解多元化解读主题、平视化视角的内涵。
- ◇ 掌握增强电视新闻专题的吸引力与表现力的手段。
- ◇ 理解电视新闻专题的叙事结构。

在电视新闻报道中，承担事实性信息传播的节目形态主要有两种：一种是以消息类新闻为标志的简单新闻报道，一种是以新闻专题和深度报道为标志的复杂新闻报道。两者虽然同样报道事实性信息，但相对于消息类报道来说，电视新闻专题承担着更深刻的信息功能，拍摄与制作过程也比消息类新闻更为复杂，有其特殊的采制与传播规律。电视新闻专题与消息互为补充，是电视新闻报道中的主干类型。

第一节 | 电视新闻专题概述

电视以声画同步、影音结合的方式传播信息，具有直观性、传播符号的多元性和与受众更强的接近性等特征，在新闻传播中具有独特的优势。随着社会进步和媒介竞争的加剧，媒介之间的新闻竞争向纵深发展，电视新闻在注重迅速及时的动态信息发布的同时，也逐步转向提供重大新闻事件的深层解读。电视新闻专题节目是电视新闻节目中的基本形态，随着电视新闻改革的深入，电视新闻专题已成为当前电视新闻节目中重要的报道形态。

一、电视新闻专题的定义

专题，即专门针对某个新闻题材而制作的报道形式。新闻专题节目往往专门针对某一重大新闻事件，围绕新闻事件展开比较详细、全面和深入的分析报道，它比消息新闻更详细、更具体、更透彻，是消息新闻的延伸和拓展。它与新闻消息类节目互为补充，是新闻类节目中的重要节目类型。其定义可以概括为：综合运用各种电视表现手段与播出方式，就重要新闻事件或公众普遍关心的话题制作的电视新闻报道。如央视《经济半小时》、《今日说法》、《社会记录》等栏目属于比较典型的电视新闻专题类节目。

二、电视新闻专题的特点

从概念的角度来看，电视新闻专题由“电视”、“新闻”、“专题”三个关键词组成：“电视”规定了它的外延，即它的表现与传播形式是电视，与报纸、广播等其他媒介形式相区别；“新闻”则规定了它的内容性质与社会功能，与社教、体育、文艺等其他类型专题节目相区别；“专题”规定了它的内容构成与结构方式，与消息类新闻和杂志型新闻相区别。

电视新闻专题以其电视特色、新闻内涵、专题属性构成其主要特征，以提供具有一定内容取向的深度报道为存在形态，其主要特征有以下几点。

（一）强烈的针对性

电视新闻专题主要关注那些具有广泛影响并具有深刻现实意义的题材，针对那些普通公众所关心的热点话题、问题和疑惑，通过对新闻时事进行详细的调查、展示和剖析给出符合社会发展趋势的答案，帮助人们认清事实真相、解除疑问。因此，新闻专题节目无论是树立正确认识还是批驳错误观念，都具有强烈的针对性。

（二）鲜明的倾向性

作为电视新闻深度报道的一种节目形式，新闻专题节目承担着追求事实真相、揭露丑恶、弘扬美好、普及社会主流价值观的社会功能。因此新闻专题在客观分析事实的基础上，往往采用述评结合的方式推进节目，传达鲜明的立场和观点，形成正向的舆论氛围，对社会公众起到教育和警示作用。

（三）内容的启发性

作为以深度和广度见长的报道形式，电视新闻专题不仅要求内容重大、具有强烈的现实意义，而且必须具有一定的深刻性，从对事实的解读和分析中发现事物背后带有普遍性和规律性的东西。

（四）呈现手段的多样性

电视是视听综合的媒体，为了表现和深化主题，电视新闻专题节目应该综合利用电视的多种表达元素和手段。记者可以综合采用各种采访手段，例如现场采访、现场主持、演播室访谈等。除了现场摄录的画面和声音，还可以有效地运用图片、字幕、特技、动画以及配乐，增强节目的感染力和深度。

（五）结构的专题性

从内容构成与结构方式来说，电视新闻专题是以“专题”的形式存在的，对新闻事件的展示和解读是多侧面、多视角、多维度的，这就使得报道在横向和纵向两个方面进行了必要的延伸。横向上，要求报道不仅具有丰富的事实本身层面的内容，还要有相关事实和背景材料以及适当的分析与评价，说明新闻事件、社会现象发生、发展的来龙去脉、前因后果；纵向上，必然会涉及一定的时间跨度，以便在节目中集中更为丰富的事实材料和深层次分析。

如央视《经济半小时》栏目针对“3·15”晚会曝光苹果公司对中国用户“三

包”政策缩水问题之后，苹果公司态度傲慢，没有对中国用户的合理要求做出积极回应，及时制作播出了节目《谁纵容了苹果的傲慢》。该节目在回顾基本事实的基础上，分析了苹果公司的售后服务政策内外有别的原因，以及中国不理性的市场消费环境使得苹果公司有恃无恐的状况。

第二节 | 电视新闻专题类型

当前，电视新闻专题一般以节目或者栏目的形态存在于各级电视台的新闻播出系统中，就内容来说，新闻专题一般一次只报道一个新闻主题，多数情况下是围绕某一重大新闻事件来展开事实的深度挖掘，有的情况下是多个性质相同的新闻事件的集合，但都归属于某个新闻主题的统领之下，为表现主题提供全方位多角度的事实依据。就其形态来说，依据不同的角度，电视新闻专题可以分为不同类型，从实践来看，目前主要有三种形态。

一、纪实性新闻专题

这是一种选取社会生活中的真人真事作为表现对象，从现实生活中选取典型、提炼主题、直接反映现实生活的电视新闻专题。其题材取向主要有以下两类。

（一）新闻性题材

这类题材是电视新闻专题的主要内容，现实社会生活中发生在各个领域的重大新闻事件和重要发展变化都是其选题范围。《经济半小时》栏目的大部分题材即是新闻性专题，如《传销白区》、《高端白酒遭遇冷需求》等选题。

（二）文献性题材

文献性即从重大历史事件或阶段性历史发展进行中发掘出来的题材，例如《毛泽东》、《让历史告诉未来》、《香港回归 10 年专题报道》等，2012 年 6 月中央电视台播出的历史文献专题《信仰》也属于历史文献性题材。与新闻性题材不同，文献性题材向“过去”取材，讲究契合当前的形势需要进行报道，因此尤其重视报道的时宜性。

二、分析性专题

这类新闻专题针对人们普遍关心的新闻事件、社会热点问题或新出现的重要社会现象进行分析和解读，通过展示事件之间的联系寻找其背后的发展动力与原因，并从中得出规律性的认识，以引导社会公众舆论的专题类型。由于是在事实基础上能够进行分析和论断，多数具有述评的成分，因此它与电视新闻评论存在某些共同之处。这种特点赋予了分析性新闻专题解疑释惑、厘清是非、指明走向的舆论功能。如央视《经济半小时》播出的《追问云南干旱》、《明天我们如何养老》，《新闻调查》栏目播出的《谁动了我的隐私》。

三、调查性专题

调查性新闻专题是当前运用最为广泛的一类新闻专题，也是电视深度报道的主要形式，是对当前的新闻热点和广大观众所关注的重大事件、社会现象进行全面深入的调查分析，为观众提供详细、客观、系统、权威的信息，引导观众对新闻事件做出客观理性认识的报道类型。分析性专题都力求在题材的新闻性、社会性、分析性上形成特色，而调查性新闻专题则强调调查的过程、对关键事实的挖掘和展示、对疑惑的不懈追问等特色。记者的调查本身就是节目构成的主要部分，通过一系列疑问的提出并寻找答案的过程来展示事件背后隐藏的不为人知的内容，给观众直观的证据，带来理性的思考。央视《新闻调查》的大多数选题都属于调查性专题，如《天价住院费》、《虎照疑云》、《一只猫的非常死亡》等。

四、电视新闻专题的报道形态

就具体的报道形式而言，电视新闻专题包含四种形态：典型报道、重大新闻事件的详尽报道、重大新闻事件的综述报道和调查报道。

（一）典型报道

所谓新闻典型，是记者对当前社会生活中发生的同类事件中具有代表性和鲜明特点的突出的人和事的报道。对具有典型意义的人和事的报道，可以为人们指引方向、树立榜样、提供经验或敲响警钟，对实际工作能起到推动作用。

典型报道又可以分为正面典型和负面典型两类。正面典型是指那些符合时代潮流、反映事物发展趋向、反映时代精神的代表性人物和事迹。电视新闻专题的正面典型报道向大众传播先进人物、集体的精神风貌，宣传他们的先进经验，给人以启迪和感化，是电视新闻工作者的重要职责之一。例如山东电视台《道德观察》播出的《爱心编织的谎言》讲述了普通人田世国瞒着母亲“捐肾救母”的事迹；央视《新闻调查》播出的《信访干部张云泉》也是典型报道。

负面典型是指那些在社会生活中出现的违反法律法规和社会道德的人物和现象，通过客观、公正、深入的报道和分析可以对社会公众起到教育作用，对类似现象起到警示作用，是电视媒体舆论监督的一种有效形式。

典型报道的特点可以总结为三个方面。

第一，追求还原真实，切忌拔高夸大。典型报道无论是正面报道还是负面报道，首先必须要保证绝对的真实。只有真实的事实才是说服观众的基础，离开了真实的事实，典型报道不仅不能起到应有的激励或者警示作用，还会引起人们的逆反心理。比如在正面典型报道中，一味地拔高人物夸大事实，“高、大、全”式的典型不仅脱离实际情况，也会最终失去人们的信任。而对负面典型不加分析地一概而论，不仅不能说服观众，还容易引起新闻官司。

第二，突出个性化，克服模式化。作为电视典型报道，最重要的是用个性化的人物来吸引和感染观众，切忌“千人一面”。实际工作中有不少典型报道或者因为没有抓住事件或人物的个性，或者出于宣传的目的主观拔高，“典型人物不是人”而是“神”，结果造成“写谁谁看”、“谁写谁看”，但是“观众不看”的尴尬境况。主观拔高、粉饰，会让观众产生怀疑心理，起不到应有的作用。

电视新闻专题的典型报道，要善于攫取典型人物的日常生活中的典型细节、真实的语言和行动，表现人物在生活中的困惑、快乐、悲伤、欲望和理想等真情实感。只有活在观众身边的真实可信的人物，才能让观众产生共鸣。

第三，典型报道要突出共性与个性。新闻典型报道虽然报道的是某个新闻人物或者事件，但反映出来的是具有代表性的事件和人物，是新闻人物背后所体现出来的人们共同关注的东西，比如爱、善良、忠诚等品质，或者对事业的执著、对信念的坚持等。总之，新闻典型报道必须具有普遍的社会共性意义，才能让人们受到感染，并进而产生效仿的作用。山东电视台制作的新闻专题《徐本禹们的故事》，讲述了山东青年徐本禹在贵州山区支教的感人事迹。与徐本禹类似的，还有很多人也在为山区支教而默默奉献，徐本禹只是他们中间的一个典型代表。这样的典型报道不仅表现了一个人，还表现了一个群体，对于普通观众具有极大的感染力，许多人因为看到报道而加入了义务支教的行列。

（二）重大新闻事件的详尽报道

重大的新闻事件，是指突发性、灾难性、有重大影响力且与人们生活息息相关的事件。一般来说，重大新闻事件是新闻媒体关注和报道的重点。在这类事件发生时，电视新闻一般会以消息的形式做最快速的报道，以使公众知晓。但是在有限的时间内，消息类新闻一般只能包含一些比较简单的最新信息，对于观众深层次的信息需求，只能通过综合各类消息来源给出解释。观众需要知道事件发生的来龙去脉、前因后果以及发展趋势和影响，这些都需要通过新闻专题的形式进行深入而详尽的报道，并对新闻事件进行深层次、多角度的剖析，对事件发展趋势做出预测和展望。

重大新闻事件的发生一般具有一定的时间持续性和空间跨度。对于这类新闻事件，电视新闻专题往往大量采用记者现场报道与演播室主持报道相结合的方法，以“亲临其境”的现场画面、现场记者对各方的采访与主持人在演播室与各方嘉宾的访谈有机连接，交错出现，生动直观地让观众感受现场、接受评价，同时结合大量背景材料，纵横对比，深刻地分析新闻事件的来龙去脉、因果关系、背景影响等方方面面，具体而深刻地传递新闻事件的深层信息。

对重大新闻事件进行详尽的报道已经成为电视新闻专题报道中的一个重要类型，它以极强的时效性、现场感和相当的深度和广度而受到观众重视。比如 2003 年席卷中国的“非典”事件、2003 年美国对伊拉克战争、俄罗斯别斯兰人质事件、2004 年的台湾地区“大选”、2007 年新《劳动法》实施、2008 年北京奥运会火炬传递等新闻事件，都受到电视媒体高度关注。

（三）重大新闻事件的综述报道

综述报道是对某一新闻事件、问题或某一领域的情况做比较全面、系统的反映和总结。重大新闻事件发生以后，电视新闻都会及时报道事件的最新发展态势。在新闻事件结束后，由于事件具有非常大的影响，观众关注度非常高，往往要求电视台再以专题的形式对事件内容进行汇总报道。

综述报道也是一种对重大新闻事件详尽报道的方式。所不同的是，对新闻事件的详尽报道是在新闻事件发生、发展过程中做现场同步的详尽报道，事件过程的时空相对集中；而综述报道是综合回顾新闻事件，报道时空则相对延伸和扩展。

进行综述报道是建立在对新闻材料有了全局了解的基础上，最常用的方法是点面结合，通过对某一事件的分析，阐述事件在全局中的影响、所起到的作用，总结经验和教训。综述报道既有宏观形势的概括介绍，又有典型事件的叙述、剖析，还有必要的客观点评，重视对背景资料的运用，如中央电视台《焦点访谈》的《从“非典”到抗击冰雪，政府应急工作五年发展历程》等节目。

（四）调查报道

实际上，无论是典型报道、重大事件的详尽报道还是重大新闻事件的综述报道，都包含着记者的调查成分，与以上三类报道类型不同的是，调查报道尤其强调调查的过程、对关键事实的挖掘和展示、对疑惑的不懈追问等特色。正如前面所说的《新闻调查》所做的《天价医药费》那样，记者的调查本身就是节目构成的主要内容，它通过一步一步解答疑问，深入事件内部寻找答案，揭示事件背后隐藏的秘密，并最终形成理性的思考。

五、电视新闻专题的发展趋势

电视新闻专题从诞生之日起，就随着社会和媒介环境的变迁一直处于变化之中。从媒体自身角度说，电视媒体对自身社会功能的认识已日渐理性，从单纯的宣传和教育功能走向信息保障和提供公共话语空间的功能。从观众角度说，当今的电视观众日趋成熟和理智，对于媒介内容不再盲从和轻信，他们更多的是借助获取的信息做出自己的思考。因此，电视媒体改变了居高临下的说教者的角色，电视新闻专题也发生了一定变化。

（一）主题：多元化解读

作为一种深度报道形式，电视新闻专题在相当长的时期内出现主题先行的弊端，对新闻事件的解读与分析角度单一，视角狭窄，缺乏包容性与多元思维。随着我国社会文明的进步，公众的思想多元化趋势日渐显著，对新闻事件的认知立场也日趋复杂，这同时也推动了媒体对自身传播角色的认知出现重大变化。电视新闻专题对新闻事件的解读视角开始从单一转向多元，包容性与多元思维成为共识，从提供事实、灌输观念变为提供事实、介绍观点。在以《焦点访谈》、《新闻调查》为代表的栏目中，这种转变非常明显。以《新闻调查》为例，其分析性选题增加，并且节目结尾处的总结和点评开始脱离提供观点的层面，更看重发出疑问、引起思考，强调多种思想的碰撞与理解。

（二）视角：俯视到平视

电视新闻专题曾一度将自己扮演成凌驾于事实之上、高于观众理解水平的权威角色，在与新闻事件的关系上，以社会正义的捍卫者、丑恶现象的鞭笞者的姿态出现，这是一种自上而下的俯视视角。因此，在处理新闻时难免带有一种“法官侠士”心态，对事件的判断显得感性有余。目前，电视新闻专题的视角开始转移，它以社会事件的忠实记录者和思考者的姿态，根据事实而不是情感来处理新闻、做出判断。

第三节｜电视新闻专题的选题

一、选题的原则

对于电视专题新闻来说，题材的选择是专题新闻成功最重要的要素，其选材特点与报纸深度报道以及广播专题既有共同之处，又有自己的特色。

（一）新闻性

作为新闻类电视节目，电视新闻专题选题首先具有新闻性。电视专题新闻是围绕某一新闻事件、新闻人物或新闻典型展开的，报道的选题必须具有新闻价值，具有构成新闻的必要价值要素。具有较强的时效性，或是新近发生的事情，或是新出现的社会问题、社会现象、社会热点，是电视专题新闻区别于社教类、服务类等专题节目的主要特点。

对有重大新闻价值的题材，及时地深入采访、挖掘，以思想内容和表现形式都达到一定高度的完整节目呈现给观众，这是新闻专题的重要特征。

（二）重大性

与提供新鲜信息的消息类新闻报道不同，电视新闻专题所选择的题材一定是对社会产生重大影响的新闻事件、新闻人物或者新闻典型，对这类新闻事件的传播与解读能够对社会公众产生巨大的影响，或者与社会公众的切身利益密切相关。专题新闻要选择那些新近发生的、发现的、具有深刻社会影响力的事件、问题和社会现象作为题材。

重大题材，不仅是指有重大新闻价值的突发性的新闻事件，还包括人们日常所关心的热门话题以及人们实际生活中迫切需要解决的难题。对于电视新闻专题的题材，需要记者具有较高的新闻业务水平和思想深度，能从平常的事物发现具有规律性、深刻性、普遍性的认识。

（三）时宜性

电视新闻以极强的时效性获得了与报纸的竞争优势，追求时效一直是电视新闻的主要目标。在电视新闻类节目中，动态的消息类新闻是时效性最强的，相对于消息而言，电视新闻专题的时效性要求就没那么严格。为了更加深入地展现新闻事件的内在价值，电视新闻专题往往在时效性与深刻性之间取得一个平衡，加之电视新闻专题的采制相比报纸更加复杂，因此电视新闻专题在报道中更突出时宜性，即在保证新闻的时效价值前提下，选择合适的时机进行报道。例如《从“非典”到抗击冰雪，政府应急管理五年发展历程》，是在新闻发生之后所做的进一步的深入解析。《新闻调查》栏目的《走近香港倒移民 10 年变迁》，是针对回归前离开香港的移民返回香港这种新变化做的深入报道，选择在香港回归祖国 10 年后这一特殊时间点进行报道，虽然并不是最新的，但却选择了合适的报道时机。

（四）深刻性

电视新闻专题是电视媒体对新闻进行深度报道的一种形式。消息类新闻以快、新取胜，专题新闻强调的则是深、广。所以专题新闻与以提供即时最新信息的消息类新闻节目互为补充，满足观众对信息数量和质量的不同需求。

实际上，无论是选题还是表现手段，电视新闻专题无不体现出一个“深”字。电视新闻专题的“深”不仅仅指比消息类新闻提供更加丰富的事实、更加透彻的分析和评价，更重要的在于通过对事实的纵横联系凸显新闻事件在整个社会环境中的趋向和意义。新闻专题不是事实简单的累积和叠加，而是帮助公众从一个个独立的新闻事件中看到其内在联系与规律，看到新闻事件背后隐藏的促成事件发展的原因、动力以及未来方向。

（五）故事性

故事性是当前电视新闻专题关注的重点，重大、新颖、深刻的题材必须要有好看的故事作为载体。一波三折的故事对电视观众具有强大的吸引力，通过完整的、具有高潮和悬念的故事来传达节目主题是电视新闻专题节目永恒的追求。从实践来看，这不仅能够保证节目具有比较好的收视水平，也是节目理念得以传播的保证。

在选题上，除了以上必要的原则之外，选题还要注意与报道形式相适应，针对不同的报道风格和形式选取相应的题材，做到形式与内容相得益彰。对于正在发生发展的新闻事件，适宜采用纪实性报道或者调查性报道；对于已经结束的新闻事件的回溯，宜采用分析性报道或调查性报道的方式。

二、主题的发掘

电视新闻专题承载了社会教育功能，对主题的提炼就显得尤其重要。主题是在占有详细真实的素材的基础上对节目所要传达的中心思想的提炼和升华，是透过现象看本质的过程，而不是对事实材料简单的总结，它必须具有一定的思想深度和普遍性。对于主题的发掘，应从以下几个方面入手。

（一）从事实出发提炼主题

作为一种深度报道的新闻类型，电视新闻专题的主题提炼必须从实际出发，从记者搜集到的素材和调查得来的事实出发，在采访和分析材料的过程中形成主题，而不是定好了“主题”去寻找事实依据。这是两种完全不同的思维方式，也是新闻专题客观性、真实性的体现。

（二）根据主题需要选择素材

电视新闻专题的制作必然涉及材料的取舍问题，在节目中播出的一定是最能体现节目主题的情节和细节，因此前期掌握大量的事实材料是形成主题的基础，而主题一旦形成，在表现主题时就要充分运用能够表现主题的素材，运用能够突出节目个性的材料。

第四节 | 电视新闻专题的采制

电视是一种以影音组合传播为特色的媒体，也是一种线性传播的媒体，对内容丰富庞杂的新闻专题节目来说，为了优化主题的传达，提高观众对新闻事件的认知和理解，必须讲究叙事技巧。这就面临多方面的问题：大量的事实材料如何取舍？采用什么样的叙事结构？运用什么样的表现方法来传达主题？这是每一期节目都必须思考的问题。丰富的表现手段和良好的叙事结构可以将节目理念和主题巧妙地传达出来，生动具体而不僵硬空泛。

讲究叙事技巧贯穿在节目采访和制作的整个流程。只有做好选题、精心拍摄、巧妙构思，才能在后期的编辑中讲出好看的故事，传达深刻的内涵。

一、精心拍摄

电视新闻专题主要的表达手段是现场画面与现场音响的组合，对前期拍摄过程做好充分准备是节目成功的关键因素。虽然新闻事件随时都在变化之中，记者无法预知现场的真实情况和发展态势，但是从专题报道的目标出发，仍然有一些规律可循。

（一）熟悉题材，了解报道意图

在得到线索之后，记者需要对采访内容做初步的分析，熟悉题材并提出问题，确定大致的报道意图。在广西“南丹矿难”报道中，广西电视台于 2001 年 7 月 25 日接到群众来信，信中反映在南丹“7·17”事故中有重大人员伤亡。这与当地有关部门通报的情况不符。为了查清真相，7 月 26 日编辑部派出三位记者前往南丹实地调查采访。三位记者在南丹克服了重重困难，终于掌握了事故中有人员伤亡的证据，并最终揭开了矿难真相。

（二）制定切实可行的拍摄预案

新闻专题涉及的事实千头万绪，新闻现场的情况复杂多变，制定拍摄方案要考虑到多种可能性，制定备选方案。拍摄方案应该包括采访哪些人，需要解决的主要问题是什么，采用什么样的拍摄方式等。拍摄方案的制订要充分考虑到后期用到的表现形式，根据事件性质和报道意图采用不同的采访和拍摄方式，例如现场采访选择什么样的场景，采用隐性采访还是公开采访，用隐性采访的话要准备好必要的设备，采用跟拍还是抓拍的方法等，要尽可能详细周全地考虑到现场情况。

（三）注意发现和捕捉细节

电视媒介最富有表现力的是典型的细节。电视新闻专题必须注意发现和捕捉能够表现事物特点的细节画面。因为人物真情实感的自然流露、下意识的动作都可以为我们提供丰富的信息，所以要着重捕捉那些富于特点的情节、细节和现场声音。来自现场的画面和声音不仅能够增强节目的直观性和表现力，还可以对深化主题起到事半功倍的作用。

在汶川地震中，《新闻调查》记者在汶川跟随两位在路上偶遇的夫妇回到已经被地震毁坏的村子，村子中一位 83 岁的老大爷在修理自己的房子，听村里人说老大爷年轻时喜欢唱山歌，为了缓和现场人们沉重的气氛，请老大爷唱两句山歌，老人家始终不肯答应。在记者将要离开村子时，在无人请求的情况下，老人忽然站在远处向记者的方向唱起了山歌，虽然听不懂老人在唱什么，但记者真实记录下了老人唱歌的完整过程和声音。《杨柳坪七日》节目不同段落的过渡都采用了老人用四川方言唱歌的苍老嘶哑的声音，成为整个节目结构的要素。通过老人唱歌的情节，地震灾难中人们面对灾难的痛苦却坚强的表现令人动容。

电视拍摄是向未知取材的艺术，事件变化的未知性往往是节目最出彩、最富有吸引力的部分，记者必须随时跟踪新闻现场的千变万化，并从中找出最有价值的内容。

这是电视新闻专题最为重要的拍摄理念。

央视《看见》栏目在专访药家鑫父母的节目中，记者在采访受害人张妙的父亲时，张妙的母亲在屋里突然失声痛哭。

记者：你不去劝劝吗？

受害人父亲：不劝，这种事没法劝。

记者：我去看看，我去说说。

随后记者进入屋内，镜头并没有跟进屋内拍摄受害人母亲痛哭的情形，但镜头停留在屋外一直隔着纱窗记录屋内记者劝慰受害人母亲的情景。这种突发的状况是记者事先无法预料的，但是记录下这个情节，却能够真实反映受害人父母所受到的巨大心灵创伤。

二、巧妙安排结构

电视新闻专题报道内容是社会生活中发生的各种各样的新闻事件，这些事件本身充满了无穷的变化和生动精彩的故事，新闻专题不仅要把事实完整、准确、清晰地表现出来，还要通过适合老百姓观赏口味和心理期待的方式讲述。好的电视新闻专题就像一部构思精巧的故事片，牢牢抓住观众的眼睛和心理，在陈述事实、传达思想的同时，为观众呈现跌宕起伏的精彩故事。

（一）展示冲突，设置悬念

电视是线性传播媒体，观众只能按部就班地按照时间流程来了解事件发生、发展的走向和结果，而新闻事件最具有冲突性和故事性的情节往往并不是一开始就出现的。因此，将新闻事件中最精彩、最具有戏剧性的情节在尽可能短的时间内展示出来，往往具有极强的冲击力和吸引力，可以让观众在极短的时间内建立对后续内容的收视期待。业内人士认为，电视新闻专题应该在节目开始的前10秒之内就要将电视新闻专题的最有冲击力的冲突和悬念展示出来，以引起观众的好奇心和收看欲望。北京电视台《法治进行时》栏目播出的《惊心动魄22小时》节目就是一个带有强烈悬念和冲突性的开头：

> 2004年2月3日，是农历甲申年的正月十三，再过两天就是元宵佳节了，北京的街头洋溢着浓浓的喜气。然而，就在这一天的凌晨，一场正义与邪恶的较量在夜幕中惊心动魄地展开了……

某些情节性强的题材在安排结构时，经常会将精彩的冲突和情节前置，采用倒叙的方法组织材料。中央电视台《新闻调查》栏目制作的《被开除的女大学生》就是将女大学生写给栏目的求助信放在开头，诉说她的无助和彷徨，引入对事件的调查。

（二）展开故事情节和高潮

新闻事件由开端、发展、高潮等若干部分组成，如何合理展现事件的情节，使得新闻事件的讲述摆脱时间流程的限制，既符合真实性原则，又显得跌宕起伏、错落有致，需要记者具有驾驭事实材料的高超水平和较高的叙事技巧。新闻专题节目一般选取重大的新闻事件或者热点问题，其题材本身具有高度的受关注性，但这并不排斥利用叙事技巧将故事讲述得引人入胜。记者需要将掌握的事实材料根据表现主题的需要和故事进展的曲折性结合起来，合理安排叙事结构。要做到这一点，可以从两个方面入手。

第一，明确节目主线。记者本身的调查过程和事件主人公的遭遇都可以作为节目进展的主线。在节目主线上附加记者或者新闻当事人的曲折经历，通过他们遇到障碍并解决障碍的过程，可以使节目既逻辑清晰，又情节饱满。

第二，设置主线任务。就是将记者或者主人公所要实现的目标作为电视新闻专题所要完成的主体任务，记者的调查或者事件当事人的所有活动都围绕着实现这一目标而展开，其间加入主体任务分化出来的次要任务。比如，记者调查的目标是什么，遇到了哪些挫折，怎样解决的，最后有没有达到目的？事件当事人遭遇了什么事件？他想如何解决？他有哪些难题，如何解决？解决的结果如何？这样也可以达到与设置节目主线同样的效果。

在实际操作中，设置主线和主体任务的方式经常结合起来运用。

电视新闻专题不是剧情片，不能为了结构的需要虚构情节，一切情节都要来源于记者调查得来的事实，记者在组织材料安排结构时，如果能够运用合理的叙事技巧，可以使新闻事件的讲述避免沉闷死板。

（三）善用背景资料

背景资料是构成深度报道的重要成分，它的恰当运用可使电视新闻报道的深度进一步提高，说服力和表现力进一步加强，使观众对新闻事件或是新闻人物的了解更深入、更全面。类似事实的对比，可以增强事实证据的说服力，使节目变得视野开阔、大气；对人物、事件背景的历史追溯可以展示新闻事件背后的动因，帮助观众把事物置于特定环境、条件中去理解、分析，从而引出深层次的思考。而在节目的叙事过程中，恰当穿插背景材料，不仅能调整节奏，还能起到过渡和转折的作用。

在电视新闻专题中，背景资料大致有两类：一类是在新闻报道的现场，通过对被采访者的提问引出的背景材料，称为叙述式背景材料；另一类是在后期编辑时由记者加入的一些录像、影片、图片、图表、字幕等背景资料，称为插入式背景材料。在实践中记者需要根据情况灵活运用。在《被开除的女大学生》中，女大学生因在校期间结婚生子而被开除六个月后，法律出台了大学生在校期间可以申请结婚的规定，记者通过对这一背景的叙述，使观众对女大学生被开除的原因有了更加理性的思考。在叙事结构上，背景材料的运用也使得新闻事件的发展方向产生了偏移。

三、优化电视表现元素

一个电视新闻专题，从片头、标题、字幕、画面、解说词、同期声、音乐、特技到片花等，都是节目构成的有机部分，综合运用这些电视表现手段，可以更好地为表现客观事实、传达节目理念服务。

（一）标题

标题是提示电视新闻专题内容、体现主题的最简要的部分，好的标题不仅能一目了然地让观众了解节目的主要内容，还能通过标题看出节目所要传达的倾向性和观点。

新闻专题的标题应该突出主要事实，从标题上就能判断属于哪种类型的专题节目，并且还要具有一定的视觉和心理冲击性，或突出悬念，或突出质疑，或突出内容的重要，或突出人情味，总之，要使人们通过标题对节目产生收视的期待心理，吸引人们锁定节目。

（二）片头

片头是对电视新闻专题整体的简要介绍，通过简洁的语言提示主要内容，提出主要问题和报道意图，它比标题更为具体，通常采用节目主体中具有代表性典型的画面和同期声来表现。例如 2004 年深圳电视台的《解读民工荒》的片头：

【解说】15 年的“民工潮”不见了，“民工荒”却接踵而来。

【同期声】要缺 3 000 个工。

【同期声】我们的普通工人大约缺四分之一。

【解说】生活权益难以保障，农民工“用脚投票”。

【同期声】我们的收入是非常低的，那我就可能要回家种田。

【同期声】外面的世界可能比我这里要好，但是我这里有保障啊。

【解说】如何留住农民工，让经济协调发展。

【同期声】一批民工能成为深圳长久的居民。

【解说】讲述“用工难”背后的故事，解读“民工荒”深层的原因。

这个片头在开始罗列现象：“民工潮”不见了，取而代之的是“民工荒”，用同期声再稍作说明。然后点出造成民工荒的基本原因：基本权益难以保障，民工用脚“投票”选择离开。最后提出节目的主题：怎样才能保护民工权益，留住民工，实现经济协调发展的重大问题。片头以明快的节奏、精练的语言、叙述和议论相结合的方式为观众提示了主要内容，奠定了节目的分析性专题的风格。

（三）同期声

同期声是来自新闻现场的声音，包括了采访对象和记者的语言、现场声响。同期声是增强节目真实感的有力手段，有现场特点的同期声配合现场画面是电视叙事语言的最主要手段，也是表达情感和议论的主要渠道。例如《南丹矿难初探》的同期声：

【解说】在拉甲坡矿的办公室，矿长黎家西和事发当晚的管理员韦庆帅对“7·17”事故是这样说的。

【同期声】

拉甲坡矿矿长黎家西：7月17日凌晨三点，（窿井里）有水涨，但是没有人员伤亡。

记者：在当天晚上的透水事故中，有人员伤亡吗？

矿上管理员韦庆帅：没有。

记者：一个都没有？

韦庆帅：没有。

解说词：但是，记者在矿上碰到了一位刚刚收工的矿工，他反映的情况却令人震惊。

【同期声】

记者：有没有人死呢？

矿工：死了。

记者：那些尸体现在在哪里呢？

矿工：尸体在窿井底下。

记者：现在还在窿井里面？

矿工：你不要讲，讲了我挨打，我挨打过。

通过和煤矿管理人员及矿工的对话，两种完全相反的答案揭示出了矛盾所在。而在现场环境中的对话使事实具有无可辩驳的真实性。

四、精心写作解说词

电视新闻专题的解说词一般分为现场解说和演播室解说两种；按照播出方式，还可以分为出境记者的现场解说和画外音解说。解说词用来叙述主体事实，对画面内容进行补充和解释，也在节目行进过程中起到转场和过渡的作用，是电视新闻专题不可或缺的构成内容。

针对不同类型的新闻专题，解说词的风格也互有差异。

纪实性新闻专题新闻性强，解说词主要体现纪实的风格，尽量做到平实、客观、冷静，寓倾向性于纪实性之中。

分析性新闻专题旨在透视社会现象，揭示问题背后的原因。因此解说词要客观理性、语言严谨、逻辑清晰，同时观点鲜明、毫不含糊。

调查性新闻专题是对某一重大事件或社会问题的追踪调查。解说词要翔实、准确、具体，既能解释问题实质，又能反映调查过程。

电视主要通过画面语言来传达主题内容，解说词对于画面起到补充和解释的作用，而不是简单地对画面内容的重复，因此解说词必须能够揭示画面的深层内涵。记者对事件的总结解说通常都具有点明主题的作用，例如《解读民工荒》的最后一段的解说词：

> 农民工们用“脚”发出的抗争，虽然无言，但却那么强烈。虽然无助，但却充满了渴望。它给我们留下的是深深的思索和默默的等待……

这段解说虽然简短，却点明了民工荒背后的深层背景，还提出了民工的无奈和希望，为问题的解决指出了方向，深化了节目内涵。

五、巧妙利用字幕，增加表现形式

在电视新闻专题中，字幕可以起到画龙点睛的作用，还可以配合解说词起到强调和补充的作用。例如《长大未成人》中，利用字幕突出了未成年少女堕胎的严重性，并用红色强调了数字的庞大。

> 【字幕】
> 中国每年有 1 000 万人堕胎，其中 18 岁以下的未成年人达 250 万，占堕胎人数的四分之一。

字幕还可以补充重要信息，对节目的结果进行交代，成为节目的一种表现形式，为观众留下更多思考。《解读民工荒》片尾的字幕就起到了这样的作用：

> 【划黑 ＋ 音乐 ＋ 片尾字幕】
> 在本片即将播出时获悉，深圳市政府已开始酝酿大幅提高外来工的最低工资标准。深圳市宝安区政府拟订将一批优秀农民工的户口迁入深圳。

六、合理利用音乐

在电视新闻专题中，音乐也是一种不容忽视的表达手段。音乐大致可分为叙事性音乐和情绪性音乐两种。

叙事性音乐表现客观事实的表述，配合画面和解说词，起到加强节奏感的作用。同时，叙事性音乐的存在避免了某些场景和画面的单一性，在场景转换中起到过渡作用，对陈述内容也是一种形式上的调剂。

情绪性音乐是另一类重要的音乐类型，在电视新闻专题节目中起着渲染气氛、表达情感、增强节目感染力的重要作用。目前，新闻性专题在叙事结构上越来越多向故事化靠拢，除了客观真实地传达事实，还要追求故事的好看，合理安排情节。在故事化的表述中，情绪性音乐对于强化故事情节的情感具有重要作用。在调查性新闻专题中，记者充满未知和刺激的调查过程配合快节奏紧张感的音乐，可以突出现场的紧张和压力。而抒情性音乐对于人物的情感表达也有强化作用。《丢失的孩子》节目中有一段记者柴静和被拐卖儿童的对话，对话过程中贯穿了忧郁低沉的音乐，表达了一种孤独和无助的情绪，令观众深受感染，强化了对被拐卖儿童身世的同情。

七、恰当运用动画特技

电视新闻专题涉及的新闻事实比较复杂，对事实的说明和解释需要动用多种表现手段，恰当使用动画特技可以使一些难以拍摄到的画面和不容易解释的内容形象直观地表现出来。《新闻调查》栏目拍摄的《谁动了我的隐私》节目中采用了一段动画，说明现代社会个人信息被通过电脑、互联网等渠道泄漏的状况，不仅形象直观，而且增添了节目的表现元素和感染力。

电脑动画还可以对一些特殊场景、特殊事件进行展示和演示，例如对犯罪现场的回溯和演示、描画路线示意图、对复杂的人物关系的解释等。总之，恰当运用动画特技不仅是清晰表达事件的需要，也是电视多元化表现元素的需要。

思考题

❶ 如何在电视新闻专题制作中体现多元化解读主题？

❷ 在当前的电视新闻专题中出现了大量摆拍镜头，也有节目使用了很多情景再现的镜头，你对此如何看待？

实训题

以两名同学为一小组，自主选题，制作一期 15 分钟的专题节目。

第八章 电视新闻评论

本章学习要点

- ◇ **电视新闻评论的基本特性：电视特色、新闻属性、评论特征。**
- ◇ **电视新闻评论的发展趋势：融合化、开放化、个性化、专业化。**
- ◇ **电视新闻评论制作的三个关键：选题、论点与论证方式。**
- ◇ **电视新闻评论电视化特色的实现途径。**

大众媒体的传播内容，按其功能属性，大致可分为两类：一种是事实性信息，例如新闻消息、以报道事实为主的新闻专题；另一种是意见性信息，即新闻评论。在欧美国家的媒体实践中，电视评论并非以一种独立的报道形态存在，而是作为一种分析、评价事实的元素分布在各类新闻报道中。在当前我国的电视媒体实践中，电视新闻评论也逐步融入这些特征，不仅以独立节目的形式存在，也以某种评论性要素的形式贯穿于几乎所有的电视新闻性节目中，评论样式变得多样化，事实性信息与意见性信息相互融合，出现融合化、开放化、个性化、专业化的趋势。

第一节 | 电视新闻评论的定义、特点及功能

作为电视新闻性节目中一个重要的组成部分，电视新闻评论承担着阐释道理、分析矛盾并进而影响和引导舆论的社会责任和政治使命，历来是电视媒介十分倚重的新闻传播形式。在媒介高度竞争和社会发展日趋多元的环境下，电视媒体对于新闻评论类节目愈发重视，新闻评论的样式也在不断更新。随着我国电视媒体对自身媒介特性认识的不断深入，当前我国的电视新闻评论呈现出多样化和个性化的发展趋势，电视新闻评论已经逐步进入高度繁荣的时期。在当今社会，一家电视台如果只有新闻报道而没有新闻评论，就不能称其为一家体制完备的电视台；一家电视台如果只有海量的新闻报道而没有独家深刻的新闻评论，就不能成为一家有重大影响力的电视台。①

一、电视新闻评论定义

电视新闻评论作为一种议论文体，在电视新闻的实际运作中，是以一种节目形态存在的，即电视新闻评论是具有评论体裁特征的电视新闻节目。值得注意的是，“在迄今为止能够找到的中文版的有关欧美电视节目的资料中，没有看到‘电视新闻评论节目’的介绍”，涂光晋在欧美考察时也“未发现有‘评论节目形态’”②。在欧美国家的电视新闻节目中，评论作为一种对新闻事实分析、评价的元素分布于各类新闻性节目中，而并没有专门对电视新闻评论做出规定。“在我国，电视新闻评论并不是首先自觉地作为一种电视节目类型被看待，而是在一个创作集体的命名过程中逐渐被认同、被扩大的。”③

在我国，关于电视新闻评论的定义历来争论不休，直到今天也没有一个完全统一的说法。全国电视学研究委员会对电视新闻评论的定义为：“电视新闻评论就是评论者、评论集体或者电视机构对当前具有普遍意义事件、问题或社会现象表示的意见和态度。”④ 这一概念主要明确了电视新闻评论三个方面的重要内涵：电视新闻评论的主

① 参见梁建增、王玮：《透过现象说本质——从“央视论坛”看电视新闻评论的发展要求》，载《媒介研究》，2004。

②③ 张玲玲、张如成：《我国电视新闻评论的现状和制约因素分析》，载《新闻界》，2006（4）。

④ 杨伟光主编：《电视新闻分类与界定》，22页，北京，中国广播电视出版社，1994。

体——评论者、评论集体或者电视机构；电视新闻评论的客体——当前具有普遍意义的事件、问题或社会现象；电视新闻评论的表达方式——以议论为主，表达意见和态度。

有学者认为，要对当今中国的电视新闻评论做一个界定，首先应该认识到其存在的基本方式是一档电视节目；其次，在一个信息传播时代，从电视媒介信息传递的角度来进行定义，更具科学性、准确性；再次，应该认识到电视化手段的充分调动对于电视新闻评论的意义。因此，所谓电视新闻评论可以被认为是以电视化手段针对新近发生的或者发现的具有普遍意义的事件、问题或社会现象，为公众提供除了事实性信息之外的评论性信息或者分析性信息的一种电视节目样式。[①]

综合当前的电视新闻评论的定义，电视新闻评论应包含电视的媒介特征和评论的体裁特性两个主体内容。从电视新闻评论概念的组成来看，它至少应该包含以下内容：

电视媒介特性，即它是以电视的传播手段和符号表达意见、发表评价，不同于报纸评论和广播评论。

新闻特性，即它评价和议论的对象是刚刚发生或正在发生的具有新闻价值的事实、问题或者现象，不同于电视媒体其他服务性、知识性、娱乐性等内容，也不同于一般的议论文。

评论特性，即它主要是对具有新闻性的事实、问题或社会现象表达观点，阐释道理，区别于消息类新闻报道事实、传递信息的功能。

因此，电视新闻评论的定义可以概括为：利用电视传播符号和手段对重大、典型的新闻事实进行评价和议论，阐释电视机构对新闻事实的观点和立场的一种电视新闻节目形态。

实际上，从当前电视新闻评论的实践来看，电视新闻评论不仅以节目的形式存在，也以某种评论性要素的形式贯穿于几乎所有的电视新闻性节目中，评论样式变得多样化。电视新闻消息报道中有针对某条重要新闻的短评，例如，在中央电视台“走、转、改”活动中记者的“蹲点日记”，以字幕的形式发表对所报道新闻的感悟与认识、评价，实际上是电视新闻短评的一种；在新闻专题性节目及深度报道中，节目的结尾通常会有针对整个新闻事件的总结型的评论，报道过程中评论也以访谈或者述评结合的方式散布其中，表达电视机构对部分新闻事实的评价与态度，如央视《经济半小时》在节目进行中或结束后对所报道的事件的评价性内容板块。专门的电视评论性节目更是呈现爆炸式的增长，并出现专门的电视新闻评论员节目。电视新闻只有善于运用新闻评论，才能更有效地发挥党和人民的喉舌作用，更好地履行反映、影响、引导和组织舆论的政治使命，满足社会的需要。

---

① 参见张玲玲、张如成：《我国电视新闻评论的现状和制约因素分析》，载《新闻界》，2006（4）。

二、电视新闻评论的特点

电视新闻的典型特征是专业人士就具有较高新闻价值的事件发表看法，解释分析，反映和引导社会舆论，进而指导生活和工作。作为一种节目形态，从新闻体裁上说，电视新闻评论属于议论文体，贵在“评论”，是对新闻事实的深层解读；从媒介属性上说，电视新闻评论必然突出电视特色，要符合电视播出的风格。综合而言，电视新闻评论具有以下基本特征。

（一）新闻性

首先，它所评价和议论的对象一定具有高度的新闻价值，无论是事件性新闻还是非事件性新闻（社会问题或现象），一定是社会公众高度关注、具有广泛影响力或典型意义的。

其次，电视新闻评论针对最新发生的新闻事实发表议论和评价，具有时效性的要求，特别是对于事件性新闻的评论，要求在第一时间做出反应，在报道新闻事实的同时及时发出议论，赢得舆论的主动权。而忽视时间因素很可能会陷入被动，削弱评论的影响力，甚至于失去评论的价值。

最后，讲求评论的时宜性和针对性，这意味着在某些时刻要在“快”的基础上选准时机，做到“言当其时”。这种最佳时机就是评论的新闻价值最大化的时候。比如当前出现的某些网络事件，当新闻事件的发展出现多种观点的时候，电视媒体应当及时发出声音，对错误消极的观点予以批驳，对出现的矛盾予以化解，以使舆论进入正确的方向。“当快不快，会使评论内容成为明日黄花，失去应有的价值和作用；不当快而快，则可能添乱，使问题复杂化。”① 或者起不到应有的作用。

（二）政论性

第一，从表达方式来看，消息类新闻、新闻专题侧重用事实说话，通过事实表达观点。电视新闻评论在表达方式上重于议论，直接阐明对论述对象的看法及立场；而评论不仅是将这种新闻价值铺陈出来，而且进行相关信息的延伸、加厚，以期赋予事件本身更多的“阐释性信息”，是对新闻事实本身蕴藏的内在新闻价值的深层发掘。

第二，从传播目的来看，与消息、新闻专题侧重于报道事实不同，电视新闻评论侧重于讲明道理，阐述新闻事实的意义以及对事物的看法，以说理为主要目的，而非传递信息；电视新闻评论中涉及的事实作为论据而存在，其最终目的仍然是为阐述和

---

① 朱菁：《电视新闻学》，76 页，杭州，浙江大学出版社，1999。

分析服务。

第三，从议论的角度来看，主要从思想、政治的角度而非专业的、学术的角度分析问题，从社会公众对新闻事实存在的疑惑或问题的难点、焦点矛盾入手，破除政治、思想误区。

电视媒体的受众具有多样性和广泛性，即便是不具备阅读能力的人也可以通过收看电视新闻评论来了解当前的舆论方向，因此适应受众的这种广泛性特征，电视新闻评论一般解决思想疑惑，提供符合社会主流价值观的规律性认识。

（三）形象性

如果说新闻性和政论性是所有媒介形式的新闻评论的共性特征，那么形象性就是电视新闻评论的个性特征。电视是声像兼备的多符号传播媒介，可以综合利用声音、图像、文字等多种表现元素说理论证，充分体现形象直观的媒介特色，这是电视新闻评论有别于报纸、广播评论的鲜明特征，也是电视新闻评论的优势所在。

第一，声画兼备，可以综合利用画面、声音（现场音响、同期声、解说）、文字以及动画等多元素符号，论证方式丰富多样。

第二，视听结合，通过画面展示的论据具有真实、形象、直观的特性，具有强大的说服力，而解说词则长于解释和推理。这种双线并行的评论方式有利于观众理解与接受。

电视新闻评论是诉诸视觉和听觉双线并行的评论方式，运用镜头将新闻事实直接展现在受众眼前，具有形象逼真的亲和力和强大的感染力；同时又通过语言和文字，描述事实，表达观点和态度，使评论的内在逻辑以鲜明、直观的形象展示作用于观众的头脑，更利于受众的理解和接收。因此，能否有效利用电视媒介的形象性特征，也是评价电视新闻评论优劣的关键指标。

三、电视新闻评论的功能

电视新闻评论针对新闻事实所做的评价和议论，体现的是媒体的舆论倾向，它可以最大限度地发挥大众媒体进行社会监督和引导舆论的功能。随着社会的发展和公众参与社会的能力的提高，电视新闻评论作为一个开放的话语平台，还具有构建社会公共话语空间的功能。

（一）引导舆论，实现社会控制

媒体是国家整合意识形态的重要工具。现代社会在某种意义上是一个“传媒控制”的社会，国家需要通过媒体监测并及时调整整个社会系统的运行。新闻评论潜移默化地影响着人们的思想观念，对于共同的社会心理的形成具有强大的作用。电视新闻评论通过宣扬正确的价值观念，批评错误观念，有利于平衡公众的社会心理，增强社会成员之间的凝聚力，促进社会和谐，从而实现社会控制。

（二）营造社会公共话语空间

所谓公共话语空间，即构成社会的各成员都能够参与并发表意见的空间，通过这个话语空间，社会成员能够对社会问题与政策发表看法，施加影响。公共话语空间最直接的表现方式即通过大众媒体提供的话语平台实现。随着我国社会现代化进程的加快，市民阶层在逐渐形成并壮大，对参与社会管理的愿望和能力越来越强，而参与社会管理的最直接途径就是大众传媒。在电视新闻性节目中，电视新闻评论主要传播意见性信息，这既可以激发公众的参与欲望，也可以丰富电视新闻评论的内容。当前的电视新闻评论，已经进入多元化时代，倾听各方观点并有效地加以整合，是电视新闻评论不可回避的责任。

第二节 | 我国电视新闻评论的发展历程与趋势

与我国报纸、广播、电视发展的历史一样，较之报纸、广播新闻评论，我国电视新闻评论起步较晚，并在一开始沿袭了报纸、广播评论的样式与风格，其发展历程大致经历了三个阶段。

一、起步阶段（1958—1980）——以移植报纸和广播评论为主要特征

1958 年 5 月 1 日，中央电视台（前身为北京电视台）试播，直至“文化大革命”结束，电视新闻评论除了播音员口播《人民日报》社论、新华社社论外，当时还没有独立的电视评论。播出内容来源于党报、党刊和通讯社或者是电视台编发的“编者的话”、“编前话”、“编后语”等小言论和短评；播出形式采用播音员口播文字稿，沿用报纸的思维模式与广播的传播特点，又混合了电视的播音员形象，属于报纸、广播和电视媒体的混合模式，缺乏电视特色；语言表达书面化、格式化现象突出，评论风格具有强烈的宣教色彩。

二、探索阶段（1980—1994）——向电视媒介个性回归

1980 年 7 月 12 日开播的《观察与思考》是我国真正意义上的电视新闻评论的发端，电视新闻评论开始脱离报纸、广播的评论模式，向电视媒介个性回归，具有一定的画面意识。

《观察与思考》采用栏目化的运作方式，开始有了固定的播出时间与周期，有了固定的节目主持人，引入了主持人意识以区别于纯播音形态，并形成了自己的节目风格；采用了故事化的叙事方式，注意使用符合电视传播特性的解说语言，由书面化向口语化转变；在选题内容上，逐步摆脱了纯粹的政治性论题，开始向平民化、日常化转变，评论风格与立场也更加平民化，更有接近性，开创了我国电视新闻评论发展中第一个区别于报纸、广播评论的独特的电视评论类型。研究者认为这个节目“在如何办言论类（评论类）节目上进行了开拓式实验”，并呼吁“电视言论类节目要恢复‘电视的本性’”①。

此后以安徽电视台《社会之窗》、上海电视台《新闻透视》、北京电视台《BTV 夜话》为代表的一系列新闻评论类栏目相继开播，电视媒体的新闻评论节目在“走自己的路”方面做出了大量有益的探索。

三、发展阶段（1994—2009）——评论节目比重增加，节目形态多样化

1993 年年底，中央电视台在《东方时空》、《观察与思考》、《今日世界》等基础上成立一个部门，被命名为“新闻评论部”，同时筹备在晚间黄金时段创办一个新闻深度评论的日播节目。1994 年 4 月 1 日晚上 19 点 38 分《焦点访谈》正式播出，《焦点访谈》以“时事追踪报道，新闻背景分析，社会热点透视，大众话题评说”为节目宗旨，成为这一阶段电视新闻评论节目的一个标志。

《焦点访谈》节目的成功产生了广泛的社会影响力，各地方台争相模仿，1994 年各省级地方台几乎都改版或创办了新的新闻评论类节目，电视新闻评论性节目的样式出现多样化趋势，选题的内容日趋广泛，评论的深度与广度得到极大发展，在这一时期，新闻评论性节目中监督类报道的比重较高，如《焦点访谈》1994 年批评性报道比重占到 47%，对社会产生了广泛而深刻的影响力。中国电视新闻评论节目比重急速上升，到 20 世纪 90 年代末，新闻评论节目已经成为电视新闻性节目中的主体力量。“就社会整体进步而言，电视新闻评论节目的大量涌现不仅成为社会巨大心理压力的‘减

① 孙玉胜：《十年——从改变电视的语态开始》，北京，人民文学出版社，2012。

压剂'，在缓解因正常民意表达渠道不畅通而导致的社会矛盾方面，更是将媒介功能主义社会学愿景与社会民主理想实现紧紧扣联在一起。"①

在这一阶段，1996 年开播的凤凰卫视对内地电视媒体新闻评论节目的影响十分显著，凤凰卫视通过 2001 年的"9·11"事件及 2003 年伊拉克战争奠定了其在新闻报道领域的地位，并逐步确定"言论立台"的策略，陆续推出了《寰宇大视野》、《时事亮亮点》、《时事辩论会》、《有报天天读》、《新闻今日谈》、《锵锵三人行》、《一虎一席谈》等评论节目，节目形态多样，兼具广度与深度，为内地电视媒体新闻评论节目提供了有益的借鉴与补充。

四、繁荣时期（2009 年至今）——评论节目向多元化发展，节目形态融合趋势明显

2008 年年底，央视新闻频道推出改版之后的《新闻 1+1》，立即引起广泛的社会关注。该档节目邀请新闻观察员就关系国计民生的重大事件做出客观公正的评析，收视率一直位居前列，新闻评论性节目日渐成为央视改版之后的重头戏，各类新闻性节目中都加入了新闻评论的元素。

目前，电视新闻评论的形态已经出现了"多态并存"的局面，形式更为丰富多样，包括记者专访、主持人与特约评论员连线、主持人与评论员对话、读报点评、嘉宾辩论、记者手记等。从类型上看，既有专门的电视评论类节目，也有"嵌入式"的评论节目，在新闻节目中连线评论员，对重要新闻进行即时点评，还有二者结合的评论节目等。央视评论员周庆安认为，从 2009 年开始，中国电视媒体掀起了电视新闻评论的第二次热潮。"20 世纪 90 年代之后，电视新闻评论因为《东方时空》、《焦点访谈》的出现而变得异常丰富，而这种丰富在自 2009 年年初开始的第二轮电视新闻评论热潮中再度得到了提升。如果说第一轮电视新闻评论的热潮是电视评论的兴起，那么第二轮电视新闻评论的热潮，就是以新闻评论的丰富和多元作为标志的。"②

第三节 | 电视新闻评论节目类型与发展趋势

对于电视新闻评论的分类，是一个十分复杂的问题，按照不同标准有不同的类型。按照电视表现元素来划分，可分为口播评论和图像评论；按照表现形式来划分，可以

① 张阳、王权：《电视新闻发展历程概述》，载《现代视听》，2010（11）。

② 周庆安：《电视新闻评论的语态革新》，载《新闻与写作》，2010（4）。

分为谈话类评论节目、述评类新闻节目；按照节目存在形式划分，可分为专门型评论性节目和混合型的评论节目。从实践的角度来看，电视新闻评论在不断发展的过程中形态也在不断演化变迁，更多的是依据节目的传播目的综合运用，在各种新闻性节目中具有不同的表现形式。根据分类标准宜简不宜杂的原则，目前中国的电视新闻节目一般分为谈话类评论节目、主持人评论、述评类评论节目，其中又各自包含不同的子类型。

一、谈话类电视评论

访谈类电视评论节目的基本特征为：在演播间（或新闻现场）由主持人＋嘉宾（或再加现场观众）构成谈话主体，在节目进行中适度穿插新闻短片，简要交代新闻背景。这种评论类型主要以主持人、嘉宾、现场观众的观点性言论构成节目主体内容，既可以是纯观点性的，又可以是事实和观点混合性的。

（一）电视论坛

电视论坛是主持人针对当前某一重大的或公众普遍关注的事件、问题，邀请有关方面的权威人士发表意见或进行讨论。其样式有答问、讲话、座谈和辩论等。电视论坛参与评论的都是有关方面的权威人士，其发表的意见和观点颇具权威性。因而，它比一般电视座谈更具有说服力，具有很强的启示、沟通和导向作用。如中央电视台《央视论坛》、凤凰卫视的《新闻今日谈》，此类节目突出节目的权威性，观众获知的不仅是结论和评价，还包括得出结论的过程。凤凰卫视的《一虎一席谈》属于辩论式的论坛，参与节目的有权威人物，也有新闻当事人，通过双方不同观点针锋相对的辩论，对社会公众关注的焦点问题进行辨析，许多问题最终并没有明确的答案，但通过观点的自由碰撞和信息的全面展示过程足以引起观众的思考，并形成主流的舆论。

（二）电视访谈

这类节目表现形式多样，可以就热点新闻事件的当事人进行访谈，也可以就热点新闻事件邀请权威人物进行访谈。通过主持人与嘉宾的对话将新闻事实真相和各方意见展示给观众。既可以是综合性新闻栏目中的一个板块，如凤凰卫视《时事直通车》，又可以是独立的访谈节目，如央视的《面对面》、《实话实说》等。

（三）评论员评论

新闻评论员是在电视新闻评论节目中设立的专门发表评价性信息的角色，新闻评论员有专职的新闻评论员，也有特邀评论员。专职新闻评论员一般由电视台的资深记者转化而来。特邀新闻评论员则来源比较广泛，一般由资深的媒体从业人员或者某些领域的权威人物来担任。

在表现形式上，评论员评论针对所报道的新闻事件，由演播室的主持人向新闻评论员提问，进而引出评论员的言论，也可以通过与特邀评论员连线的方式发表议论，如中央电视台《新闻1＋1》、《东方时空》栏目中的“时空连线”、凤凰卫视《时事开讲》等。这种访谈型的评论一般简明扼要，针对事件发表评论，为观众解读新闻的深层意义。评论员相对固定，通常他们的言论代表了媒体的立场。

新闻评论员与节目主持人不同，主持人往往提供事实性信息，站在观众的立场上提出问题，而评论员则站在媒体、官方或者社会的立场，负责解释信息、评价信息、提供观念与意见。在电视新闻评论节目中，新闻评论员以及特邀评论员相对稳定。

二、主持人评论

主持人评论的基本特征是由新闻节目主持人（播音员）针对新闻事件或热点话题发表的评论。一般来说，这类评论短小精悍，论题集中、单纯，多以与观众直接交流的形式出现。

（一）电视短评

从严格意义上来讲，电视短评并不是一种节目形态，而是附载于电视新闻节目之中的某一条新闻报道之前或之后，由主持人或播音员播送的针对报道的新闻事实发表的评论。从表现形式上看，电视短评是由主持人或播音员发出的，但实际上代表的是电视媒体编辑部的意见，是媒体立场和观点的展示，等同于编前、编后语，本台评论也属于此类评论范畴。如中央电视台《晚间新闻》播出日本国会议员集体参拜靖国神社后发表的短评《对现实没底气，对历史无底线》，就属于此类。

（二）主持人点评

由新闻节目主持人就某一社会问题或社会现象发表自己的见解和看法的节目形式。它与播音员口播的编后语、短评不同。主持人评论体现的是主持人对新闻事件、社会现象的意见与看法。

当前民生新闻类节目几乎都采用主持人评论的方式，如齐鲁电视台《拉呱》、四川卫视《新闻连连看》、江苏电视台城市频道《南京零距离》、江苏卫视《1860新闻眼》等，主持人对节目中的单个新闻事件做个性化的点评，三言两语，点明要害。

电视读报类节目如凤凰卫视《有报天天读》也是此类评论性节目。这类节目要求主持人有较高的政治理论水平，有丰富、广博的知识以及对新闻敏锐的分析判断能力。议论要做到立意新颖，见解独到，并具有熟练的口头表达技巧，以自己良好的新闻素质和个性魅力去吸引观众，透视新闻的意义。

这种灵活、个性化的评论方式能缩短评论与观众之间的距离，将大众传播“还原”为“面对面”的“人际交流”，具有“贴近性”特色。

三、述评类节目

电视新闻述评融叙述与评论为一体，既有对事件的客观叙述，又有对新闻事实的分析评论，将新闻的客观性与说理性结合起来。其表现形式是以纪实性的事实为基础，以现场图像和同期声为手段，在报道事实的基础上，由表及里，透过事实表层，抓住事物的本质和规律，经主持人或专家、权威人物点评，进行正确的舆论引导。这种评论方式具有鲜明的电视个性，将电视新闻评论论据的形象性与评论的抽象性结合起来，是最具有吸引力、说服力和感染力的电视新闻评论形式。

目前，电视新闻述评性节目是电视新闻性节目中十分重要的一类节目类型，如中央电视台《焦点访谈》、《社会记录》，北京电视台《城市》和凤凰卫视的《社会能见度》等，都可以涵盖在此类节目中。

四、当前电视新闻评论的发展趋势

随着电视新闻评论的发展与繁荣，新闻评论节目在形态、内容与风格上出现新的趋势。评论的要素出现在各类新闻性节目中，评论的议题范围日趋广泛，评论节目与事实报道之间的界限日趋模糊，表现形式更加多元化。

（一）融合化趋势

随着媒介融合趋势的日渐推进，新闻报道在具体样式上也出现融合趋势，“同一媒介或不同媒介之间评论样式的相互借鉴与融合使得新闻报道与新闻评论之间的分界将日益模糊”①。电视新闻述评与新闻专题、电视访谈类评论与电视新闻专访等节目之间的界限日趋模糊；在新闻评论中短评、访谈类评论与述评等方式相互融合，出现了交叉组合型的新的评论方式。以非独立节目形态出现的电视评论渗透到各类新闻性节目，如消息、新闻专题、深度报道、现场直播等节目中。

---

① 张阳、王权：《电视新闻发展历程概述》，载《现代视听》，2010（11）。

（二）开放性趋势

新闻评论在选题范围、选题方式、议论方式与观点领域都将更加开放，政治干预的因素将逐渐减少。新闻评论不再局限于重大的政治、社会题材，广阔的社会生活皆可评可议。电视媒体从信息传播者向信息管理者与解读者的角色转变，更加注重对新闻信息的解释与分析，议题和观点更为开放。

（三）个性化趋势

区别于早期的模式化风格，当前的电视新闻评论更加注重个性化的培养，以形成独特的节目风格与主持人风格。例如凤凰卫视的诸多评论节目，在《时事开讲》中，新闻评论员曹景行和何亮亮以“深”求“独”，与主持人董嘉耀共同针对当前最热门的新闻话题做出第一时间的分析评论，甚至邀请相关专家及权威人士针对不同领域的问题展开深入讨论，以期发掘事件的真相及内幕，帮助观众更立体、更全面地了解和判断国际与两岸形势。此外，由杨锦麟、何亮亮、邱震海所主导的个性化电视读报栏目《有报天天读》，扮演着信息筛选机的角色。《锵锵三人行》则是由主持人窦文涛与传媒界的精英，针对每日热门资讯畅所欲言。

（四）专业化趋势

专业化趋势包括论题的专业化、解读的专业化与评论者的专业化。在央视《新闻1+1》节目中，白岩松的角色定位为新闻评论员，与主持人一对一对话，点评新闻事件，这种角色的重新定位即评论专业化的一个直接表现。其他如邀请和连线权威人物和媒体人担任专职特邀新闻评论员，形成较为稳定的新闻评论员队伍。论题的专业化和解读的专业化即是专业的权威人物对论题做专业的分析与评论，摆脱了传统新闻评论由媒体发言的局限，更加强调评论的理性色彩和权威力量。

第四节 | 访谈类新闻评论节目制作

电视新闻评论最初从报纸、广播新闻评论与电视媒体“移植”与“嫁接”，经过几代电视人的摸索，发展成为今天形态多样的独立的电视节目形态，是电视媒体对自身媒介属性的认识不断深化的过程，也是当今社会媒介格局与社会格局变迁的结果。在今天的信息传播背景下，要做好电视新闻评论节目，应遵循电视传播规律，选择适合电视语境的选题，发挥电视媒介表现优势，实现电视新闻评论论据的形象性与说理、议论的抽象性的有机统一。

总体来说，所有评论体的文章或者节目，都必然包含论点、论据、论证三个要素。论点是评论者对所评论的事物所持的观点和意见；论据是用来证明论点的依据，包括道理和事实材料；论证则是运用论据对观点进行证明的过程和方法。采用合理的方式、运用充分的论据证明正确、中肯、新颖的观点是所有新闻评论都必须遵守的统一标准。

如果从评价电视新闻评论节目优劣的视角出发，采制一个电视新闻评论性节目应该包含以下几个层次的问题：

第一，选择的评论对象是否有意义，是否具有展开议论的空间和价值。

第二，评论的观点是否正确、新颖、符合实际。

第三，评论的过程对观众是否具有吸引力、说服力和感染力。

明确了此类节目的优劣标准，那么制作电视新闻评论节目也就有章可循。所有的电视新闻评论节目制作其实都是围绕解决以上三个问题进行的，在不同的节目类型中，对于三个问题的回答各有侧重，但不外乎以上三个方面。

一、电视新闻评论节目的选题

选题是一个评论节目的评论对象，即选择什么内容来评论，所有的评论都有一个评论的客体，选题规定了评论的对象和范围。这是解决电视新闻评论节目制作的第一个问题，即评论的内容要有实际意义和价值，简而言之就是评论的客体值得一评。从实践角度来看，目前电视新闻评论的客体呈现出日趋广泛的趋势，在新闻报道中常见在实施报道之后所做的简短评论（如大量的民生新闻节目）和节目进行之中所做的随机评论（如深度报道或新闻专题中的评价性内容）。如果从单纯的电视新闻评论节目来说，其选题应具备以下标准。

（一）选题具有典型意义

所谓典型，就是所选择的新闻事件或社会问题虽然是发生在某个新闻事件中的个案，但它代表了当下一种普遍的现象、趋势或者态度，通过剖析个案对社会整体具有警示功能，对社会公众中广泛存在的疑虑、质疑具有解释和回应的作用。选题必须是那些社会公众关注的、重大的或者具有典型意义的新闻事件、问题或社会现象。只有那些在公众中存在普遍的疑惑与不解，而且不加以化解会有重大社会影响的话题才能构成评论的价值，假如讨论的话题无足轻重，鸡毛蒜皮，就不具备专门评论的必要性。

（二）选题具有公共价值

所谓公共价值，就是所选择的评论题材关涉的不是某一部分人的利益，而是关涉社会大众的利益，明确评价对象的是非可以对全体社会公民起到教育和警示的意义。传统上，新闻评论性节目被视为一种媒体最直接的监督社会和政府的节目类型，通常被称为舆论监督类节目。而舆论监督类节目的首要前提就是监督的内容和对象妨害的是社会公众的利益，危害社会的和谐运行。新闻评论发表意见性信息，实际上具有营造公共话语空间的功能，通过媒体表达的意见和态度，可以引起公众的关注并进而参与讨论，形成监督社会、协调社会的舆论力量。

（三）选题具有议论展开空间

选题的议论空间是指选题要具有一定的复杂性，三言两语能解释清楚的事件不宜采用访谈类评论，是非明确、道理简单的新闻事件和话题也不适宜采用访谈类评论。应避免倾向性过于明显，难以引起争论的话题。注意开拓争论的空间是评论节目深入的重要途径。从不同角度出发看问题，对现象和问题的理解会不尽相同，争议的产生才可能使话题有更为广阔的表现空间。评论的对象需要有话题展开的空间，如果过程过于简单，道理显而易见，就难以支撑起评论的基础，缺乏对观众的吸引力。

二、电视新闻评论的论点

论点是评论主体对所评价的对象所持的基本观点。电视新闻评论的观点是否正确、新颖、符合实际，是评论的舆论功能能否发挥的关键所在。这是解决做好电视新闻评论的第二个层次的问题。评论重在表达观点、意见和态度，属于主观性信息，与事实类报道的客观性原则不同。但主观性信息不是感性信息，更不能是错误的信息。评论节目中表达的论点必须符合以下标准。

（一）观点正确

所谓观点正确，就是观点要真实、准确。新闻评论的对象无论是事实、人物还是现象或经验，都是客观存在的，它们都具有某种不以人的意志为转移的规律和必然性。新闻评论的观点，就是在分析客观事实的基础上，找到其内在的必然性做出评价。“新闻评论不是发现真理，而是以真理为武器，正确分析、论述、说明、解释现实社会生活中出现的各种事件和社会现象、社会问题。”[①] 观点的真实、正确来源于事实的客观性。

观点正确还包括观点具有时间和空间上的适用范围的限制。新闻评论观点的真实正确虽然具有真理性，但事物都是不断向前发展变化的，即便真理也有一定的适用范围。“真理往前走一步就是谬误。”新闻评论的观点正确是在当下制度环境、文化环境下的正确，也是一定空间范围内的正确。

（二）观点新颖

所谓观点新颖，包括论点的立意新、角度新。面对一个评论对象，普遍的、众所周知的观点不值得去论述，而应该从不同的视角去看问题，得出客观存在但被忽视的思想和意见。例如，上海东方台《我们需要什么样的世界第一》的评论角度：上海新的地铁线路通车竣工，召开了庆祝大会，会上列举了在施工中克服的种种世界级难题，取得了多项工程上的世界第一。但记者研究后发现，这些世界第一却是不得已而为之的，是因为城市的建设规划协调不够好而导致的地铁建设和城市建设之间出现了诸多矛盾，这些工程难题本来是可以通过协调规划避免的。在此基础上提出观点，这些世界第一其实并不是必然发生的，也不是我们想要的，如果在城市建设中能够做到统筹一致，上下协调，可以避免人为制造许多的工程难题，节约建设成本。

需要注意的是，评论观点的新是在真实、正确基础上的新，而不是刻意求新。为了体现观点新颖而违背真实、准确的原则，是应该避免的倾向。

（三）观点切合实际

一则新闻评论的论点，除正确、新颖之外，还要切合实际。论点切合实际指评论的论点的接近性。一是论点的基调要平易近人，掌握分寸，不可贪大求全，高高在上。立论的基础是事实，反映对事实的本质认识，具有理论升华的空间，但这个升华不是无限升华，上纲上线。过于拔高事实的意义不但会脱离受众，还会引起逆反心理。二是论点要切合观众的理解能力。理论的思想深度和高度不是越高越好，新闻评论是做给大多数普通观众看的，超出了观众的理解能力和接受水平，观众看不懂，理解不了，就等于无效传播，“过犹不及”就是这个道理。

三、电视新闻评论的论证方式

当前的电视新闻评论节目类型多样，无论是访谈类评论，还是主持人、记者短评，

① 王振业、李舒：《广播电视新闻评论》（第二版），307 页，北京，中国传媒大学出版社，2009。

或者评论员评论和新闻述评，其论证过程都遵循论证的共性原则：以事说理，事理结合。“事”是事实，是论据；“理”是道理，是论点；通过展现事实来说明论点，是论证。具体的方法有例证、反证、对比论证等。无论采用哪一种论证方式，从电视媒介的传播个性角度来看，好的电视新闻评论都应该具备鲜明的电视媒介特色，重视论据的形象性、论证的动态性和表现手段的多元性，实现吸引力、说服力和感染力的统一。在各类评论性节目中，新闻述评是最能体现电视评论这一特色的评论类型。下文从电视新闻述评的采制角度来分析电视新闻评论的论证方式及效果。

（一）从观众的视角看问题，增强吸引力

评价一个电视节目的优劣，观众爱不爱看是一个重要指标。观众喜欢看，可以保证节目的收视率，扩大节目信息的到达率。高指标的信息到达率是节目所传达的观念被观众理解并接受的前提，是节目传播效果的保证。

具体来说，增强电视评论节目的吸引力有两个重要因素：一是节目的选题关切受众利益，二是节目的论证过程符合观众的收视心理。无论选题是重大事件还是典型事件，实际上它和社会公众之间总有直接或间接的联系，体现这种联系就是从观众的视角看问题，体现接近性。具体的操作手段可以从以下几个方面入手。

1. 设置悬念，营造收视期待

悬念是一种欲知而未知的状态，是电视观众对某个问题或现象的未来发展所持有的一种急切期待的心理状态。设置悬念是电视节目增强吸引力的常用手段。一般来讲，悬念的集中反映方式是疑问，也就是说在节目的开头要通过提出观众所关心的问题或者通过展示某种带有未知性的情节来营造一种收视期待。例如，央视《焦点访谈》2010 年 12 月 23 日播出的《假酒真相》节目。

演播室主持人：如果问葡萄酒多少钱一瓶，您可能会说几十块钱的也有，成千上万的也有，那要看品牌、品质和产地了。那您听说过五块钱、十块钱就能买一瓶葡萄酒吗？这样的酒属于什么品牌？它具有什么样的品质？它的产地在哪儿？这样的酒是怎么造出来的呢？记者在北京市的酒类批发市场看到，这里就有这样的葡萄酒。

从这个节目的选题来看，制售假酒是一种违法行为，不仅危害市场秩序，更直接危害到消费者的切身利益，反映这类问题会受到观众的普遍关注。但节目在一开头提出了一个问题：葡萄酒多少钱一瓶？这种直接面向观众的提问是一种人际沟通，调动观众的心理参与感，引起人们的注意。然后用一连串提问来引导观众意识到节目内容的重要性，并展示出一系列的悬念，营造观众的收视期待。这个节目切入点选择的是“从疑问开始”，提问的过程可以概括为：引起观众的关注—让观众意识到问题的重要性—设置悬念营造收视期待。

2. 由现场介入，营造视觉冲击力

现场是电视新闻节目镜头的来源，也是对观众最具有吸引力与冲击力的新闻时空。电视新闻评论重在通过形象、直观的论据来说理，来自新闻现场的镜头就是最好的载体。而具有冲突性、现场感的现场能最大限度地吸引观众的收看欲望。例如四川电视台《利益下的疯狂》节目。

【同期】遇难司机亲属哭喊：哎呀，人都没有了。

【解说】这是3月31日晚上10点发生在成都市成华大道的一幕，超载且准备闯红灯的运渣车发生侧翻，部分车身和倾泻而下的沙土将身旁的奇瑞轿车深深掩埋。虽然救援人员全力施救，但最终也没能挽回奇瑞轿车司机的性命。

【同期声】成都市民：人家在等红灯，它闯红灯，飞起跑，它闯红灯都不减速。

【解说】亲人的眼泪、路人的愤慨无不让人动容。就在3月31日的4天前，3月27日在成都市大关里路，也有一名男子殒命车轮。

【同期声】成都市民：横冲直撞，在海上有点像航空母舰，在陆地上他们开的是重型坦克，这些开运渣车的人，纯粹就是无视公民的生命。

又如，上海东方台的《聚焦医患第三方》节目。

【解说】画面上的这个人叫吴升炫，28岁，今年8月6号，因为胸闷发烧被送到上海一家二甲医院治疗，在吊了四瓶盐水后的6小时不到，突然死亡，家属和医院的谈判陷入了胶着状态。就在这时，医疗纠纷第三方介入，这就是人民调解委员会的调解，他们介入死者家属和医院之间，反复调停。那么这个调解委员会究竟是个怎样的机构，它到底在维护谁的利益？最后结果的公正，又怎样保证呢？

画面	字幕
医院大楼外患者家属设置灵堂 医院外的大量围观群众	2011年1月，上海松江区中心医院，患者家属在医院设置灵堂
医院门诊大厅内患者家属堵门	2011年8月，上海儿科医院，患者家属封堵医院大门
医院内部大量围观人群 患者家属与保安之间推搡	2011年9月，普陀区人民医院，患者家属用汽车封堵医院

《聚焦医患第三方》节目开头提出问题以后，用三个医患矛盾的极端现场作为论据来展示医患矛盾在当下社会中屡见不鲜，处理起来难度大。来自现场的第一手镜头营造了紧张、冲突的气氛，吸引观众的收看兴趣。在电视新闻评论节目中，作为论据的事实也主要是靠来自新闻事实现场的镜头来充当的，电视新闻评论论据的形象性主要体现在对现场镜头的充分利用上。因此，在电视新闻述评中，记者要特别重视展示现场情节、细节，突出电视直观、生动的特色。

3. 揭示矛盾，重视故事化表达

矛盾是推动情节发展的主要动力，通过展示矛盾与解决过程来推动论证说理过程，可以增强电视新闻评论节目的形象性与故事性。将论证的过程与事件情节发展的过程

结合在一起，将观念的说理性蕴藏于事件的故事性当中，使观众在关注事实信息的动态传播中，接受所阐释的观点，是电视新闻述评的基本原则。

在东方台的获奖节目《聚焦医患第三方》中，将上海市出台医疗纠纷人民调解委员会这一新的社会管理方式，放在一个典型、具体的医疗纠纷案例中，形成了故事性的说理载体，将"硬性"的说理过程用具体的情节来"软化"，增强了节目的可视性。

（二）重视对过程的展示，增强说服力

电视长于展示过程，而短于推理和逻辑。增强电视新闻评论的说服力主要通过两种方式：一是"用事实说话"，即强调例证；二是借用他人的话来佐证，即重视采用权威人物的观点来说理。

1. 使用典型事实说明观点

典型的事实不仅是增强电视可视性的素材，也是支撑论点的有力论据。真实、典型的事实是最为有力的论据，可以直观地支持论点。例如，武汉电视台的评论节目《领导干部该如何面对被问政》节目。

【解说】把责任推卸开去叫推诿；将错误掩饰起来叫开脱。两者都是不能正确对待"被问政"。城管局年初承诺：确保新增违法建设查处率达到100%。

主持人：及时查处达到100%，如果兑现不了可怎么办？

武汉市城管局局长李记泽：兑现不了，进行责任追究。

【解说】可是，暗访短片言之凿凿：仍然有许多新增违法建设没有被查处。

主持人：拆不动，背后有没有原因？

市城管局局长李记泽：拆，它需要一个过程。我们100%的是查处率。首先第一时间赶到现场调查进行查处。

主持人：您的意思是查处率100%，是指"查"100%，"处"不"处"还不一定。

【解说】这样的文字游戏，在市民代表面前肯定丢分！

节目中，"把责任推卸开去叫推诿；将错误掩饰起来叫开脱。两者都是不能正确对待'被问政'"——这是论点。而城管局局长为推卸责任、掩饰错误而大玩文字游戏的行为是典型事实，展示这些典型事实就是对论点的最好证明，并且得出进一步的观点："这样的文字游戏，在市民代表面前肯定丢分！"

2. 重视展示观点的形成过程

观点的形成过程是否合理直接关系到论证的说服力。即便论据充分，观点正确，但是假如得出观点的过程不合逻辑，也没有说服力。例如，武汉电视台的《领导干部该如何面对被问政》节目。

【解说】对承诺事项的落实情况，作为领导，应该深入调查研究，做到心中有数，对不了解的情况，面对市民代表，应该如实坦言。但是，有的官员忽略了这一点。

主持人：您承诺要在11月底之前，在全市新建的180个小区成立社区治安室？

市委常委、市公安局局长赵飞：对！

主持人：好，这个承诺兑现了没有？

市委常委、市公安局局长赵飞：应该说11月底前，在建的、已建的180个新建居民小区成立了治安室。

【解说】而暗访的情况却是，一些社区治安室要么看不到人，要么门上一把锁，一些治安室，连挂好的牌子也摘了。

首先，市公安局局长回应记者提问说"11月底前，在建的、已建的180个新建居民小区成立了治安室"。其次，记者的暗访发现"一些社区治安室要么看不到人，要么门上一把锁，一些治安室，连挂好的牌子也摘了"。事实论据与公安局长的回应之间的巨大差异说明，作为部门的领导人，要么是对自己所管辖的事务不清楚，要么是面对质询不诚实，对这个过程的展示可以直接得出与节目相应的观点："对承诺事项的落实情况，作为领导，应该深入调查研究，做到心中有数，对不了解的情况，面对市民代表，应该如实坦言。但是，有的官员忽略了这一点。"

3. 采用不同途径形成观点

在电视新闻述评中，观点除了可以直接由主持人、记者提出之外，也可以通过采访群众、权威人物的方式来予以呈现。通过采访群众、权威人物获得的观点，既可以作为论据来支撑评论者的论点，又可以直接形成节目的论点。例如《领导干部该如何面对被问政》节目。

【解说】暗访短片反映，在江岸区有这样一条街，只要开店做生意，就需要打点城管队员，轻则一条烟、一箱酒，重的要送大红包。

【同期声】**店主**：他说你给我还买条烟吧，就40块钱一包的，400块钱一条。我们以为自己大方了，他就好了，谁知道过了两天他又来第二次。

【解说】可是，面对这样的行为，城管局局长这样解释。

武汉市城管局局长李记泽：要更正一下，他不是正式的城管执法队员，他是城管协管员。

【解说】这样的解释市民代表当然不满意，就是台上的其他官员也开始坐不住了！

【同期声】**市委常委、组织部部长卢国祥**：不管是公务员队伍也好，还是我们协管员也好，他都是代表政府在执法，所以老百姓就不会看你哪是协管员，哪是公务员。

在这个案例中，武汉市委常委、组织部部长卢国祥的同期声就是作为权威人物，以他的观点作为论据来证明城管局局长其实是在推卸责任、掩饰错误这一论点的。

【解说】面对问政，领导干部为何表现出强烈的不适应？专家认为，一个重要原因是长期以来"主人"与"公仆"的错位。

【同期声】**武汉市社会科学院研究员吴琳**：本来人民群众是主人，干部是公仆。可是长期以来，公仆成了领导，主人成了被领导。要把这种关系再调整过来，某些官员就出现了不适应。

…………

【解说】面对问政，领导干部为什么表现出强烈的不适应？专家认为，另一个重要原因就是官员的媒介素质亟待提高。

【同期声】**武汉市社会科学院研究员吴琳**：善待媒体，是官员的基本素质；善用媒体，是官员的重要能力。

——《领导干部该如何面对被问政》

在上面这个段落中，记者对武汉市社科院研究员吴琳的采访，则是利用权威人物的观点形成了节目自己的观点：领导干部面对媒体问政表现出来的强烈的不适应，原因在于长期以来“公仆”与“主人”关系的错位，官员的媒介素质不高。在上文的案例《利益下的疯狂》节目中，“横冲直撞，在海上有点像航空母舰，在陆地上他们开的是重型坦克，这些开运渣车的人，纯粹就是无视公民的生命”这段对成都市民的采访，则是运用对群众的采访，形成评论者的观点。

（三）重视多样化电视表现手段的运用，增强感染力

感染力是评价电视新闻评论效果的另一个重要指标，虽然电视新闻评论重在阐释道理，表明观点，但只有论证过程具有强烈的感染力，才能打动观众，节目所传达的观念也才能更好地被观众理解和接受。电视新闻评论既要有论证的理性魅力，还要有表达的情感魅力，是逻辑与审美的结合与统一。

1. 运用镜头剪辑支持观点表达

对于电视新闻评论来说，除了评论者直接发表议论，或者利用权威人物、社会公众的同期声间接发表议论之外，通过电视镜头的剪辑形成议论，也是一种十分重要的方式。蒙太奇的基本功能就是通过具有相关性的镜头组合形成意义。而通过镜头的剪辑形成的电视议论，可以形象、直观、不露声色地表达评论者的立场和观点。如果说评论者直接发表评论和采访同期声发表议论是显性评论的话，运用镜头剪辑形成观点则是隐性评论。

在《利益下的疯狂》节目中，将运渣车闯红灯、逆行、超载的三个画面剪辑在一起，形成了评论者对运渣车违规的基本观点：疯狂。

2. 运用动画技术增强评论表现力

在论述过程中，对于涉及的理论阐释或者是对论据的说明，采用动画、示意图的方式进行解释，是电视新闻评论经常采用的方式之一。这一方面可以优化信息的解释力度，能够让观众更好地明白推理或逻辑的过程，弥补电视新闻评论说理性的不足，另一方面可以增强电视评论的表现力，使电视新闻评论更具可视性。

主持人：随着上海地下交通的高速发展，地下施工技术的世界第一也层出不穷，

但是记者采访后发现，并不是所有的世界第一都值得我们骄傲。

【解说】今天，轨道交通6号线、8号线一期以及9号线一期同时开通，改建后的国内最大换乘车站，世纪大道4号换乘站也正式竣工使用，由于这一工程克服了世界上从未碰到过的世界难题，工程项目部获得了多项科技进步奖，项目经理陈少波在今天也被评为2007年轨道交通建设明星。

陈少波介绍，世纪大道4线换乘工程最难的地方，就是要保证原有的2号线车站正常运营的同时，紧贴着它周围建设4、6、9号车站。

【同期声】**世纪大道4线换乘站工程项目经理陈少波：**世纪大道4线换乘站工程项目形象地来讲，就是一边要挖6号线的墙角，一边要掀2号线的屋顶。

【解说，动画示意】工程中，2号线左下方要建4号线，右边平行位置要建9号线。由于2号线墙体是按照单线运营设计，没有特别加固，两边新线路挖掘时，土层压力不平衡，极可能造成2号线线路侧塌。为此，工程人员发明了分散压力的间隔开挖法，边挖边加固，这才保证了2号线的安全。而6号线从2号线头顶穿过时，风险更大。挖掘顶层土，上面的压力没了，2号线车站就会上浮，工程人员于是发明了9根巨型拉力棒，打入地底，死死钩住2号线车站，这些施工工艺都是世界首创。

而让记者惊讶的是，提起这些世界第一，陈少波却显出一丝无奈。

原来，世纪大道4线换乘项目开工，仅比2号线建成通车晚两年，如果4号线换乘车站能够同步规划，就不会产生这么多工程难题。

【同期声】**世纪大道4线换乘站工程项目经理陈少波：**如果说这个世纪大道枢纽站，在当年2号线建设过程中同步实施的话，那么节约的时间成本、资金成本是十分可观的。可能资金上可以以亿来计算。时间上可能只有我们现在建设时间的一半，并且没有这么大的风险。

——东方台《我们需要什么样的世界第一》

在上文的案例中，对于施工中出现的世界级难题，采用了动画示意的方式来加以说明，将复杂的工程问题十分清晰明白地解释给观众，能够让观众更清楚地明白这些难题难在哪里。

目前，动画、漫画经常性出现在电视评论节目中，例如央视直播的新闻评论性节目《新闻1+1》，评论员白岩松经常采用漫画的形式直观展现话题，不仅简单明白，而且富有趣味性。在遇到比较难形容的问题时，白岩松会使用电脑触屏笔在现场画出示意图，解释逻辑关系，展示分析过程，以求直观易懂。

3. 运用现代新媒体技术，增强节目参与性

当前的电视新闻评论已经打破了由媒体主导的评论模式，呈现出评论主体多元化的趋势。作为录播的新闻述评，主要采用主持人、记者评论和权威人物、公众的评论，而在直播类的新闻评论节目中，则引入了视频连线、电话连线、微信、微博留言等多种参与评论的方式，社会公众可以利用这些方式随时随地参与评论。媒体应该充分利用社会公众的参与热情与能力，加强与公众的互动。这种互动式评论实际上是对评论

节目的即时反馈，充分体现了电视新闻评论动态的评论过程，大大丰富了电视评论节目的参与性与开放性。

思考题

收看中央电视台新闻频道（或通过官网查询）一天内播出的所有新闻节目，记录下所有你认为属于新闻评论的节目或内容，思考这些节目或内容是以新闻评论的何种形式存在的，分别具有哪些特点。

实训题

参照电视新闻评论选题、论点、形象化论证的标准，制作一个 4 分钟的电视新闻评论。

第九章 电视新闻深度报道

本章学习要点

- ◇ **电视新闻深度报道的深度如何体现。**
- ◇ **电视新闻深度报道的选题原则。**
- ◇ **电视新闻报道的采制流程。**
- ◇ **电视新闻深度报道的叙事结构。**

在实践中，电视新闻报道究竟是一种新闻体裁还是一种报道方法，众说纷纭，至今没有统一的结论。它可以有多种表现样式，既可以就一个事实独立成篇，也可以就某一事实形成连续或系列报道，既可以做纯事实性信息的传播，也可以是事实性信息与意见性信息的杂合体。实践中样式的复杂性带来了对这一概念认知上的复杂性。伴随着电视节目的多样化进程，关注节目样式的标准格式似乎并无多大价值，无论是电视制作者还是观众，更多关注媒体是否以一种合理有效的方式提供了富有价值的信息（事实+意见）。在此背景下，电视新闻深度报道倾向于被认为是一种报道方法而存在。

第一节 | 电视新闻深度报道概述

在电视新闻的报道体系中，深度报道是一个相对的概念，是从传播内容与效果的角度区别于非深度报道（如消息类新闻）。一般来讲，简单新闻报道关注结果、现象与偶然，深度报道则关注原因、本质与必然；简单新闻报道反映新闻事实的方式是孤立的、静止的、断面的或感性的；深度报道对新闻事实的反映则是联系的、动态的、全面的和理性的。具体地说，简单新闻报道关注单一事件、当前态势和新闻事件的直接参与因素，而深度报道则关注与新闻事实相关的所有时空因素，而且往往围绕“新闻核心”而展开；简单新闻报道只关注新闻事件的五要素，而深度报道除此之外更注重新闻背后的新闻，原因背后的原因。平面与立体、单维与多维、现时态与全时态是两者最显著的差异。

一、深度报道概念解析

深度报道源于西方，被称为 in-depth reporting。我国自 20 世纪 80 年代起，深度报道首先在报纸上迅速崛起，成为一种引人注目的报道样式，并很快引入到广播电视媒介。在当前的电视媒体中，深度报道作为一种区别于简单新闻报道（如消息）的立体、综合的报道样式，已经成为新闻性节目中十分重要的一类电视节目，其传播功能与效果也越来越受到媒介和社会公众的重视与认可，成为电视媒体在媒介竞争中十分倚重的重要力量。

然而对于什么是深度报道，理论界一直存在多种不同的表述，主要的定义有以下几种。

（一）新闻文体类定义

文体类定义将深度报道视为一种介于动态消息和评论之间的新闻体裁，兼有事实报道和评论的特征，因强调报道深度，也有人将其纳入通讯范畴。这里列出深度报道的两种定义。

第一，深度报道是一种以“深”见长的新闻体裁，诞生于 20 世纪 40 年代，它要求“以今日之事态，核对昨日之背景，从而说明明日之意义”。它要求对新闻要素中的“WHY”（原因）和“HOW”（怎么样）回答得更深刻。[①]

第二，深度报道是介于动态新闻与新闻评论之间的一种相对独立的文体。它是一种报道形式，通过系统提供背景材料，分析和解释新闻事实的性质、起因、后果、趋向等，就社会现象、经济现象、生活现象等进行深层次的思考，分析矛盾，揭示本质，从而晓之以理、导之以行。[②]

（二）报道理念类定义

此类定义认为深度报道不是一种新闻体裁，而是一种报道理念，或者是对新闻事实价值的处理方式，这种报道理念侧重全面、立体、综合地反映事实并在此基础上发掘事实本身的价值观念与规律性认识。凡是体现这一报道理念的报道，都可归入深度报道，而不限于体裁。这里也列举出两种定义。

第一，深度报道所体现的是一种新闻旨趣（interests），它揭示了新闻主体与客体间的关联，从深度（深刻性）和广度（广延性）两方面指出了新闻文本以受众认知效用为主导的运作方向。[③]

第二，喻国明认为，深度报道作为继党派新闻、客观报道之后的第三代主流报道形式，其特点是“统摄性的思维＋相关事实的组合”，并引用美国哈钦斯委员会在其著名的报告《自由而负责的新闻界》中的定义“所谓深度报道就是围绕社会发展的现实问题，把新闻事件呈现在一种可以表现真正意义的脉络中”。强调深度报道的“深”就深在以现实问题的解释分析为核心，为呈“点”状分布的有关新闻事实编织出一个准确地确定其社会位置的经纬度坐标系来。如果说客观报道的基本要求是“实事”，那么深度报道的本质要求就是“求是”。

（三）报道方式类定义

此类定义属描述性定义，对于深度报道的本质和文体特征并没有做出明确界定，主要概括深度报道的表现特点和报道方法以及目标功能。这里也列举出两种定义。

第一，《新闻学大词典》给深度报道下的定义是：“运用解释、分析、预测等方法，从历史渊源、因果关系、矛盾演变、影响作用、发展趋势等方面报道新闻的形式。”“深度报道不满足于向受众提供简单的新闻事实，而是使新闻要素作进一步的深化，要求一方面剖析新闻事实的内部，另一方面展示新闻事实的宏观背景，从总体联系上把握其真实性。深度报道突破了‘一人一地一事’的模式，要求对新闻事实进行跨时空

---

① 参见张惠仁：《新闻写作学——西方分类法二》，238页，成都，四川人民出版社，1986。

② 参见黄晓钟：《新闻写作思考与训练》，475页，成都，四川大学出版社，2002。

③ 参见杜俊飞、胡翼青：《深度报道原理》，5页，北京，新华出版社，2001。

的、由里到外的综合反映。对‘时间’的采访应包括过去、现在、未来；采访地点不仅包括现场，还包括‘现场’延伸或涉及的地方；不仅要采访当事人，而且要采访其他有关人员；在采访新闻事实时，一方面对事实本身的情形、细节要尽可能做详尽采访，对相关的事实也应进行采访；应把主要精力放在 WHY（原因）和 HOW（怎么样）上，说明来龙去脉，阐明本质意义，估计事件影响，揭示发展趋势。”①

第二，深度报道是一种系统反映重大新闻事件和社会问题，揭示其实质，追踪和探索其发展趋向的报道方式。② 深度报道是对新闻事件做深入分析并预示其发展趋向的报道方法。③

许多学者认为，我国新闻界一直有深度报道的传统，因此深度报道并非舶来品。但对深度报道做出界定最早源于西方新闻界，因此在对深度报道进行内涵和外延的研究中都参考了西方新闻界的主流观点，其中比较有代表性的有三种。

第一，美国专栏作家朱蒙德（Roscoe Drummond）从实践和操作的角度理解深度报道为："以今日的事态核对昨日之背景，从而说出明日的意义来。"

第二，美国哥伦比亚大学新闻学院提出的三个层面的报道概念：第一层报道是对主体新闻事实的直截了当的报道；第二层报道是发掘涉及主体新闻表象背后的原因及实质的调查性报道；第三层报道是在事实性和调查性报道的基础上做出的解释性和分析性报道。第一层即"硬新闻"或者说"消息"。深度报道更多地存在于第二层和第三层的报道形式中。除了新闻性以外，更主要的是调查性、评论性及分析性。

第三，美国哈钦斯委员会在其著名的报告《自由而负责的新闻界》中的论述，即"深度报道就是围绕社会发展的现实问题，把新闻事件呈现在一种可以表现真正意义的脉络中。"

二、深度报道的定义与构成要素

综合各种对深度报道的定义可以看出，针对深度报道的内涵认识虽各有侧重，但都承认一个事实，即深度报道应当区别于简单的直截了当的新闻报道。它要求全面而深入地反映新闻事件及其内在联系，阐明事件因果关系，揭示实质。不同定义的差异主要在于：深度报道是一种新闻体裁还是一种报道方式？深度报道属于事实类报道还是属于评论类报道？深度报道的"深"体现在哪里以及如何实现？

从当下的新闻实践来看，深度报道在实际操作中有多样化的表现形式，既可以是独立的针对某一重大新闻事件的深入报道，也可以是连续报道、系列报道或者组合式报道；在报道中基本采用了以事实性信息为主、评价性信息为辅的报道策略。因此，

---

① 罗哲宇：《广播电视深度报道》，3~4 页，北京，中国广播电视出版社，2004。

② 参见程世寿：《深度报道与新闻思维》，7 页，北京，新华出版社，1991。

③ 参见《中国大百科全书·新闻出版卷》，259 页，北京，中国大百科全书出版社，1992。

业界普遍倾向于深度报道是一种报道方法而非一种新闻体裁的观念；在报道类型上认为深度报道应该属于报道类而非评论类。深度报道的深刻性的根本在于事实的深刻性，思想深刻性的根本来源在于事实本体的深刻性。“挖掘深度的方向不是唯一的，但无论节目制作者选择了什么样的方向来寻求节目所要达到的目标深度，都必须首先寻求支撑这个深度的事实与证据。所谓深度就是对事实的占有，作为记者，你获得事实越多，你离深度越近。”① 深度报道的“深”体现在对事实真相的追问，对事实原因和意义的发掘。因此，深度报道不同于“有深度的报道”。对于新闻要素的简单放大和对新闻事实细节、过程的详细描述并不构成深度报道的本质要素，深度报道中对新闻事实细节、过程的放大，目的是为了通过展示过程和细节来探寻事实背后的具有普遍性的深层事实或观念性。

因此，深度报道的定义应概括为：深度报道是以客观事实为依据，运用逻辑力量分析新闻事实各要素之间的因果关系进而解释事实背后真相的一种报道方式。它可以包含多种新闻体裁，内容含量大，是包含了事实性信息、解释性信息和评价性信息的立体式报道。

从深度报道的定义来看，深度报道应具备三个基本要素：

其一，此类报道题材重大，凡运用深度报道方式进行操作的新闻题材，必定是重大的、有着广泛影响力的新闻事件。

其二，深度报道的题材呈现复杂、多元的特征，本质存在于事实表象之外，即新闻背后的新闻，事实背后的真相。

其三，深度报道不停留于对事实本体的展示，需要对新闻背景、事实渊源等层面进行深度开掘，对新闻事实进行解释、分析、判断、预测，在事实基础上对事件的原因、结果和趋势做出理论上的思辨。

三、电视新闻深度报道的定义与特征

从本质上说，电视新闻深度报道与纸质媒介的深度报道是一致的，所不同的是电视新闻深度报道是利用电视化的手段进行深度报道，因此它是可看、可听的而非可读的；它需要遵循电视媒介的传播特性——线性传播，因此它必须逻辑层次简单，使得观众在信息的流动状态中容易理解；它重视电视视听语言符号的综合运用，需要特别注意形象化和故事化表达，以利于保持观众的持续注意力。

（一）电视新闻深度报道的定义

电视新闻深度报道可概括为：综合运用电视视听语言符号，以客观事实为依据，

① 孙玉胜：《十年——从改变电视的语态开始》，95页。

运用逻辑力量分析新闻事实各要素之间的因果关系进而解释事实背后真相的一种报道方式。

从概念的角度来看，电视新闻深度报道由“电视”、“新闻”、“深度报道”三个关键词组成：“电视”规定了它的外延，即它的表现与传播方式是电视，与报纸、广播等其他媒介形式相区别；“新闻”则规定了它的内容性质与社会功能，与社教、体育、文艺等其他内容的电视节目相区别；“深度”规定了它的内容构成，与一般的简单新闻报道相区别。

（二）电视新闻深度报道的特征

电视新闻深度报道以其电视特色、新闻内涵、深度属性构成其主要特征，以提供具有一定价值取向的深入报道为存在形态。除具备深度报道的一般共性特征之外，电视新闻深度报道还具有以下个性特征。

1. 事实呈现的纪实性与形象性

电视使用视听符号来传播信息，影像符号是对事物的机械记录，直接呈现现实世界。这一方面加大了电视记者进行深度报道的难度，同时也创造了电视新闻深度报道的一个媒介优势：电视记者必须亲临事件现场才能采录到真实、富有感染力的画面形象和同期声，否则就拿不到赖以呈现新闻事实的基本素材。但同时影像符号不必经过文字的转化，可以直接将信息传递给观众，可以将新闻人物和事件现场直接呈现于观众面前，更为形象具体和富有感染力。因此，电视新闻深度报道相较于文字信息传播来说更注重新闻事件的纪实性，对新闻事实的呈现也更加形象、直观。

2. 信息传递的过程性与动态性

文字符号长于说理，而影像符号长于展示过程。无论是消息类电视新闻还是电视新闻深度报道，将新闻事实按照事物发展的逻辑赋予一定的时间流程之中是共同遵循的原则。因此，以动态的新闻事件发展过程来展示、解释新闻事实是电视新闻深度报道一贯使用的基本方法。这个过程既可以是新闻事件自身发展的过程，也可以是记者采访、调查的过程，在这个过程中信息以一种动态累积的方式使观众逐步进入事件核心，理解事实真相。

3. 表现手段的直观性与综合性

电视媒体的另一特征是信息传播符号的综合性与表现手段的多样性。在表现元素方面，除了动态影像和同期声之外，可以综合运用文字（字幕）、图表、音效、音乐等多种手段传递信息，增强对新闻事实进行展示和解释的效果，使得新闻事实的表现更为直观。在表现手段上，记者可以采用各种采访手段，例如现场采访、现场主持、演播室访谈等，增强观众对事实的接受与理解效果。

4. 叙事的单纯性与结构的故事性

电视媒体的另一特征是其线性传播的特性，即电视新闻的信息是被置于时间流程之中、按照时间的先后顺序传播的，观众只能按照时间流程来观看，不能前后颠倒。观众的注意力始终聚焦于此时此刻正在收看的内容，因此对于强调事实内在逻辑的深度报道来说，事物及其发展逻辑的表达必须直截了当，无须观众进行推理即能够马上理解，强调在叙事上意义层次单纯而清晰，一个段落中不包含多个意义层次。

同样是由于线性传播的制约，为了吸引和维系观众的持续注意力，电视新闻深度报道在结构上注重故事性，强调在动态的时间流程中合理安排重要信息的出现点和频率。

四、电视新闻深度报道的基本类型

按照不同的分类标准，电视新闻深度报道可分为不同类型：按照节目形式，可分为独立报道和组合报道；按照报道手法，可分为解释性报道和调查性报道；按照体裁特征，可分为述评式深度报道和专题式报道；按照播出方式，又可分为录播报道和直播报道。一般来说，电视新闻深度报道通常按照节目形式和报道手法来划分。

（一）独立报道和组合报道

独立报道是指独立成篇的报道形式，一般由固定的新闻栏目（如央视《新闻调查》）或者新闻栏目中的某个板块就某一具体新闻事件所作的深度报道，这是最常见的一种深度报道类型，既适用于重大的动态新闻事件，也适用于某些具有典型性、影响力的社会现象、问题的报道。

组合报道是由相对独立的多篇报道组合而成的、针对同一主题或问题的报道形式。组合式报道常见的有两种类型：一是连续报道，多针对正在发生的重大新闻事件，因为事件自身发展的持续性，因此采用跟随事件发展过程的连续报道方式。另一种是系列报道，单篇报道涉及同一主题的不同侧面、层次或同一主题下的不同问题，单篇报道结构完整，相对独立，各篇报道之间风格一致。采用系列报道的形式有时是因为节目的时间版面有限，无法容纳全部内容，有时则是因为各篇之间内容相对独立。

（二）解释性报道和调查性报道

解释性报道是针对人们普遍关心的新闻事件、社会热点问题或新出现的重要社会现象进行分析和解读，通过展示事件之间的联系寻找其背后的发展动力与原因，并从中得出规律性的认识，以引导社会公众舆论的报道类型，例如，央视《焦点访谈》栏目的《原始森林在哭泣》，《新闻调查》栏目的《长大未成人》、《谁动了我的隐私》、《沉重的裸婚》。由于是在事实基础上进行分析和论断，多数具有评论的成分，因此它与电视新闻评论存在某些共同之处。这种特点赋予了解释性深度报道具有解疑释惑、厘清是非、指明走向的舆论功能。

调查性报道是对当前的新闻热点和广大观众所关注的重大事件、社会现象进行全面深入的调查，为观众提供详细、客观、系统、权威的信息，引导观众对新闻事件做出客观理性认识的报道类型。调查性报道的显著特征是新闻事实的真相被掩盖或者被忽视，“有的真相被权利蒙蔽，有的被利益者蒙蔽，有的被道德观念和偏见蒙蔽，有的被我们狭窄的生活圈子和集体无意识蒙蔽。如果仔细分析，这些真相呈现两种状态：一是通常所说的内幕和黑幕，那就是被权力和利益蒙蔽的真相；另一种是复杂事物的混沌状态，那是被道德观念和认识水平所蒙蔽的真相”①。有时调查性报道强调调查的过程、对关键事实的挖掘和展示、对疑惑的不懈追问等特色。

第二节 | 电视新闻深度报道的采制

相对于简单新闻报道（如电视新闻消息）来说，电视新闻深度报道因为题材重大、承载的信息含量多、事件过程更为复杂、意义层次更为多元，因而采制过程也更为复杂，需要从前期的内容选择、采访方案制定到后期的素材使用、节目叙事方式和电视元素的具体使用做出精心的谋划。从电视新闻深度报道的基本特征来看，电视新闻深度报道一方面强调报道的深度，另一方面强调电视特色，因此电视新闻深度报道的采制总体上应遵循两个原则进行：一是如何实现深度报道的“深度”；二是如何发挥电视媒体的优势与特色。具体来说，电视新闻深度报道的采制过程包含以下步骤：

第一步，确定报道内容——精选报道选题。

第二步，制订采访计划——收集完整素材。

第三步，确定叙事结构——素材选择与使用。

第四步，突出电视特色——电视化元素应用。

从以上几个步骤来分析，采制电视新闻深度报道实际上要对几个相互递进的问题做出回答：报道什么内容？为什么要报道这些内容？怎样去报道这些内容？

---

① 赛纳：《〈新闻调查〉的内容与样式》，在《新闻调查》开播五周年电视深度报道研讨会上的演讲，2001-05-19。

一、选题依据

选题即一个节目的报道内容，这是一个节目的动机与传播目的，即为什么要报道这个题材或内容而不是其他，说到底它是对记者获取到的新闻线索进行价值判断的问题。在记者掌握的众多新闻线索中，并不是所有题材都适合做深度报道；即便在适合做深度报道的题材中，也并不是所有题材都适合做电视新闻深度报道。电视新闻深度报道的选题，既受到深度报道自身特性的规制，又受到电视媒体特性的规制，其选题须具有以下几个方面的条件。

（一）选题的新闻性、重大性与典型性

作为新闻性内容，电视新闻深度报道所选择的题材必须是那些当下正在发生的新闻事件或者热点，即便是非事件类新闻，也必须是当前人们正在关注的某种社会现象或者问题。正如《新闻调查》栏目所宣称的那样，是关注“正在发生的历史”。

重大性是电视新闻深度报道“深度”的保证，只有那些重大的、具有广泛社会影响力的新闻事件，社会热点、难点或盲点，才具备从时间维度和空间维度双向展开的可能性，才具备挖掘深度的潜力。

选题的典型性意味着报道内容具有代表性或普遍意义，做深度报道的目的在于通过对某一具体事件的新闻要素的具体分析、解读，获得具有普遍意义的认识与观念，能够对具备类似特征的相关事件起到标本意义。如《新闻调查》对醉酒驾车造成四人死亡的孙伟铭案的报道。首先这个案件重大，成为人们当时关注的热点话题；同时剖析孙伟铭个案具有普遍意义，即醉酒驾车造成他人死亡，其性质究竟是交通肇事还是以危险方式危害公共安全。

（二）关涉民众利益，具有重大社会价值

是否关涉社会公众的普遍利益，是判断深度报道选题的另一个依据。深度报道题材所涉及的不是某一个社会个人的利益，也不是某个社会团体的利益，而是涉及社会多数公众的切身利益。“深度报道不是故作深沉地罗列一些令人毛骨悚然而又解决无望的问题，不是故弄玄虚地卖弄让人听不懂的学问或专业，不是靠一大堆陌生的概念把简单的问题复杂化。因此，它必须吸引受众广泛关注的目光，才能产生深刻的社会影响。受众关注的程度总是与其利益的远近程度紧密相关的，与自身利益越近，关注的程度也就越高。”① 选题关涉民众利益，也同时具备了接近性的特征，具有广泛的观众

① 时统宇：《电视深度报道的可持续发展》，载《现代传播》，2007（4）。

基础。

关涉民众利益的新闻题材，往往具有重大的社会价值，它体现在新闻事实上的意义不是表象所能解释的，而是新闻背后另有隐情，这种隐蔽的事实妨害了社会公正，对社会和谐运行具有破坏性，破解表象背后的真实意义能够促进问题的解决，维护社会机体的健康运行，对公民起到警示和启蒙作用。这类题材也通常具有广泛的受众基础，能够保证报道的传播效果。如《新闻调查》关于华南虎事件的节目《虎照疑云》。华南虎照片的真假之争是事件的表层事实，而事件的深层事实是，对虎照的真假的追问其实关乎社会的诚信问题。虎照的真假之争从表面上看似乎与公众利益无关，但诚信问题与每个人息息相关，正如节目中面对记者对公共利益的提问采访对象所说："一个不追求真相的民族是没有前途的民族，一个不关注真相的社会必然是一个堕落的社会。"

（三）题材的可视化程度

电视是视听结合的传播媒介，画面是信息传播的基础元素，也是最重要的元素。电视媒介适于从具体到抽象、从形象到逻辑的说理方式。对于电视新闻深度报道来说，展示纷繁芜杂的事实信息及其内在关系需要大量画面与同期声作为载体，因此有没有可以承载事实信息与分析、解释、评价等说理内容的电视画面成为选择电视新闻深度报道选题的一个重要依据。如果题材过于理论化，或者缺乏必要的新闻现场，难以摄取到生动、直观的电视画面，就不适合电视新闻深度报道。即便对于理论性的内容，也要考虑是否能够寻找到典型的、具体的新闻事件作为载体来加以呈现。如《新闻调查》针对个人隐私被侵犯现象所作的报道《谁动了我的隐私》，除了将隐私问题事件化（寻找大量具有代表性的个案）以外，大量采用了象征性的写意镜头，就是针对隐私问题难以视觉化的一种折中处理方式。

（四）电视新闻深度报道选题的制约因素

电视新闻深度报道的选题，除了须遵循以上原则之外，还受到国家新闻政策、社会形势与社会心理和具体的栏目定位的影响。新闻政策是政党、政府对新闻传媒的报道活动规定的准则，电视新闻深度报道在选题上应避免那些与党和政府的规定相违背的内容。社会形势与社会心理则是一个时期内社会的整体态势和社会公众的普遍心理倾向，电视新闻深度报道应该避免选择那些容易触发社会不良反应或者超越社会公众心理接受能力的题材。

节目定位即新闻节目在报道内容、风格、方式上的具有个性化的规定。从实践来看，电视新闻深度报道的存在形式有两类：一种以独立的节目形式存在，如央视《新闻调查》、《今日说法》，上海台《新闻透视》、《新闻观察》，东方台《东视广角》等；另一种以板块或"子节目"的形式存在于新闻杂志型栏目中，如《东方时空》中的

“调查”板块。节目的定位不同，其选题范围也不同。比如同样是央视的深度报道类栏目，《新闻调查》的选题与《经济半小时》就有很大区别：《新闻调查》的选题倾向于社会的热点问题和事件，《经济半小时》则倾向于经济领域的题材。

二、电视新闻深度报道的素材采集

素材的采集属于新闻采访的内容，包括对新闻事实主体的采访与拍摄、背景材料的收集、权威人物的评价与社会反馈等内容。与简单的新闻报道相比较，电视新闻深度报道需要掌握更全面、具体、深入的新闻素材，因此其采访与拍摄难度更大，需要前期做出较为详细的采访拍摄方案。方案的制订主要包括以下内容。

（一）确定采访对象

采访对象是在采访活动中以各种形式向记者提供新闻事实的人，确定采访对象就是找到那些能够为新闻报道提供准确事实的消息源。依据与事实的接近程度，记者的采访对象可分为以下层次。

1. 新闻当事人

新闻当事人是新闻事件的直接参与者，是距离新闻事实最近的采访对象，往往是不可替代的、记者必然要采访的人物，他们在新闻报道中是主要人物。

2. 目击者、知情者

目击者、知情者虽然并非事件当事人，但由于接近新闻源，因此可以向其求证事实的可靠性。目击者、知情者在记者采访中有时并不是唯一的，记者在采访中应尽可能采访到所能接触到的所有目击者和知情者，通过采访内容的对比求得更真实、客观的素材。

3. 社会反馈信息

社会反馈信息即社会公众对新闻事件的反应，这一类采访对象往往与新闻事件并无直接关系，也不是新闻事实的目击者、知情者，记者采访他们是为了获得社会公众的具有代表性的意见。因此，在选择这类采访对象时一要遵循代表性，比如采访对象的年龄、性别、文化层次要有区别，避免类型雷同；二要遵循真实性，选择的采访对象是随机的、真实的，不能刻意安排或者诱导采访对象的表达内容。

4. 权威人物

权威人物是社会中某领域的专业人士或者政府、社会管理机构的代表，他们在采访中承担着对新闻事实做出分析、解释或者评价的功能，表达意见性信息，因此要具备中立、权威的特点。

除了对于人物的访问，记者在采访中还应注意对物证的搜集，物证包括与新闻事实相关的文件资料、录音、录像、照片等。出于电视媒体的声画表现手段的需要，对采访对象的选择还有一些特殊要求。新闻当事人、目击者、知情者是主要采访人物，往往不可替代，但对于社会反馈信息和权威人物的采访，记者是可以进行选择的，对于电视采访来说，记者应尽量选择那些思维水平高、语言表达能力强的人物。

（二）搜集背景资料

背景资料是与新闻事实相关的历史、环境或者知识性的材料。背景资料是深度报道中的重要内容，无论是分析原因、解释意义还是揭露真相，都需要对比背景资料的事实材料的关联。背景资料的搜集包括几个层面：

新闻当事人的个人背景；

与新闻事件有关的人物、地区及相关事件背景；

国家、地方或部门对此类问题的相关规定与制度；

其他媒体的相关报道。

（三）制定采访拍摄方案

采访拍摄方案至少应该包括：采访对象的先后顺序，先采访谁，后采访谁；以什么方式进行采访；如果遭到拒绝有没有克服的对策；采访中的主要问题是什么。电视新闻深度报道的采访是在新闻要素的基础上深入到对事件背后的原因、新闻背后的新闻以及事件的本质和意义上来。所以采访方案的制订应做好下面两个层次的准备。

1. 基础性信息

基础性信息即围绕新闻事件本身的问题，包括事件的发生、发展过程，目前的态势，从事件发生前、事件发生中、事件发生后展开采访，解决新闻事件的基本要素(5W)。

2. 深层次信息

是在新闻 5W 的基础上提出的问题，杜俊飞、胡冀青在《深度报道原理》一书中提出了一个新闻接近事实的基础追问：发生了什么事件？谁对这件事负责？他们为什么做这件事？是什么促使他们做这件事？如果说基础性信息回答的是“发生了什么事”，那么后面的问题则关注新闻背后的真相，原因背后的原因。

（四）精心组织拍摄

画面与同期声是电视新闻深度报道展示事实、分析说理的主要载体，能否拍摄到生动、形象、精彩的画面是电视新闻深度报道成功与否的关键因素。记者首先要设想几个问题：我要拍什么？能不能拍到？能拍到的话它好看吗？如果拍不到我有没有弥补的手段？这些问题考验电视记者的画面意识和形象思维，解答好这些问题有助于记者在采访拍摄中摄取到生动、典型的新闻素材。电视新闻深度报道的拍摄应注意以下几点。

1. 选择典型场景

所谓电视新闻的场景，就是新闻事件发生的真实时间和空间。电视节目的素材内容都是存在于一个个“场景”之中，没有“场景”，电视镜头就失去了存在的基础。在电视新闻深度报道中，场景包含两类，一是新闻事件发生的现场，二是由于记者的采访、调查而形成的现场。记者选择典型的场景，就是选择新闻事件中最具关键意义的现场，这个现场包括新闻事件发生的地方、新闻人物主要的活动场所、新闻事件发展过程中所涉及的现场。记者的采访报道围绕现场展开，拍摄也主要从这些现场选取镜头。

2. 跟踪现场变化

电视拍摄是向未知取材的艺术，在记录事件发展的过程中，事件变化的未知性往往是节目最出彩、最富有吸引力的部分，电视记者必须随时跟踪新闻现场的变化，拍摄真实、生动的镜头。在现场要善于发现偶发性的因素，对新闻现场出现的一些突发状况要善加利用。

3. 关注细节的摄取

电视新闻最富有表现力的是典型的细节。细节就是能够体现事物特点的局部或片段。人物真情实感的自然流露、下意识的动作都可以为我们提供丰富的信息。新闻调查《丢失的孩子》节目中，记者在采访一个被拐卖的小男孩时，小男孩一直用手捂着自己的脸，不肯面对记者。这个细节深深体现了这个小男孩内心深处的痛苦，也打动了观众的心。在节目最后，主持人又再次把这个细节做了描述和阐释，不仅增强了节目感染力，还深化了对主题的认知。

4. 重视声音的采集

声音是电视新闻的信息渠道之一，新闻现场的同期声不仅为电视画面赋予真实性、感染力，还可以独立传递新闻信息。电视记者在拍摄时，不仅要重视对于采访对象的语言、行为的记录，还有关注新闻现场的环境等声音，这些都可以成为电视新闻深度报道的重要表现元素。

5. 树立前期剪辑意识

善用镜头叙事，意味着在拍摄过程中镜头要有目的性，拍摄的镜头要表现什么内容要心中有数，在拍摄现场对每一个镜头在节目中的位置与功能有个初步的构想。在电视新闻深度报道中，经常需要对新闻事实进行分析、解释和评价，电视新闻深度报道在前期拍摄时必须预见到这种后期的理性内容，构思好表现理性分析的镜头拍摄内容和方式。

三、电视新闻深度报道的叙事策略

叙事（narrative），是指发生过一段时间、在逻辑上相互联系的两个或者两个以上的事件，通过一种依次叙述的方法，组合成一个首尾一致的主题。简单地说，电视节目的叙事就是素材的排列组合方式，它体现在节目的结构与内容的逻辑上。

电视新闻深度报道的深度主要是通过对事实的有序展示和在此过程中的意义解读来完成的，能不能实现"深度"的要求，在于能不能把前期采访拍摄到的大量素材以一种合乎深度报道题材和电视语言规范的方式来组织和传播，其叙事策略主要包括以下几点。

（一）选择切入点

切入点表现在电视新闻深度报道的开头，实质上是记者介入新闻事件的角度。好的切入点可以在节目一开头就紧紧抓住观众的注意力，创造收视期待，也可以在节目开头就引起思考，带领观众进入具有理性思维的节目进程中去。从电视媒体擅长直观表现、擅长细节展示和善于创造未知性的特性出发，选择切入点可以从三个方面入手：

第一，从现场切入。选择新闻事件中的典型现场，展现矛盾冲突，由感性到理性介入事实。

第二，从细节切入。选择新闻事件中富有特色的标志性细节切入，从微观到宏观、由浅入深展开事实。

第三，由问题切入。从发出疑问开始，设置悬念，从宏观审视到微观求证，带领观众寻找问题答案。

（二）构建叙事线索

构建叙事线索是指充分利用电视特性构建叙事形式，生成观众的参与感，从而最有效地展现报道过程的方式方法。深度报道必须细致展现、分析整个事件的来龙去脉。

构建叙事线索的目的是要结构具体报道脉络，将新闻报道看成一个系统，利用电视的形象性、实证性、易受性、参与性等特性，最大限度地提高报道的现场性、完整性和可观性，使新闻报道的过程成为有深度的、有魅力的过程。

第一，时间线索，是指按照新闻事件发生的先后顺序组织叙事脉络。但从新闻报道时效性的规律来看，一般先报道最新的信息，所以其基本构成顺序是：现在正在发生什么？这件事是从何而来？它还将如何发展？

第二，逻辑线索，指按照人们认识事物的心理规律组织叙事脉络。首先满足观众知晓的需要，即发生了什么事？其次是理解和品位的需要，即为什么会这样？最后是思考和评价，即应该怎么看待这件事？

第三，调查者线索，即以记者调查的线路和思路去组织叙事脉络。形象地再现记者采访调查过程，可以引导观众跟随记者的思路去认识和理解事实，增强观众的参与感。

（三）创造叙事节奏

叙事节奏是指在叙事中通过控制有效信息的呈现频率与节点分布对观众所造成的快与慢、紧张与舒缓的心理状态。电视新闻深度报道相对于简单新闻报道来说，时间更长，内容容量大。在一个较长时间内综合传播大量信息，对于叙事节奏的要求更高。在一个电视节目中，镜头的剪辑频率可以创造镜头节奏，而刺激性信息出现的频率和收视兴奋点的分布可以创造观众收看节目的心理节奏。电视新闻深度报道的叙事节奏要求镜头节奏与观众心理节奏有效配合，营造一种跌宕起伏的收视效果。

在创造叙事节奏手法中，五分钟刺激理论是一种有效的方式。该理论主张电视深度报道在制作和播放过程中，应该每过五分钟就给观众一个刺激，防止观众感到乏味或发生兴趣转移。这种刺激包括：每过五分钟就使新闻事件的演绎和发展进入一个高潮，或出现精彩的图文信息；如果新闻事件缺少戏剧性的变化或激烈的冲突或吸引观众的声画信息，就使栏目和节目包装的精华部分每五分钟插入一次，使观众及时觉得赏心悦目（如每过五分钟突出一次节目的标题或主题音响，使随时加人观众群中的人们略知所云）；每过 5 分钟使观众略作休息，比如广告和节目预告等。但这时的短暂休息应以此前预告的悬念和激烈冲突为前提，即要在休息之前将观众的“胃口”吊起来，以防观众在休息时更换电视频道。

四、突出电视化特色

新闻中内容和形式的关系，在采制时总是由内向外，即总是从主题、题材到构图、艺术语言等的逐步过渡；而在观众接受新闻时，则总是从对形式的观赏过渡到对内容的领会，即从电视语言、构图逐步深入到题材、主题中去。由此可见，在电视新闻深度报道中，内容在摄制过程中应起主导作用，而形式则在摄制之终和传播之始起主导作用。

（一）以视觉手段深化信息

1. 画面细节

电视新闻的画面细节是指电视新闻记者在现场摄取那些最能引起人们深刻思考、感悟，表现生活中的细琐小事或人物细微神态动作，具有强烈视觉冲击力的画面。在新闻深度报道中，这些细节往往可以从某个侧面、某个角度或某个片段反映出具有深刻意义的东西。

2. 构图

电视新闻深度报道在采访人物时，可以拍摄被采访对象回答关键问题时的特写镜头，突出被采访者的形象，以此紧紧牵住观众的目光。对新闻现场画面的拍摄以不同的景别和角度以及镜头运动产生画面意义。

（二）以听觉手段提升主题

在新闻性题材中，对音乐的使用要十分慎重，一般来讲不适用情绪性音乐，以避免表现出明显的主观感情倾向，影响真实、客观性的新闻准则。但在某些主题宣传性比较强的电视新闻深度报道中，适当地加入音乐有助于加大事件的情节性，强化气氛。例如，央视《焦点访谈》的《难圆绿色梦》背景音乐的运用就独具匠心，歌颂徐志民植树造林事迹的“山曲”婉转而高亢，悠扬的达拉特民歌配以沙丘、蓝天、枯树和老人沐浴着夕阳余晖在起伏的沙丘上行走的剪影，引起人们对主题的思考。

（三）运用技术手段加强道理阐释

运用一些原始画面以外的图文信息（如后期制作的图表、线路、技术放大与缩小效果等）对事实加以详解。但在画面编辑时则少用特技或修饰技术。深度报道所报道的仍是新闻，它不同于严格意义上的宣传片、文献片、纪录片或者个别专题片等。运用特技和修饰技术一般会损毁新闻报道的真实性，也会贬抑深度报道在理性思考方面的可信度。如《党员干部的楷模——牛玉儒》中对牛玉儒生前一段采访画面以小窗口特技的形式出现在环境主体画面中，造成一种逝去人物如同天使降临般的感觉，创作者主观倾向十分明显，产生一种时空交错的虚假感。

思考题

"有深度的报道"与深度报道有何区别？如何实现深度报道的"深"？

实训题

以两名同学为一个小组，自主选题，制作一期 20 分钟的深度报道节目。

第十章 电视新闻访谈

本章学习要点

◇ 电视新闻访谈的构成要素。
◇ 电视新闻访谈的制作流程。
◇ 调度访谈节目要素的方法。
◇ 电视新闻访谈的采制误区。

从表现形态上，很容易将电视新闻访谈从其他的节目类型中区分出来，它以谈话内容和进程构成新闻事实和观点的主要传播方式，放大人际传播的亲和力、贴近感，取得观众的理解与认同。无论中外，在重大新闻事件和热点话题的报道中，这种制作流程相对简便、成本相对低廉的节目样式都获得了非凡的影响力。与其他节目形态一样，电视新闻访谈的节目样式也呈现出多元化趋势，出现专访式、讨论式、辩论式等类型，在存在形态上既有独立存在的节目、栏目，又可以出现在板块型栏目之中，成为栏目的一个部分，内容方面也包含了事实性信息与意见性信息交融的特点。同时更为丰富的表现手段为电视新闻访谈提供了更多可供利用的元素。

第一节 | 电视新闻访谈概述

电视访谈类节目起源于西方，作为一种节目形式，经历了一个发展变化的过程。一般认为，1954 年美国全国广播公司（NBC）推出的《今夜》栏目是第一个电视谈话栏目。

我国的电视访谈节目发端于 20 世纪 90 年代。1993 年 1 月 28 日，上海东方台创办的《东方直播室》开播，被认为是我国最早的电视访谈节目。1996 年 3 月 16 日，央视正式推出的《实话实说》栏目，成为我国电视新闻访谈节目走向成熟的标志。

在当前的电视荧屏上，访谈类节目占据了很大的比重。与其他节目形式相比，从制作角度来说，访谈类节目具有成本低、制作流程相对简单、制作周期短等明显优势；从传播角度来看，访谈类节目将人际传播的优势植入大众传播之中，利用面对面的人际传播效应增强电视观众的心理参与感，主要依赖声音传播的个性打破了电视媒体“唯画面论”的禁锢，是电视媒体节目多样化的又一突破。

一、电视新闻访谈的界定

概括地说，凡是以对话、交谈的形式作为节目主体样态的电视节目，都可以称之为电视访谈类节目。但是目前对于电视访谈节目，仍旧存在很多争议和模糊认识，各种教材和文章对电视访谈节目——尤其是电视新闻访谈——说法各异，类型划分也比较混乱。比如对于这一类节目的称谓，有的称之为电视新闻访谈，有的称之为电视谈话，有的则称之为电视访谈类节目，并由此引出对该类型节目分类的不同。对于电视新闻访谈，比较有代表性的定义有以下几种。

第一，张海潮在《中国电视节目分类体系》一书中对新闻访谈节目的定义是：“新闻访谈节目主要指通过主持人或记者就某一新闻热点问题对新闻人物或重要嘉宾进行访谈的形式制作的新闻节目。在新闻访谈节目中，被访谈对象可以是一个人，也可以是多个；访谈的地点可以是演播室，也可以是现场。在访谈过程中，主持人要代表观众、代表所供职的电视机构对被访谈者进行深入的提问。”[①] 这个定义没有对电视新闻

① 张海潮：《中国电视节目分类体系》，北京，中国传媒大学出版社，2007。

访谈的类型做出划分，主要从访谈的内容和形式上做出了概括规定。

第二，“电视访谈类节目是人物专访和谈话类节目的总称，其基本形式是以采访记者（主持人）与采访对象（嘉宾）面对面谈话的形式，就采访对象的人生经历、生活感悟或者某一新闻事件、某个热点话题进行深层对话交流。”[①] 在这个定义中，电视访谈被分为人物专访和谈话类节目两种类型。

第三，电视谈话节目通过主持人与嘉宾、观众对某一话题互动交谈的形式，用声画结合的传播方式在电视屏幕中展现出来。[②] 与第二个定义不同，这个定义将电视谈话节目分为讨论型、辩论型、访谈型和漫谈型四个类型。

在对不同的电视新闻访谈的定义中，无论怎样称谓，分歧的焦点主要集中在电视新闻访谈是“访”还是“谈”的问题上，比较有代表性的观点有两种：

一是“电视专访节目是电视记者或主持人与专门的采访对象就一定的主题在特定场景进行谈话的一种节目形态。……其共同特点是：在电视专访节目中，屏幕上出现记者或主持人与采访对象的问答对话，问题由记者或主持人提出；在谈话中，谈话的主角是专访对象；在整个访问过程中，体现出‘专’的特点——采访者和受访对象相对专一，谈话环境较为稳定，谈话状态较为从容（区别于现场采访的匆忙和紧迫），话题也相对专注，谈话的话题转换主要在采访者和受访者之间进行；受众的参与，特别是显性参与，并不构成专访节目必不可少的要素”[③]。

二是“由主持人邀集有关人士及受众，围绕公众普遍关注的重要问题，在轻松和谐、平等民主的氛围中展开讨论的群言式言论节目，属于谈话节目的范畴”[④]。

概括起来说就是：“访”是具有专一性的，而“谈”是比较随意的，属于“群言性”讨论或者漫谈。实际上，对电视新闻访谈节目定义以及分类的混乱源于此类节目在实践中的表现形式的复杂性。从实践者的角度来看，在制作一期电视新闻访谈节目的时候，并不过于注重节目的表现形式，而是更多地考虑节目的传播目的与效果，往往“访”与“谈”交织、融合。严格地区分“访”与“谈”并不容易，只能从总体上做一个度的划分，而这个度的界限往往也不明显。当前的电视新闻访谈也越来越呈现出这一特点。

因此，从传播目的与效果的角度来为电视新闻访谈做出定义更为切合实际，也与媒体实践更为吻合：电视新闻访谈是针对某一新闻事件或者某一社会热点话题，由记者或者主持人对新闻当事人或权威人物进行访问，通过电视的视听多元素系统展现对话的过程，对事件或话题进行完整而立体的报道和解读；记者（主持人）对被采访者的访谈构成节目主体内容，既可以作为独立的完整的新闻性节目播出，也可以作为新闻节目中的一个小单元。

① 叶子：《现代电视新闻学》，316页，北京，中国广播电视出版社，2005。

② 参见张兵娟：《电视专题与电视栏目》，189页，郑州，郑州大学出版社，2010。

③ 翕佳：《存在即合理和存在中的不合理——试析电视访谈节目发展中的诸种现象》，载《中国广播电视学刊》，2007（3）。

④ 吴郁：《主持人的语言艺术》，北京，北京广播学院出版社，1999。

这个定义至少包括了几个意义：

其一，电视新闻访谈无论是专访还是谈话，其访谈内容必然是新闻性的，与娱乐性、综艺性、科教性、服务性访谈划清了界限。

其二，电视新闻访谈的传播方式是运用电视媒体的视听多符号系统，与广播、报纸等媒介相区分。

其三，电视新闻访谈节目的内容构成主体是记者（主持人）与嘉宾的对话，与深度报道、专题类新闻中所包含的访谈元素相区分。

其四，“访”与“谈”是一个不可分割的整体，没有“访”，“谈”就没有依据；缺少“谈”，“访”就实现不了目的。强调新闻访谈中记者、主持人（媒体）的导向功能。

正如对电视新闻的定义一样，广义的电视新闻可以包括电视媒体上播出的所有信息类或观念类的传播内容，而狭义的电视新闻则只包括那些具有新鲜性、重要性、显著性等具有新闻价值要素的传播内容。电视新闻访谈如果从“新闻”这个关键词入手，那么当前电视媒体中很多以访谈形式呈现的内容则不应纳入电视新闻访谈的范畴，比如以谈话为主要表现形式的综艺类节目、情感类节目、心理访谈、服务类的节目等。例如，知名的电视访谈节目《鲁豫有约》，假如其选题内容为新闻性内容（以新闻人物作为访谈对象），那么就可以称之为电视新闻访谈。而如果其选题内容为非新闻性内容（如娱乐明星），则排除在外。由此也可以看出当前电视节目在界定上的复杂性。

二、电视新闻访谈的分类

从节目承载的传播功能来看，在新闻性节目的分类系统中，新闻访谈节目并不能构成一种节目体系，有时可以纳入新闻评论性节目的范畴（访谈类评论），有时可以纳入新闻专题节目（如央视的《看见》）。但由于它以访谈构成节目主体构架，这种独特的表现形态从而成为一种相对独立的节目形态。根据节目的表述方式，电视新闻访谈可以分为讨论式（如《新闻会客厅》）、辩论式（如《时事辩论会》）、聊天式（如《锵锵三人行》）、专访式（如《面对面》）；按照结构方式来划分，电视新闻访谈可以分为对话式新闻访谈、群言式新闻访谈。与定义出发点保持一致，我们根据内容和传播目的划分，将电视新闻访谈分为以下两种类型。

（一）新闻人物访谈

新闻人物有两种基本类型，一种是社会政要、名人访谈。从新闻价值的角度来看，社会政要、名人具有显著性，他们的活动及出现在节目中本身就具有新闻性。但在新闻性的访谈节目中，选择社会政要或者名人作为访谈对象也需要具备新闻由头，即对他们的访谈一定要有新鲜的内容提供给观众，比如他们最近发生了新的变化，出现了新的情况，或者参与了某项活动。仅仅对历史的、陈旧的内容的再现并不构成访谈的必要性。

另外一种是新闻事件中的当事人，访谈对象因为参与或者牵涉到新闻事件而成为节目的嘉宾。作为新闻事件的当事人，由于掌握新闻事件的真实、详细的信息而具备在节目中呈现的条件。对新闻事件当事人的访谈的根本目的在于了解新闻事实以及当事人的态度与观点。实际上是以访谈的形式做新闻报道或者评论。

（二）新闻话题访谈

新闻话题访谈以特定的话题为核心，选择话题的知情人或具有话语权的权威人士作为被访者进行谈话。选择的话题一定是近期观众关注的焦点、热点问题，选择的访谈对象既可以是处于舆论中心的人物，也可以是相关领域的权威人物，包括专家学者、政府官员等。新闻话题访谈的目的在于通过访谈对象获得对相关话题的解释和评价。

三、电视新闻访谈的基本特点

电视新闻访谈节目以谈话构成节目主体，以电视化手段再现，以人际传播嵌入大众传播，此三者构成了这类节目的基本特征。

（一）以谈话推动新闻性信息的传播进程

电视新闻访谈的最根本特征在于记者或主持人与访谈对象的对话，对话构成访谈节目的主要表现形式，新闻性信息是谈话的主要内容。因此，没有对话过程或者对话过程仅仅是节目的次要元素，不能构成电视新闻访谈；谈话内容缺少新闻由头或者非新闻性内容，也不能构成电视新闻访谈。访谈的地点是演播室或者其他地点并不是决定因素，关键在于是否以谈话为主体架构和表现形式，是否以新闻性信息（新闻事实和新闻评论）为主体内容。在一些新闻专题节目中的某些组成单元可以构成访谈，但新闻专题节目中穿插的对新闻事件当事人的采访作为同期声使用就不能构成访谈，例如央视的《讲述》栏目，由于它在每一期的节目中都运用了大量的对当事人的采访，但记者并不出现与当事人对话，当事人的采访零散分布在记者叙述中，因而就不是电视新闻访谈节目，只能是电视专题。

（二）以电视化手段再现谈话过程，体现传真性

在电视新闻访谈中，主体信息的传播依靠声音符号，但是作为可以完整再现谈话现场的电视镜头，不仅可以传递理性的声音信息，还可以捕捉谈话过程中访谈双方的情绪性信息、肢体语言等非语言符号，而这赋予电视新闻访谈其他媒体所不具备的传

播优势。访谈对象在陈述事实、发表见解时的情绪、动作等细节可以通过电视镜头完全呈现在观众面前，赋予声音信息更强烈的真实性和感染力。访谈双方的语言魅力与思想魅力也可以在此过程中得以放大。“电视声音和画面同步的特点决定了它能够较为全息地记录人际传播的本真状态，电视的传播技术决定了它能够覆盖和影响尽可能广泛的人群并能实现瞬间的信息共享。在电视访谈节目中，人物在摄像机前谈话，电视观众得到的视听效果就仿佛他们在自己家的客厅里谈话一样真切，往往还能调动起强烈的参与感。”①

（三）人际传播融入大众传播，创造参与感与互动性

电视新闻访谈实际上是记者、主持人与访谈对象间的人际传播，并将这种人际传播搬上大众媒介，是人际传播与大众传播的结合。大众传播是将信息传递给一个个分散的、未知的社会个体，信息有时是盲目的，反馈并不及时。而人际传播是针对一个或多个具体的对象进行即时的信息交换，人际传播的指向性与情感意味更加浓厚。“主持人通过对人际传播中语言符号与非语言符号的恰当处理，使大众传播摆脱了媒介机器的冷漠与单调，赋予了大众传播一定程度上人际传播的亲和性与感染性，在空间轴线上缩短了荧屏与受众的心理距离。”② 人际传播介入大众传播，创造了一种与观众之间的平等感，营造出观众的心理参与感与更强的互动可能。

第二节 | 电视新闻访谈的构成要素

原生态谈话和相对简单的制作流程使得电视访谈类节目得到众多电视媒体的重视。相比其他节目类型，访谈类节目似乎更加能够容忍修饰得不很精细的原生态谈话。在节目制作方面，访谈类节目简化了冗长繁杂的电视制作过程，使成本大幅度压缩成为可能。访谈类节目以人物的交谈为节目主体，拍摄与后期编辑工作较为简单。外出采访一般单机拍摄就能够完成，双机拍摄更能取得非常好的效果；同时，不必花费很长时间拍摄大量空镜头和人物动作流程，后期的编辑制作也相对简单。如果是在演播室内进行拍摄，更可以采用多机拍摄、即时切换编辑的办法，省时省力。对于制作一档电视新闻访谈节目来说，其构成要素主要包括访谈内容、访谈者、访谈地点以及辅助手段等方面。

---

① 翁佳：《“存在即合理”和存在中的不合理——试析电视访谈节目发展中的诸种现象》，载《中国广播电视学刊》，2007 (3)。

② 石长顺：《电视栏目解析》，武汉，华中科技大学出版社，2003。

一、节目选题

电视新闻访谈节目的选题是一档节目成功的第一步。要根据节目的定位选择既可以激发访谈者的积极性，又能调动观众兴趣的访谈话题。总的来说，访谈类节目对于传播时机更注重时宜性，既要选择当下的新闻热点，保证时效性，又不能一味求快。一般来说，当某一个新闻事件或社会现象已经成为社会关注的热点的时候，通过邀请当事人、权威人物加以分析与解读，容易起到良好的传播效果。电视新闻访谈节目在选题的内容上，还应具备以下要求。

（一）选题要与媒体整体报道相配合

消息类新闻、评论类新闻和新闻专题、深度报道构成了电视新闻性节目的主题构架。一般具有重大、典型意义的新闻事件会在第一时间由消息类报道进行快速及时的报道，具有评论价值的会由新闻评论性节目进行评论，再进行专题性报道。访谈类节目实际上也承担了新闻评论性节目或者专题新闻报道的功能，但因为制作流程相对于新闻述评或者专题新闻来说更为便捷，信息量大，可以弥补这两类节目的不足，因此在选择题材时，要注意与频道或媒体的整体报道相互配合。如果一个新闻题材，消息类新闻、新闻述评或者新闻专题已经进行了充分报道，而本身又没有进一步的发展和变化，就不必再进一步跟进；而当一个新闻事件发生后，需要及时给予更深入、全面的报道，而新闻专题和深度报道又难以及时跟进时，就需要发挥新闻访谈制作便捷的优势，纳入选题范围。

（二）选题更偏向于缺少现场画面的题材

电视新闻访谈以谈话的形式构成节目的主体内容，通过当事人的讲述可以再现新闻事实，弥补某些新闻题材缺少现场画面的不足，因此更适合于那些缺少新闻现场或者新闻现场已经缺失的题材，也能避免新闻述评或者深度报道操作此类题材时面临的形象性和画面不足的难题，形成各节目形式扬长避短、协调共赢的局面。

（三）选题应有吸引力

吸引力包括观众对选题内容的关注度、选题本身的故事性以及与观众的接近性。访谈节目主要通过谈话的方式推进节目进程，缺少具有强烈冲击力的画面元素，因而谈话过程就成为吸引观众收看的一个重要支撑。因此题材本身要引人注目，或者与百姓生活密切相关，具有较高的关注度，或者谈话所反映的事件过程或人物经历富有曲折的故事，引人入胜，或者人物本身具有鲜明的特点，具有号召力。

（四）选题要有思辨性

访谈节目的选题一定要有思辨的色彩，具有观念的多元性，最好具有争议性，这样才能形成讨论，成为推动谈话的动力。是非分明、过程简单的题材不适合访谈节目，否则一来失去对观众的吸引力，二来难以支撑访谈节目较大的信息容量。如《对话》栏目播出的《感受吴敬链》，针对吴敬链对中国股市的抨击、经济学家集体反击、股市剧烈动荡等展开热烈的交锋，使整个节目不仅好看，而且耐看。

二、访谈者

访谈者包括记者（主持人）、嘉宾和现场观众，三者在访谈节目中扮演着不同的角色，承担着不同的功能。

（一）记者（主持人）

在演播室访谈节目中，记者作为访谈者，其角色就是节目主持人；而在非演播室的访谈节目中，其身份又是以记者的角色出现，实质都是访谈的发起者和访谈过程的主导者。记者虽然以个体行为出现，但代表着媒体的观念、观众的立场。

虽然电视谈话节目往往有编导做前期的策划工作，制定节目主体框架与思路，但是能否实现节目意图，需要主持人对议题的价值有准确而敏锐的判断力，对议题的走向有良好的掌控力，并能从现场发现新的线索与问题，将议论逐层深入。同时，作为一种视听双线互补的电视节目，还要求主持人有鲜明的个性特征、表现力和语言技巧，使得节目张弛有序，对观众产生持续的吸引力。对于独立、以常态节目播出的访谈节目来说，主持人实际上是节目的商标，主持人的风格往往就是一个新闻访谈节目的独特品格。

电视新闻访谈的主持人扮演着四种角色：第一是采访者，要通过采访打开嘉宾和现场观众的话匣子，使访谈有目的、有计划地顺序进行；第二是谈话者，要在做好采访提问的情况下，积极参与新闻话题的讨论；第三是组织者，要主导节目和引导话题，创造良好的沟通氛围；第四是传播者，要起到作为节目乃至传媒品牌形象代表的作用。在实际的操作中，采访者、谈话者、组织者、传播者是四位一体的。主持人如何协调而自然地发挥这四种功能，考验着主持人的素质。具体来说，主持人应该具备以下三种基本能力。

1. 对话题高度的驾驭能力

驾驭能力实际是主持人对谈论话题和谈话现场的控制力。首先是对话题走向的驾驭。电视谈话节目往往呈现出一种随机性、动态性，节目的结构走向受谈话内容走向的控制。在节目中，记者、嘉宾或现场观众围绕着一个话题展开讨论，各抒己见。这一方面会增加谈话过程中出人意料的效果，吸引观众；另一方面，也容易游离主题。因此，主持人必须始终占据话题走向的主动权，引领话题的广度和深度，循序渐进地开掘主题的深度，通过灵活的提问引导话题走向，使节目思路清晰，层次分明。

其次是对谈话现场的驾驭。电视谈话节目是将人际交流引入屏幕，并将这种交流直接作为节目的内容和基本形式加以传播的，从而在电视屏幕上为大众构建了一个可供自由交流和讨论的公共话语平台。因此，此类节目贵在“对话”而非演讲，强调即时的交流感。一些观点鲜明而又富于进取心的嘉宾往往希望充分表达自己的意见而不太注意别人的话语表达，或者是对节目现场这种特定环境及紧凑的时间规定不太熟悉，这就需要主持人对现场强有力的驾驭控制能力，让现场始终保持在一种活跃的对话状态中。

2. 情绪控制与高超的语言能力

访谈节目主持人的语言魅力是这类节目吸引观众的一大因素。首先，语言要严谨，用词要准确，在交流中把握分寸，保持一个既严肃又活泼、既平实又真诚、既亲近又礼貌的访谈分寸，对于每一位新闻访谈节目主持人来说，这都是必须遵循的，因为这不仅关系到访谈对象的心情，更涉及新闻的公正和严肃。其次，要善于控制个人情绪，避免狭隘的社会观念对情绪的影响，避免日常生活中特殊的经历对情绪的影响，避免节目进行时突发事件、事态对情绪的影响。只有在冷静、理性的状态下，才能发挥主持人或幽默、或严谨的个人语言风格。《实话实说》节目主持人崔永元的语言魅力是促成《实话实说》节目受到观众喜爱的一个重要原因：崔永元在节目中虽然经常调侃，语言富有幽默感，但他的话语却朴实率真，严谨而不失分寸，访谈中场上气氛始终很活跃而理性。

3. 对现场其他要素的调动能力

访谈节目的主持人是整个节目的总指挥，他需要在节目现场调动所有其他要素为展开话题服务，要充分调动节目嘉宾或观众进入话题情境，让他们在镜头前表达出真情、真意、真话，使访谈过程始终保持活跃、热烈、积极的状态。当场面出现消极、对峙或者尴尬时，要通过自身的参与及时化解。在适当的时机使用新闻短片、图像资料等手段调节气氛，可加强节目的节奏感。

（二）访谈嘉宾

寻找和选择嘉宾往往是谈话节目的一大任务和难题。从某种意义上说，选择了合适的嘉宾，节目便成功了一半。对于访谈类节目来说，对嘉宾的选择主要受到选题的制约，选题确定了，访谈嘉宾也就有了目标。对于新闻人物访谈应选择新闻事件的当事人和核心人物，话题类的访谈则要选择权威人物。

1. 新闻当事人

新闻当事人是新闻事件的直接参与者，他所提供的事实与观点理论上最具真实性。选择新闻当事人作为访谈嘉宾往往应用于新闻事件，如央视《面对面》，采用的是主持人和新闻当事人一对一对话的节目样式，既没有权威人物、评论员的评论，也没有现场观众。这一类嘉宾往往是唯一的，缺乏选择的余地，他的语言表达能力，镜头前的表现力不好掌握，十分考验主持人的现场驾驭能力和调动能力。

2. 权威人物

权威人物包括与话题相关领域的专家学者、政府官员等。权威人物这类嘉宾一般常见于社会热点问题、现象等非事件性新闻中。由权威人物对相关问题做出分析和评价，其意见具有说服力。

对于新闻当事人，由于可选择的余地较小，所以主持人对访谈要做好充分的准备，预料各种不利情况的发生并做好应急预案；对于权威人物，则要在确定嘉宾之前详细了解嘉宾的话语风格、镜头前的表现力以及个人背景，尽量选择表达能力强、逻辑清晰、思维敏捷、镜头表现力强的人选。许多访谈节目采用新闻当事人与权威人物一同出场的方式，可以在一定程度上化解这种矛盾。另外，访谈类节目是根据访谈目的选择嘉宾，不能仅仅因为嘉宾能言善辩而不考虑其身份的代表性和权威性，毕竟作为新闻性节目，真实与客观是第一位的。

作为主要谈话者，嘉宾发挥得如何直接影响电视新闻访谈的质量，因此，在选择时需要考虑以下一些问题：一是嘉宾是否有谈资，即对某一具体新闻话题是否掌握有大量的资料，并对该新闻话题具有权威性发言权；二是嘉宾是否有谈品，即在节目中能否顾及主持人和其他访谈对象，而不是一味地表现个人，搞话语霸权；三是嘉宾是否有谈技，即是否具有一定的口才和辩才，包括说得是否有逻辑、有道理，语言表达是否简练、清晰，甚至具有幽默感。此外，如果不止一位现场嘉宾，那么，根据节目收视特点的需要，选择的嘉宾不能都是持有相同或相近观点的人，必须能够代表几种主要观点，这样在访谈过程中才可能对新闻话题从多侧面、多角度进行深入分析。

（三）现场观众

现场观众并不是访谈节目的必要元素。有些访谈节目有现场观众，有些则没有。对于出现在节目现场的观众，他们既是电视新闻访谈目标观众的代表，是电视机前观众的代言人，也是整体节目的重要结构元素。现场观众不是可有可无的看客和摆设，而是发挥着重要的传播功能。一方面，现场观众的出现可以增强访谈的现实感，营造现实的访谈氛围；另一方面，现场观众的参与可以起到拾遗补缺、调节气氛和节奏的作用。现场观众的出现改变了电视新闻访谈的传播模式，提高了节目的客观性和真实性，使电视机前的观众产生认同感和参与感，有助于增强传播效果。

在设置有现场观众的访谈节目中，对于观众的选择要有代表性，尽量包括社会各阶层，不同行业、职业，不同年龄、性别等多方面的人士。访谈过程中要给现场观众提问和发表意见的机会，并利用现场观众的参与起到调节节奏、掌控话题走向的作用。现场观众的积极参与和高水平发挥是谈话节目成功的前提之一。正如《实话实说》主持人崔永元所说的，“《实话实说》没有观众，现场的每一位朋友都是参与者、谈话者”。现场观众超水平的即兴发言，往往能使节目锦上添花，大放异彩。

三、演播室背景

与现场观众一样，演播室也不是构成电视新闻访谈节目的必要要素。新闻访谈既可以在电视台的专业演播室内进行，也可以放在新闻现场或者其他环境中进行，如访谈对象的家里、适合谈话的公共空间等，这也可以称为临时演播室。

对于在电视台专业演播室进行的新闻访谈节目，演播室场地一般分为主景区和观众区：主景区是主持人与嘉宾访谈的区域，是现场的中心；观众区是现场观众所处的区域。演播室环境的设计要做到形式与内容协调一致：重大的时政话题，演播室宜简洁明朗；深刻的经济话题，演播室宜朴实大方；轻松的社会话题，演播室宜动感活泼。演播室元素可进一步细分为三个子元素。

（一）大屏幕

演播室大屏幕有几个基本功能：一是在访谈进行过程中根据需要播放与话题相关的新闻短片、背景资料等影像；二是对于电视机前的观众形成访谈画面之外的视觉空间，避免单一的演播室空间让观众产生视觉疲劳；三是当出现有视频连线的时候作为场外访谈对象的展示画面；四是可以作为现场主持人与嘉宾之间镜头切换的转场过渡镜头。

（二）音乐

音乐作为一种表现元素出现在电视访谈节目中，可以起到调节气氛、渲染情绪的作用。有些电视新闻访谈甚至在演播室里面设置一个小型乐队。譬如在《实话实说》中，现场乐队配合访谈内容不时地穿插不同风格的演奏，当台上谈锋正浓时加入轻缓的音乐，在嘉宾、主持人遭遇尴尬时加入幽默的轻音乐。但是对于新闻性访谈来说，音乐的使用要尤其慎重，要依据访谈的题材取舍，严肃、重大的题材不适宜使用音乐，以免因为音乐的介入增添过多的情绪色彩而使节目出现主观倾向，影响真实、公正的氛围。

（三）道具

电视新闻访谈中的道具包括演播室中的装饰道具和随身道具两类。装饰道具属于演播室背景的一部分，主要起到对演播室环境的装饰作用；而随身道具则是主持人或者嘉宾（甚至是现场观众）随手携带的对谈话内容起到辅助作用的道具。来自新闻现场的物品、引起话题争论的相关证据、可以起到解释说明作用的图板等道具，可以帮助访谈双方更好地进入谈话情景，也有助于电视观众更好地理解谈话的方向和重点。

第三节｜电视新闻访谈的采制

对于电视媒体来说，从节目制作的角度考虑，访谈类评论节目制作流程相对简单，紧跟新闻事件与时事热点，可以保证节目内容的时效性；从投入与产出的角度考虑，制作成本相对低廉，可以大大降低节目成本，节目容量大，可以充分发掘新闻事件的新闻价值与舆论功能；从传播效果角度考虑，访谈性节目变大众传播为个性化的人际交流，具有鲜明的接近性，通过人际交流形成的观念与认识，具有更高的理解率与接受率。因此，访谈性节目成为当前电视媒体中十分重要的节目类型。做好访谈节目，是一种在低成本条件下提高电视新闻影响力的重要手段。

无论是新闻人物访谈还是新闻话题的访谈，在确定节目选题之后，其制作流程要经过以下几个阶段：

准备阶段：选择访谈场地（演播室或是新闻现场），准备采录设备，熟悉访谈对象，准备访谈提纲。

实施阶段：形成清晰的访谈脉络，保证访谈过程的信息流状态；适当冲突原则，保证访谈过程的张力；平等真诚沟通，促成人际传播的感染力与互动性；随机发现，在访谈中发现新线索，将谈话引向深入。

编辑阶段：维护真实，不断章取义；合理使用电视艺术手段。

一、访谈前的准备工作

（一）选择访谈场地，准备采录设备

在访谈前的准备工作中，选择访谈场地受到节目形式和内容的双重制约。常态化播出的访谈节目都有自己稳定的节目样式，或选择演播室或选择其他场所；有固定演播室的节目，也可能因访谈对象无法到达现场而选用其他的场地。选择新闻现场或者日常环境的访谈节目，要考虑到访谈场地的光线条件、噪音干扰等外部因素，选择适合谈话的生活空间。对于采录设备的准备，属于技术准备，要做到录音、录像设备完好，备好足够的磁带、磁盘等记录载体，准备好灯光照明设备。一般来讲，演播室访谈技术条件比较充分，但对于选择新闻现场或日常环境的访谈，采用双机拍摄具有更好的效果，也更有利于后期的节目剪辑。

（二）熟悉采访对象，准备采访提纲

记者（主持人）对采访对象的情况是否了解，决定了访谈进行中能否实现良好的对话效果。记者要善于通过各种渠道熟悉被采访对象，可以先与访谈对象接触获得直观的印象，也可以通过访谈对象周边的朋友获取访谈对象的侧面材料，还可以通过网络搜索等方式取得访谈对象的个人背景材料等。这些材料在采访中可以通过提问获得，但事先掌握之后向采访对象求证，本身就可以体现访谈节目的质疑、核实的过程。

采访提纲是访谈涉及的主要问题和问题的谈论次序。准备访谈提纲阶段，需要对访谈内容事先有充分的准备和研究，不做主观的臆想。根据选题了解大量的相关背景资料以及针对访谈内容的各种观点和看法，在访谈中适时运用反面观点，引起讨论和辩论，可以做到与嘉宾平等对话，免去只提问而不能参与到讨论当中的尴尬局面。访谈提纲准备的问题要充分、具体而且目标明确，同时要设计多种可能性，以应对访谈现场的变化。

以《退休年龄该不该延迟》为例，资料很多，最新发布的研究报告预测，到 2013 年，中国养老金的缺口将达到 18.3 万亿元，为了弥补缺口，人保部建议延迟退休年龄。为什么要延迟退休，什么是养老金双轨制，晚退缓解养老金收支压力有无作用等问题，要在事前就了然于胸。

二、访谈实施阶段

（一）保证访谈过程的信息流状态

所谓访谈过程的信息流状态，就是在访谈过程中记者和访谈对象的信息交换始终处于不间断的状态。这关系到两个方面的问题：一是问题的质量，二是记者提问的频率。提问的质量高，切中要害，或者问题的关键引起访谈对象的重视与兴趣，谈话的信息量就高，信息负载的新闻价值也就越高。记者提问的频率受到访谈对象的回馈的制约，但一般来说记者应保持一定的参与频率，即便不是提问，也要适时参与讨论，使得双方始终处于交流对话的状态。虽然在访谈节目中嘉宾是谈话的主角，但记者要善于利用多种提问方式激发嘉宾的谈话兴趣和欲望。

（二）适当冲突原则，保证访谈过程的张力

适当冲突原则是指记者要利用质疑、否定或者引用反面观点的方式激起嘉宾的反驳与辩论，但不可一味否定，引起嘉宾反感甚至是爆发语言冲突。“这种冲突主要来自于不同信息乃至不同观念、不同价值观之间的碰撞，甚至可以是非常具象的家庭矛盾冲突。冲突性是社会常态，也是引发受众关注的事件特性之一。人际传播是冲突借以传递信息、表达观点、相互争论的主要方式。”[①] 冲突可以保证访谈节目的张力，缺乏冲突的电视新闻访谈必然无法维持观众的持续注意。凤凰卫视《一虎一席谈》是体现冲突张力的代表性节目。每期围绕某个话题的辩论都非常激烈，主持人、嘉宾、现场观众深度参与人际讨论，虽然争论永远没有结果，但冲突的过程本身已经足以让节目彰显魅力、令观众思考了。

（三）平等真诚沟通，促成人际传播的感染力与互动性

平等真诚的沟通要求记者端正立场，建立与访谈对象的正确关系。在所有的新闻采访中，记者与访谈对象之间既非敌人，又非朋友。理论上访谈对象应该是忠实地向记者提供事实信息和真实观点的人。因此，记者应该平等地对待不同的访谈嘉宾，不应受到自己价值取向或者情绪的影响而影响对访谈对象的态度。真诚要求记者在对话中表达真实的想法，认真倾听嘉宾的讲述，尊重嘉宾的见解，不强加于人，不虚伪应付。

---

① 隋岩、丁学勇：《在大众传播的规约中彰显人际传播的魅力——从传播形态把握电视访谈节目》，载《中国电视》，2012（5）。

电视新闻访谈尤其凸显对话双方作为人际沟通的个性化魅力，这种魅力体现在主持人的知识涵养、专业水平、气质风度，嘉宾在专业领域里的权威理性、真实个性或感人经历等方面。每一句话、每一个手势甚至每一个眼神，都天生蕴涵着一种对人本身的关怀以及对个性表达和话语的尊重。而对话中平等、真诚、尊重的姿态体现了人际传播中的情感力量，放大了电视访谈的感染力和互动性。

（四）随机发现，在访谈中发现新线索，将谈话引向深入

不拘泥于采访提纲，在访谈中发现新问题、新线索，是做好访谈节目的关键。多数情况下访谈节目事前都会经过周密策划，制定了访谈的提纲和脉络，但无论提纲多充分，也仅仅是对访谈的整体框架做出了规划，真正有价值的内容往往来源于访谈进行中的信息交流与思想碰撞。能否在访谈中发现新的话题线索和方向，体现的是记者的新闻敏感和对谈话内容的整体把握能力。

三、编辑制作阶段

（一）维护真实，不断章取义

新闻访谈的节目属性规定了它是非虚构类的节目，真实性是电视访谈类节目始终要遵循的原则和绝对不能逾越的底线。真实性一方面要求访谈的内容必须真实，不允许控制嘉宾、诱导嘉宾和虚构事实；另一方面要求在编辑阶段要忠实再现嘉宾的谈话内容和状态，不允许通过剪辑嫁接的技术手段断章取义，歪曲访谈对象的真实意思。在对访谈内容进行剪辑时，要尽量保留完整的句子，剪辑形成的新句子或者段落要与嘉宾的原意相符合，不能产生歧义或者不一致。

（二）合理使用电视艺术手段

在电视访谈节目中，从传播效果出发运用电视艺术手段进行包装是必要的，但对于访谈节目的包装要适度。“在电视访谈节目中，人物谈话是节目的主体，适当的电视艺术手段是必要的，但其使用目的是为了更好地包装、衬托和凸显人物的谈话，它很少能够单独存在，更不能喧宾夺主。在不少节目中，编导乐于‘上手段’。其用意当然是给节目增光添彩，但实际结果常常是既干扰了谈话的正常气氛又打断了谈话的正常流程，使谈话不符合生活的逻辑而彻底变成了一场‘电视秀’。……再加上我们已经拥有越来越多的电视艺术手段（如大屏幕、特技画面、小乐队伴奏、歌舞游戏表演穿插等），所以不少从业者总是不甘心使访谈节目保持朴素的状态。由于技痒难耐，许多访谈类节目被打扮得花枝招展，甚至冲淡了谈话本身的力量。有声语言和电视艺术手段

成为一种常常被误解的关系，电视艺术手段的错位时常发生。”①

四、电视新闻访谈的采制误区

电视访谈节目将人际传播与大众传播融合，运用电视手段将人际传播的亲和力、感染力和个性化的人性魅力、语言魅力移植到荧幕，实现了人际传播到大众传播的蜕变。但大众传播毕竟不同于人际传播，其传播内容必然受到媒体规律的制约。在当前的电视新闻访谈节目中，除了过度运用电视艺术手段、影响新闻性内容的真实性以外，还有一些现象值得重视。

（一）注重“秀”而轻视“谈”

一种观点认为，电视访谈节目脱胎于西方电视节目的 Talk Show，中国港台地区译做“脱口秀”，脱口秀的称谓体现了访谈类节目即兴发挥的个性特色。但在我国访谈节目的发展中，对“秀”的理解出现了偏差，在访谈节目中注入了大量表演的成分，这种现象出现在综艺、娱乐类的访谈中还无伤大雅，但蔓延到新闻性访谈中就需要警惕了。其表现就是有些新闻访谈的主持人逞口舌之利，过分追求语言技巧，玩文字游戏，访谈中表情夸张，表演意味浓重而忽视了对内容的开掘。

（二）搬演事实，情景再现

新闻性访谈的前提是真实，这意味着访谈的内容真实，访谈对象真实，访谈的过程也必须真实。而当下一些以新闻性内容为题材的访谈节目将一些新闻事件作为原型，雇用演员扮演新闻当事人，以访谈的面貌予以再现；更有访谈节目虽然访谈对象真实，却将访谈内容在现场或者穿插的新闻资料中用情景再现的方式呈现。这都违背了新闻访谈真实性的本质要求。2011 年 6 月 29 日，石家庄电视台影视频道《情感密码》栏目播放了一期《我给儿子当孙子》的节目，雇人表演了一个“不孝”儿子对父亲出言不逊、百般欺辱的故事。广电总局因其“肆意渲染家庭矛盾，刻意放大扭曲的伦理道德观，误导广大受众，造成严重不良影响，损害了广播电视媒体的社会形象”，对石家庄电视台影视频道做出了停播 30 日的处罚。

---

① 翁佳：《“存在即合理”和存在中的不合理——试析电视访谈节目发展中的诸种现象》，载《中国广播电视学刊》，2007（3）。

(三)访谈无尺度，话语无底线

虽然电视新闻访谈是将人际传播移入电视这个大众传播平台，但人际传播中的内容并非都可以通过大众媒体公开传播，人际传播中语言的高雅与低俗、思想的激进与保守，都属于个人范畴，一旦经过大众媒体的传播，就成为社会性内容，不良的思想和言论可能会产生价值误导，因此作为电视节目制作人员，充当着把关人的角色。如果对访谈内容与话语不加选择放任其传播，就可能引起负面效果。南京教育电视台在对干露露母女的一次访谈中，母女三人在现场对观众破口大骂的情景未加处理就直接传播，受到了广泛的社会谴责。另外，某些访谈节目为追求收视率，一味满足观众的窥私心理，过度挖掘嘉宾隐私，从而导致节目格调低下甚至庸俗，也是值得警惕的现象。

思考题

制作一档电视新闻访谈节目需要考虑哪些构成要素?

实训题

以小组为单位设计一档电视新闻访谈节目的策划案，利用学校演播室录制完成该节目。

第十一章 电视新闻节目编排

本章学习要点

- ◇ **全面了解电视新闻节目编排的基本概念与功能以及电视新闻的栏目理念与规律。**
- ◇ **重点掌握电视新闻的栏目编排规律、技巧、方法。**
- ◇ **正确认识与把握选择新闻头条、峰谷编排技巧、撰写提要及编后等。**

联播类电视新闻节目作为一种成熟的样态已然成为各大电视台竞争角逐的主要领域，各台都为提高新闻节目的收视率而费尽心思。电视新闻节目的竞争主要取决于两个方面的考量，一是节目自身的内在品质（即内容），另一方面则是节目的外在表现（即形式）。在新闻内容确定的情况下，节目的编排形式则尤为重要。电视新闻的基本播出形态是以许多条新闻一起组成一档完整的新闻节目并定时播出，因而，电视新闻编辑的最后任务就是恰当地处理这些单条新闻之间的关系，合理地把它们安排在一定的结构之中，以栏目化方式实现一次完整的电视新闻传播。其中按照一定的编辑思路依次排列单条新闻节目的播出顺序就是节目编排的过程。

第一节 | 电视新闻节目编排的概念与功能

编排的重要性对于电视新闻节目是不言而喻的。弗雷德·西尔弗曼[①]是电视问世以来美国最著名的电视节目编排专家，被誉为“电视节目编排方面的天才人物”。他把节目编排称为“美国三大广播公司最重要的武器之一”，并说“我成功的原因只有两个：节目内容出色，节目编排恰当”[②]。节目编排从宏观来看涉及频道设计，从微观来看主要指一档节目的编排。

一、电视新闻节目编排的基本概念

电视节目编排是电视制播流程中的重要环节。它是电视编辑根据频道设置及编辑思想的要求，结合节目内容，通过对观众收视行为特点的研究并凭借自己的敏锐判断，将分散、独立存在的节目资源进行有机的线性编排，形成一个整体。做好节目编排是提高收视率的一种有效辅助手段。

通常来讲，电视新闻节目的编排艺术就是运用各种艺术表现手法和策略对电视新闻节目进行科学、系统、合理的优化组合；从狭义上讲是对新闻节目条数、播送时间、播送顺序和播送流程的安排。电视新闻节目的编排体现了新闻媒介对新闻的态度，既是电视媒介传播原则的集中体现，又是电视编辑审美观念的反映。消息类新闻节目是“中国最重要的电视节目”，其编排体现了新闻媒介对新闻信息的态度、评价，也是帮助、吸引观众收视的重要手段。

---

① 弗雷德·西尔弗曼（Fred Silverman）1937 年 9 月 13 日出生于美国纽约市，是电视问世以来美国最著名的电视节目制作人，曾担任 CBS，ABS 和 NBC 的经理，参与制作了“Scooby-Doo ”（1969—1986）、“All in the Family”（1971—1979）、“The Waltons”（1972—1981）、“Roots”（1977）和“Charlie's Angels”（1976—1981）等节目。

② 张丽、孟群编著：《电视新闻编辑与数字制作》，185 页，北京，中国广播电视出版社，2002。

二、电视新闻节目编排的功能

（一）有利于形成舆论导向中心

议程设置理论认为大众传媒是通过提供大量信息的方式在影响受众人群对社会生活中某些现象的判断和认识，大众传媒的舆论导向在很大程度上影响着受众人群价值判断取向，在电视新闻节目传播过程中，有效运用编排艺术手法能够吸引观众眼球，有利于形成舆论导向中心。

（二）帮助与吸收观众收视的手段

收看电视新闻节目是伴随状态行为，要使观众始终保持较高的兴趣，除了新闻节目本身的价值外，电视新闻节目编排艺术的运用也起着十分重要的作用。当前，电视新闻节目同质化现象越来越严重，同一个新闻节目在不同电视台、不同电视栏目播出，对受众的吸引力逐渐减少，直至最后无人问津。而电视编排艺术则通过优美的表现形式、特殊的表现氛围、奇异的表现手法吸引观众眼球，激发受众人群对电视新闻节目持续、高涨的收视兴趣。

（三）扩大新闻节目的信息量

电视新闻节目编排艺术是根据受众人群的新闻消费偏好，通过系统、科学的编排艺术手法将大量纷繁复杂的信息进行有机排列的，它不是简单的新闻累加，也不是泛泛的新闻介绍，而是通过节目编排艺术手法的有效运用，使新闻节目达到倍增效应，扩大了原有新闻节目的信息量，充分发挥了新闻传播的价值。

（四）有利于形成栏目的特色

当今，在电视新闻节目市场竞争日趋激烈的环境下，电视新闻节目必须形成自身独有的特色，通过转变传统发展理念，创新节目编排手段，不断打造具有自身特色的新闻节目。自身特色除新闻节目内容外，更主要的则是编排艺术理念应具有前瞻性，编排艺术手法应具有创造性，通过不断提高编排艺术理念，创新编排艺术手法，在电视新闻节目传播过程中，逐步形成具有自身特色的电视新闻节目，从而获得良好的收视效果。

第二节 | 电视新闻节目编排的理念与规律

电视新闻节目编排是电视节目制作过程中的关键环节。新闻节目是否具有可视性，是否具有吸引力，在很大程度上取决于编排形式。电视新闻节目的编排决定着新闻栏目的总体形象，它鲜明地代表着电视台的立场和态度。因此，正确的编排理念是编排好电视新闻的前提。

一、电视新闻节目的编排理念

编排理念是指决定某一消息是否播出及安排各条新闻顺序时所表现出来的思想倾向。

（一）全局观念

编辑要胸有全局，面对整个形势，站在时代高度处理具体新闻，编排新闻节目。电视新闻是舆论宣传，它所肩负的使命要求电视新闻工作者要特别注意全局问题，每条新闻、每个节目，都要符合全局利益，符合原则；都要有助于人们对全局的正确认识。要防止为了暂时的利益而忘记根本大计。全局观念这一原则是工作中必须遵循的，树立全局观念，可以增强编辑的宏观意识。树立全局观念，编辑要“吃透两头”，既要了解党和政府的中心工作，与党中央保持一致，又要了解实际情况。新闻性节目政治性强、政策性强，为准确地把握大局，编辑必须熟悉政策。新闻性节目题材广泛，内容丰富，涉及的政策多，为了在报道上正确体现党的路线和方针政策，避免片面性，尤其要加强对党的政策的研究，深入领会，吃透精神，使报道做到既准确又及时。

（二）节目观念

电视新闻是通过节目进行宣传的，编辑的主要职责就是编制节目，要下工夫研究新闻节目的内在规律、基本特征和编排制作的艺术。编排一次新闻节目要有重点、有目的性，要研究新闻的配置和优化组合，要注意新闻之间的内在联系，充分挖掘其蕴涵着的新闻价值，从而达到最佳宣传效果。节目观念还要求考虑到不同新闻节目的个性，形成自己的特色。新闻编辑的次序不是固定不变的，在宏观把握共性基础之上，不同节目因收视对象、节目对象等不同，对头条新闻的选择和新闻编排次序也有所不同。比如我们每天关注的《新闻联播》和《中国新闻》，面对同样的消息，编排次序、头条选择就会有所不同。

（三）受众观念

在新闻改革日渐深入的今天，编辑的受众中心意识更应得到强化，要做到两个方面的思想转变：一是从单向传播转向双向传播，二是以传者为中心转向以受者为中心。

在编排节目时，应该打破传统的条条框框，真正站到观众的角度来挖掘新闻要素，充分考虑到观众的接受心理和兴趣点在哪里。2008 年 8 月 8 日举世瞩目的第 29 届北京奥运会在国家体育场鸟巢隆重开幕。当日 18：30 开播的《北京新闻》，一改时政消息排在最前面的常规做法，将此时此刻的鸟巢以及当日相关重大动态消息进行了倒计时编排。通过 3G 连线，让中外观众在第一时间看到北京奥运会开幕式前鸟巢现场外面的热烈气氛。具体编排如下：

板块一：《今晚百年梦圆》

(1) 北京迎来奥运时刻（现场 3G 连线）

(2) 北京准备好了

(3) 气象部门密切关注“鸟巢”天气变化

(4) 奥运各项筹办圆满完成

(5) 北京市区路面交通总体正常（现场 3G 连线）

(6)（口播）热烈祝贺第二十九届夏季奥林匹克运动会开幕

板块二：时政消息

(7) 王岐山会见北京市市长顾问

(8) 北京 2008 年奥林匹克博览会开幕

(9) 市委市政府招待各省区市代表团

板块三：《今晚百年梦圆》

(10) 奥运圣火结束北京地区传递

(11) 火炬传递辉煌历程

(12) 中国喜 世界喜 我们同喜

(13) 奥林匹克中心区一切准备就绪（现场 3G 连线）

(14) 开放式结尾（MV：北京璀璨夜景）

2008 年 8 月 8 日奥运会开幕，北京万众瞩目，当晚 6：30 开播的《北京新闻》定位在直击与揭秘晚上 8 点 08 分即将举行的奥运会开幕式，以倒计时式的报道方法，通过现场直播和多点报道集纳的动态编排方式，全景展现了即将百年梦圆之前的准备有序与紧张期待。

(1) 第一时间直击核心新闻现场。节目开始，记者从鸟巢直播点发回直播报道

《今晚百年梦圆：北京迎来奥运时刻》，将观众的激情和关注点拉到了开幕式的核心地带——鸟巢。

(2) 多点报道，展现北京准备就绪。从公交保障、安检进展、礼花燃放、气象监测、道路交通等各方面发回报道，介绍北京一切准备就绪，向世界兑现郑重承诺。

(3) 新闻综述《中国喜 世界喜 我们同喜》将观众的情绪再次升华，举城同庆，期待当晚绽放精彩。

(4) 节目最后，再次回到鸟巢直播点，记者发回最新消息《今晚百年梦圆：奥林匹克中心区一切准备就绪》，把观众的期待与激情点燃。

当天节目形式多样、内容丰富、层层递进、扣人心弦；在传递信息的同时，饱含感情，营造了充满期待的紧张与激动的气氛，为当晚开幕式举办做了铺垫，烘托出热烈与期盼的浓浓氛围。

（四）“把关”角色意识

编辑角色的意识是编辑自我定位的自觉形式。每一个从事编辑工作的人员首先要搞清楚的就是自己的角色定位。

“角色”亦称社会角色，原指戏剧或电影中演员所扮演的剧中人物，后被广泛用于分析个体心理、行为与社会规范之间的相互关系。在社会心理学中，主要指与某种社会身份相称的行为规范的集合。

编辑的角色定位是信息传播的中介，是精神文化积淀与传播的把关人。所从事的筛选新闻信息的工作，正是编辑工作的重要内容。大千世界，信息如潮，但在某一节目时段上安排什么内容，就需要记者、编辑的筛选与组织。哪些信息有传播价值？用什么样式的编排来传播？这些都是编辑把关的体现。

（五）社会意识

这里所说的编辑的社会意识，主要是指编辑对社会情境的认识。

社会情境是指与个人有联系的团体或群体所形成的社会空间。事实上，我们每一个团体或个人的社会心理与社会行为都是在特定的社会环境下产生的。凡是社会心理和社会行为，都具有情境性质。就是说，社会情境是某种社会行为产生、发展、变化的具体条件，而社会心理和行为则是在一定团体或他人影响之下产生的心理和作用。

编辑作为社会文化传播的把关人，作为大众传播的中介，必须了解其社会情境，必须了解其一举一动对社会的影响有多大。在何时，以哪种方式，以怎样的节目时段和空间来传递怎样的信息，绝非随心所欲之事。对每一条信息，编辑还必须仔细推敲：是否真实？有没有水分？是否适宜报道？编辑要有较清醒的社会意识，至少应对以下四个方面的社会情况做深入的调查了解：一是国家的法律政策规范；二是国民的伦理、道德价值观念；三是社会关注的热点；四是社会潜在的信息需求。

（六）历史意识

所谓编辑的历史意识，是指编辑把关中应时时考虑到其所编发的新闻在我们的后人还原历史面目时是可信的，并且是最重要的材料之一。

新闻报道，虽然是一种“易碎品”，但却是历史的珍贵资料。新闻虽是对现实的记录，而所记录的现实，却正是我们将来的历史。因此，编辑应具有清醒的历史意识，要对历史负责。

例如，2010 年 10 月 1 日 18 时 59 分 57 秒发射“嫦娥二号”探月卫星计划备受世界瞩目，中央电视台《新闻联播》精心策划，全新编排，安全、精准地实现了对“嫦娥二号”卫星成功发射升空及星箭成功分离实况的现场直播。这是中央电视台《新闻联播》开播 32 年来现场直播新闻的又一次创新和突破。

北京时间 10 月 1 日 18 时 59 分 55 秒开始，《新闻联播》保留了片头音乐这一标志性符号，运用“画中画”的方式，将卫星发射倒计时实况画面嵌入到报时时段和《新闻联播》片头的画面右下角（见图 11—1），19 时 0 分 18 秒片头结束，卫星发射现场实况充满全屏，观众在第一时间同步看到了振奋人心的卫星成功发射升空的壮观场面，现场直播了点火、升空全过程，并向观众预告了 20 多分钟后将进行星箭分离的关键节点。这一过程共持续近 4 分钟，之后切入演播室进入常规播出。

图 11—1 2010 年 10 月 1 日央视《新闻联播》视频截图

按照常规编排，每晚 19 点《新闻联播》开播前倒计时 5 秒为报时时段，19 点为《新闻联播》片头和播音员报告联播主要内容的开场白。这期《新闻联播》的编排打破常规，是编辑创新意识和历史意识的充分体现。

二、电视新闻节目的编排规律

（一）组合式结构

组合式结构是把同类题材或内容相近、有内在联系的新闻排在一起，使之成为一组，在一次节目中形成“重点”。这种编排类似积累式蒙太奇组接，突出了新闻价值，加深了报道思想深度，能产生强烈的传播效果。以央视《新闻联播》2008 年 9 月 17 日节目为例：当时由“三鹿奶粉事件”引发的“问题奶粉”牵动着全国人民的心，当天的节目连续播发了五条与此有关的消息：

- 国家质检总局公布 87 家尚未检出三聚氰胺婴幼儿配方乳粉生产企业名单
- 卫生部、质检总局：全力做好患儿诊疗 严格监管乳制品企业
- 各地筛查救治患病婴幼儿 下架“问题奶粉”
- 河北省委决定免去冀纯堂石家庄市委副书记、常委职务，将依法定程序免去其市长职务
- 三鹿集团原董事长田文华被刑事拘留

这组报道在 10 多分钟的时间内，将国家有关部委、各地市严格监管，积极救治患儿等工作大信息量地、集中地传达给了观众，使关注这一重大事件的观众对事件有了较全面的了解，充分展示了组合式新闻报道的优势。

（二）对比式结构

对比式结构是把题材相同或相近，但内容反差极大的新闻合成单元组合配套的结构形式，以鲜明的对比，使矛盾突出，表达出编辑的观点并影响观众。其好处是显示同一事物矛盾双方的差异，借以揭示矛盾或说明某种思想观点，往往能收到诸如启发联想、触类旁通、加深印象等效果。对比编排一般采取正反对比、今昔对比、特色对比的方式，这样做，可以增强反差的刺激性，使受众在强烈的对比中辨别真伪、善恶、美丑。对比编排一般依据先入为主的思维特征，将正面的、提倡的排在前面，反面的、鞭策的排在后面；或依据稿件的重要程度，一般将重要的或显示主要矛盾的排在前面，次要的或显示次要矛盾的排在后面。例如在 2010 年 6 月 9 日辽宁卫视的《第一时间》节目中，报道了忠县一公路桥因施工方偷工减料，造成了路面坍塌，导致五人受伤；接下来，就报道景德镇一五旬老农举债修水泥桥，三年来造福数万人的新闻。同样是修桥，开发商为谋取暴利，不惜以群众生命安全为代价；老农为了造福当地，举债修建水泥桥。这样的编排，节目中不用多做评论，观众自然心中明辨是非。因此，使用对比编排还可以使节目增强舆论导向，新闻编导的用意通过对比可以直接表达出来。

（三）集纳式结构

集纳式结构编排（也称同题集中式编排），是把同类题材综合在一起编成一组综合新闻，如相同的主题、相同的报道对象、相同的特点等。综合编排是为了突出主题的同一性。如果这样的新闻单个一条条播出，会给人以类别相同又重复单调的感觉，而综合在一起各取其有特点的部分，综合为一组编排，整体报道的气势和力度就增强了，使整个报道更加精练。比如每年临近春节，编排组关于各地年货市场的报道，即是同主题的集纳结构。

比如，中央电视台 2011 年 1 月 4 日《朝闻天下》的《简讯》中编排了有关春节的几条新闻："2011 年铁路春运方案出台"、"产品质量国家监督抽查结果发布"、"春节第一个工作日起，载客高峰期大货车禁入五环"，这就是一个我国节目安排的新闻集纳，看过之后不仅了解了信息，而且感到节日期间我国运输事业有着良好规划，人们可以放心出行。另外，对于节日期间食品等质量安全，国家给予严格把控，人们可以过个放心年。类似这样的编排还有很多，这样的宣传能够达到潜移默化、润物无声的境界。

又如，2010 年 8 月 13 日，四川"5・12"地震部分灾区发生史上罕见山洪泥石流灾害，其中尤以绵竹清平和汶川映秀最为严重。8 月 14 日，党和国家领导人纷纷对抢险救灾做出重要批示，省委主要领导亲临一线指挥。面对事件多、头绪复杂、时政报道任务重的难题，《四川新闻》责任编辑采用段落式编排法，每一个段落将一个重灾区的灾情、抢险救援进展集纳式编排。首条播出胡锦涛、温家宝等领导人的批示后，将灾情最重的清平放在第一段落——直击清平：从直升机转移人员到妥善安置群众。第二个段落直击映秀：集中展示汶川映秀的灾情和抢险救援进展。第三个段落主要展示其他地方的灾情和重要交通气象信息。第四个段落把目光转向甘肃舟曲，反映四川救援队在甘肃的情况。第五个段落回到省内，关注正在自贡举行的省运会赛事。每个段落都有集中或相似的主题，中间用小片花隔断，条理清晰，表现力强。

（四）统一式结构

统一式结构编排指在一档综合性新闻节目中，编排应力求内容上、风格上的统一，使之有一个整体基调，主题较为统一、集中。如在节日期间，少排过于沉闷、严肃的新闻；在颁布政府法令、悼念领导人逝世的日子，则应保持庄重的基调。

以 2007 年 8 月 8 日《北京新闻》为例，当天是北京奥运会倒计时一周年，作为一个标志性时刻，编辑部果断围绕这一重大题材，精心策划了节目选题和节目编排。具体编排如下：

板块一：时政消息

(1)"好运北京"世界青年赛艇锦标赛举行开幕式

(2) 各国家和地区奥运会代表团团长共植奥林匹克友谊林
(3) 国际奥委会奥林匹克珍藏品中国巡展开幕
(4) 国际奥委会、北京奥组委举行倒计时一周年动员会
(5)“好运北京”系列体育赛事拉开帷幕
板块二：我们期待那一天
(6) 亿万群众迎奥运 全民健身展风采
(7) 周年庆典迎奥运 北京问候全世界
(8) 北京奥运会开闭幕式“浮”出水面
(9) 北京奥运会邀请函今晚发出
(10) 北京奥运会倒计时一年大事记
(11)（口播）百集动画片《福娃奥运漫游记》今晚首播
(12) 我为奥运做贡献：把“心目影院”带进奥运赛场
(13) 我们期待那一天：《We are ready》(MV)

这期节目编排节奏上张弛有度、看点较多，在传递信息的同时，也传递了国人共同的情感，营造出充满期待的热烈氛围。特别是在节目最后，创新性地将当天发布的北京奥运歌曲《We are ready》与当日新闻有机结合，制作成 MV 音乐形式播出，充分表达了国人期待奥运会的真情实感，也将节目推向高潮。该节目荣获第十八届中国新闻奖电视编排一等奖。①

第三节 | 电视新闻节目编排的技巧与方法

一档电视新闻节目能否通过好的编排抓住观众，制作技巧和方法的运用是非常重要的。

一、突出重点，重视头条新闻

电视新闻的播出方式是依照时间先后排列顺序播出的，给观众的是一种限定性收受行为，而不同于报纸有可选择性，所以电视新闻的编排次序显得尤为重要。尤其是头条新闻的选择，它既直接体现了新闻编辑部门的意图，也往往代表当天的宣传方向，是一次节目的重要开门之作。它在内容上应是老百姓最关心的事实，在形式上应做到

① 参见谢小岩：《电视新闻编排如何创新博奖——五获国家级电视新闻节目编排类大奖有感》，载《新闻传播》，2012 (6)。

声音与画面有机结合，内容与手段相互匹配。对观众来说，头条新闻直接影响到观众收看新闻节目的兴趣。

正如美国传播学者特德·怀特所言："每次新闻播出都要当天最重要的、最新的、突发性的新闻做头条，即从高峰开始。"[①] 因此头条在节目编排中至关重要，它的编排可以借鉴美国的"钩子理论"（Teaser）。它强调片子开始就要伸出"钩子"挑起观众的兴趣，而整部片子要在适当的间隔里安插"兴奋点"，这些兴奋点可以是人性的、娱乐的、悲情的、画面的、言语的、剪辑的……它们要像过山车一样起伏错落，富有刺激性，调动观众的收看情绪和兴趣，一直到片子结束。

选择头条的标准有两个：一是新闻价值的高低；二是观众的兴趣爱好。头条新闻既要反映党和政府的工作重心，又能够提高观众的收视兴趣。

头条新闻选好了，整个节目就有分量，收视率就高；反之，头条选不好或没有重要新闻做头条，整个节目就显得死气沉沉，直接影响观众对此节目的收看兴趣，从而影响整个台的收视率。典型例子是1986年1月29日，美国航天飞机"挑战者"号失事，中央电视台就打破了"先国内、后国际"的编排常规，把这一事件的几条相关新闻、背景材料编成综合新闻，安排在新闻的头条播出，引起很大反响，结果几天内《新闻联播》的收视率上升了10个百分点。这一具有创意性的举措至今还令广大电视人记忆犹新。

二、使用新闻提要与新闻回报

新闻提要是整档新闻的精髓，是在一次电视新闻栏目播出开始时，由播音员或主持人选播部分重要新闻的题目，帮助观众预先了解本次新闻的全貌或重点。提要可以在口播的同时在背景上打出字幕或插入照片或活动画面。这种提要类似报纸版面中的实题，一般只用一句话、一行字，突出新闻的核心内容，要求简洁、准确、精炼、上口、入耳。

在一次新闻播出过程中，间或出现播音员或主持人插叙方式的提示，其作用大致有以下几点：（1）强调新闻的重要内容；（2）提示新闻之间的内在联系（如相关、对比等）；（3）显示编排中的分类、分段结构意图，引导观众转换注意。这三种功能都有助于增强节目的可视性与吸引力，从而减少在稍纵即逝的播出过程中信息的损耗。

新闻回报是第一种新闻提要的复述。在一次新闻节目结束之前，由播音员或主持人口播（或辅以背景主题字幕）再播报一次全部新闻或部分重要新闻的题目，加深观众的印象和记忆。由于回报带有概略重播的性质，对于中途收视的观众，也是一种信息补偿。

---

① ［美］特德·怀特等：《广播电视新闻报道写作与制作》，268页，北京，中国广播电视出版社，1987。

三、配发编前、编后话

电视新闻节目的观众属于不同的文化层次，即使是高知识层，在收看电视时也往往处于“无意注意”状态，为了使各文化层次的观众对电视新闻的内涵有更明晰、更深刻的接受，电视新闻常用编前语、编后话的方式来补充画面的不足，调动观众的思维。编前语往往只一两句话，起一种提示的作用。编后话一般多是为了从理性高度加深感性印象，能够同观众做一次深层交流，能够激发观众的参与欲，引起观众的积极思考。

编后语是在节目播出之后，由编辑随之配发的简短评论。它一般代表着整体编辑思想及言论。它的最大的特点是依事说理，所以在编后语中，要对所播发的新闻事实进行说明、评价并标明编者的见解和态度，要凭借新闻敏感能够对蕴涵有新思想、新观念或有典型指导意义的新闻事实进行剖析，加注点评，加深新闻节目的思想深度，反映编辑意图，加大媒介引导舆论的作用，使观众对新闻事件予以极大关注，并加深对新闻的理解，匡正认识，启迪心智。

编后语的言论一般是直截了当、态度鲜明、语言精练。例如，获得第二十届中国新闻奖的 2009 年 7 月 22 日的中央电视台《新闻联播》中的节目。在《内地新疆高中班学子回乡宣讲促民族团结》新闻后，播发了《本台评论：青年的行动就是沟通的力量》：“在内地读书的新疆学生真切体会到，正是祖国日新月异的发展，才让他们有了优越的学习环境，他们是各民族团结亲如一家的受益者。今年这个暑假，学生们回到家乡后，讲述自己的亲身经历，让家人和乡亲们共同分享这份幸福。学生们爱祖国爱家乡，与亲人们一起为各民族团结做了实实在在的工作。青年的行动就是沟通的力量。今天，这些新疆学生是民族沟通的桥梁；明天，他们就是建设新疆、建设国家的栋梁。”这段编后语以独家解读，彰显了主流媒体的权威性。

四、调用多种表现手段增强编排节奏

电视新闻节目的编排技巧，一定程度体现在对整体节目编排节奏的把握上。合理地编排可以产生富有韵律的节奏，否则整档新闻就会显得杂乱无章，不具有美感，而仅仅为各种信息的简单叠加。

在对新闻节目的编排过程中，编辑不但要慎选关键的节目头条，同时还要注重信息之间的合理搭配。单条消息过长或多条长消息的简单组接往往会造成受众收视疲软，在一定的编播时间内还会降低信息量；但是若以大量短消息高密度组接，虽然信息量得以提高，却又会造成节目节奏过于紧密，信息过载，导致受众收视疲劳。因此，节目编排除了要从新闻内容方面进行考量，还要从节目编排节奏方面进行控制，从而保证整体节目编排张弛有度，主次结构协调，呈现出和谐美、韵律美，还有节奏美。

控制节奏的基本要领是：一要注意长新闻和短新闻的搭配；二要注意图像新闻和口播新闻的穿插；三要注意声音的快慢相间；四要注意严肃与活泼的有机组合；五要注意画面色调的对比；六要注意灵活性与整体性的统一。总之，要综合调动电视手段，使新闻节目的编排富有节奏感，让观众感到波澜起伏、张弛有度。

以中央电视台《新闻联播》2008 年 3 月 3 日有关“两会”的节目编排为例，在这组编排中，除了《中国人民政治协商会议第十一届全国委员会第一次会议在京开幕》、《十届全国人大常委会举行第七十六次委员长会议》、《出席十一届全国人大一次会议代表团全部抵京 大会各项工作准备就绪》等会议动态报道外，还开辟了几个小专栏，如《代表委员议国是》、《代表委员献策建言》、《记者两会观察》、《外国媒体看两会》、《五年跨越》、《两会风景线》等。这些专题报道除了大量采用现场报道、现场同期声等报道手段外，还充分运用新颖的电视包装手法，制作了大量形式饱满的小片头，有效烘托了宣传气氛。在“五年跨越”这组系列报道中，编辑大量运用图表、动画等形式，将整条以数字为支撑的报道解读得鲜活生动。这组专栏报道穿插在《新闻联播》整档新闻中，形式活泼，节奏鲜明，使观众感到赏心悦目。[①]

五、峰谷编排技巧

美国传播学者特德·怀特还在他的书中提出了峰谷技巧和节目总体构成中的节奏概念。其总体思路是：必须把编排的节目想象成一系列的山峰和峡谷，高低不平，错落有致。选择头条要使节目从高峰开始，可是在若干条之后，新闻的重要性以及受众对它的新鲜感开始逐渐下降，节目便处在了低谷状态，这时要设法通过对比或相关组合的办法形成转折，使节目再上巅峰。这样就使节目的编排具有节奏感，特别是将画面新闻、口播新闻、字幕新闻等多种形式巧妙配合，使节目自然流畅，富有节奏感和韵律感。

以 2008 年 9 月 16 日《新闻联播》为例，由于 17 日晚是北京残奥会闭幕式，我国国家领导人在 16 日分别会见了出席闭幕式的多国贵宾，有八条消息与此有关，占用了 10 多分钟时间，观众对内容相似的报道已产生收视疲劳，随后一条消息《让山花儿更烂漫》以“宁夏辉煌五十年”的小片头开头，激昂的音乐激起了观众的收视兴趣，形成了节目中的一个波峰。节目播出到 21 分 50 秒时，播音员出镜，“本台刚刚收到的消息”一句话，既对下面新闻的时效性及重要性起到了强调作用，又再次激起了观众的收视兴趣，形成了节目当中的又一个波峰。

综上所述，电视节目的编排在很大程度上代表着电视媒体对新闻价值的判断，决定着电视新闻节目的市场竞争地位。在新闻媒体竞争激烈的今天，电视人必须充分发掘新闻节目编排手段，遵循科学的编排理念和规律，进一步加大对电视新闻节目的编排技巧研究，使新闻编排真正成为新闻节目提高收视率的“助推器”。

---

① 参见李萱：《电视新闻的编排艺术》，载《青年记者》，2008（4）下。

思考题

❶ 结合具体新闻节目和自己的收视经验，谈谈电视新闻节目编排的功能与应当遵循的理念。

❷ 电视新闻头条的选取原则是什么？

❸ 简述电视新闻栏目编排的技巧与方法。

❹ 什么是电视新闻编辑中的峰谷编排技巧？试举例说明。

❺ 新闻提要如何撰写解说词和选取编辑新闻镜头画面，才能更好地表达新闻内容的精髓和吸引观众的眼球？

实训题

❶ 分析一个电视频道一天的节目编排情况，简述它运用了下列哪些节目编排规律（组合式结构、对比式结构、集纳式结构、统一式结构）。

❷ 如何避免电视新闻“编后话”中的说教灌输？试选取一则新闻撰写“编后话”。

附录：CCTV 新闻中心评选的 2011 年下半年优秀编排节目一等奖案例

一、2011 年 7 月 24 日《新闻 30 分》

- 内容提要
- 动车追尾事故已致 35 人遇难，其中 19 人身份确认
- 现场连线：事故救援紧张进行
- 胡锦涛、温家宝作重要批示 要求全力做好“7·23”甬温线特别重大铁路交通事故处置工作
- 温州市民使用动力伞航拍事故现场
- 动车追尾脱轨 寻亲信息发布
- 列车追尾 镜头记录不眠夜
- 挪威爆炸枪击事件追踪：潜艇搜寻遗体 死亡人数或将上升
- 张德江要求全力以赴救治受伤人员
- 第 14 届国际泳联世锦赛：400 米自由泳预赛 孙杨第一晋级
- 简讯
- 天气预报

本档《新闻 30 分》以组合式结构编排，为电视观众全面展示了温州动车事故中的

现场救援工作进展情况，在集中报道温州动车事故的中间，视线转向国际，关注挪威爆炸事件的最新消息，形成一个小的波峰，提起观众的兴奋点。

二、2011年11月1日《午夜新闻》的"太空新旅 交会对接"

● 酒泉："神舟八号"将于今晨5时58分发射

● 视频连线："神舟八号"将于今晨5时58分发射

● 核心团队详解"神舟八号"飞天任务

●"长征二号"F火箭将再助"神八"升空

●"天宫一号"调姿迎接"神八"

● 总设计师解读"神七"、"神八"不同之处

● 降轨调相倒飞 "天宫"做好对接准备

● 交会对接面临的难点和考验

●《太空新旅 交会对接》4：30直播

● 2012年将进行载人交会对接试验

三、2011年09月11日《24小时》中《"9·11"10年祭》

● 纽约 华盛顿举行纪念活动

●"9·11"难以忘却的记忆

● 遇难者家属：走出阴霾活下去

● 美国：十年反恐代价巨大

● 曼哈顿中国城举行纪念活动

● 视频剪辑：2001年9月11日这一天

这一板块被放在头条播出，且在片头之后直接播出10年前的现场画面，一下子就抓住了观众的视线，同时很好地体现了当日编辑的新闻敏感和全局意识。另一个编排特点是以现场画面视频剪辑作为结尾，与开篇首尾呼应。

四、2011年7月24日《朝闻天下2》(《朝闻天下》7点档)

● 内容提要

● 时政要闻

板块一

● 温州动车追尾事故：已有32人死亡 搜救工作基本结束

● 本台记者直击事故现场

● 本台记者探访收治伤员的医院

● 伤者情绪稳定 均得到妥善治疗

● 第一时间 多方救援力量赶往现场

● 浙江温州：幸运逃生 亲历者讲述惊魂瞬间

● 部分列车暂停运或改线

● 事故临时旅客安置点井然有序

● 铁道部门采取措施应对旅客滞留

板块二

- 挪威爆炸枪击事件追踪：已造成 92 人死亡 嫌犯承认开枪
- 邻居回忆：他是个有礼貌的人
- 媒体公布夏令营遭枪击前照片
- 挪威王室和首相慰问枪击事件幸存者
- 奥斯陆：平静下的深思

板块三

- 杨洁篪回应南海问题
- 潜逃 12 年 赖昌星被遣返回国

板块四

- 浙江温州：D301 与 D3115 列车发生追尾事故
- 本台记者直击受损列车
- 凌晨 4 点前搜救工作基本结束
- 动车追尾 消防第一时间救援

板块五

- 最后完美一跳 吴敏霞惊险夺冠
- 一骑绝尘 邱波强势晋级决赛
- 中国再夺一银 成绩超越上届比赛
- 天气预报

本期节目，以一组新闻为观众详细报道了温州动车事故的后续发展，接着又编排了一组挪威爆炸事件的新闻，然后又将镜头转到温州动车事故，迂回跌转，使观众免于陷入收视疲劳。最后一个板块是体育新闻，将观众从前面新闻易产生的负面情绪中带出来，以轻松的心情去上班。这也体现了早间新闻编排的技巧，反映了编辑“以受众为本”的理念。

五、2011 年 7 月 23 日《晚间新闻》

- 时政要闻
- 新闻现场：挪威连环爆炸枪击惨案
- 挪威惨案疑问 疑问一：为何死伤惨重？
- 挪威惨案疑问 疑问二：嫌犯出于什么动机？
- 枪击死亡人数上升 或有第二名枪手
- 北京：潜逃 12 年 赖昌星今被遣返回国
- 浙江温州 D3115 动车脱轨：三节车厢掉落桥下
- 全国人大：赴黑、粤开展劳动合同法执法检查
- 印尼：杨洁篪回应南海问题
- 可可西里：记者楚玛尔河畔直击藏羚羊迁徙
- 云南昆明 2014 年世界杯预选赛：两记闷棍打醒国足 7 比 2 大胜
- 上海：吴敏霞、何姿包揽 3 米板金银牌

● 国内外热点

本期节目节奏设计松紧有度，第一板块按常规编排时政新闻，第二板块以消息和分析报道相结合，对震惊世界的挪威连环爆炸枪击事件进行解读，满足观众的收视心理，第三板块以短消息的形式报道了赖昌星被遣返和浙江温州动车追尾事件等，紧紧抓住观众的视线。长短新闻结合穿插，使受众情绪随之周期性起伏，保持收视兴趣。

参考文献

张丽，孟群．电视新闻编辑与数字制作．北京：中国广播电视出版社，2002.

李燕临等．电视编导艺术．北京：国防工业出版社，2011.

王首程．电视新闻传播．北京：中国广播电视出版社，2010.

王雪梅．论消息类电视新闻的编排艺术．呼伦贝尔学院学报，2004 (3).

杨志平．电视新闻编排的创新——评获第 19 届中国新闻奖电视新闻编排一等奖的《北京新闻》节目．当代电视，2010 (8).

张子让．当代新闻编辑．上海：复旦大学出版社，2005.

周勇．电视新闻编辑教程．北京：中国人民大学出版社，2007.

蔡雯．新闻编辑学（第三版）．北京：中国人民大学出版社，2014.

图书在版编目（CIP）数据

电视新闻/于忠广，张丽著．—北京：中国人民大学出版社，2014.12
新传媒时代新闻传播学系列教材．新闻学核心课程
ISBN 978-7-300-18903-1

Ⅰ.①电… Ⅱ.①于… ②张… Ⅲ.①电视新闻－教材 Ⅳ.①G210

中国版本图书馆 CIP 数据核字（2014）第 282634 号

新传媒时代新闻传播学系列教材
新闻学核心课程 11
电视新闻
于忠广 张 丽 著
Dianshi Xinwen

出版发行	中国人民大学出版社		
社　　址	北京中关村大街 31 号	**邮政编码**	100080
电　　话	010－62511242（总编室）		010－62511770（质管部）
	010－82501766（邮购部）		010－62514148（门市部）
	010－62515195（发行公司）		010－62515275（盗版举报）
网　　址	http://www.crup.com.cn		
经　　销	新华书店		
印　　刷	北京捷迅佳彩印刷有限公司		
开　　本	787 mm×1092 mm　1/16	**版　　次**	2015 年 1 月第 1 版
印　　张	15.25 插页 1	**印　　次**	2024 年 6 月第 3 次印刷
字　　数	308 000	**定　　价**	29.80 元

关联课程教材推荐

书号	书名	作者	定价	出书时间
978-7-300-19014-3	广播电视概论	周小普	39.80 元	2014-05
978-7-300-25925-3	电视采访学（第三版）	雷蔚真 等	39.80 元	2018-07
978-7-300-09817-3	电视策划学	雷蔚真	38.00 元	2008-11
978-7-300-12125-3	电视新闻摄制	雷蔚真	26.00 元	2010-06
978-7-300-08532-6	电视新闻编辑教程（第二版）	周勇	38.00	2007-10
978-7-300-24387-0	电视摄像教程	杨晓宏 等	35.00 元	2017-07
978-7-300-10682-3	美国新闻史	[美] 迈克尔·埃默里 等	89 元	2009-05
978-7-300-15292-9	美国电视史	[美] 加里·R·埃杰顿	48 元	2012-06
978-7-300-15648-4	电视现场制作与报道（第五版）	[美] 弗雷德·舒克 等	49.80 元	2013-01
978-7-300-15021-5	视频基础（第六版）	[美] 赫伯特·泽特尔	49.80	2013-01

配套教学资源支持

尊敬的老师：

衷心感谢您选择使用人大版教材！

相关的配套教学资源，请到人大出版社网站（www.crup.com.cn）下载，或是随时与我们联系，我们将向您免费提供。

欢迎您随时反馈教材使用过程中的疑问、修订建议并提供您个人制作的课件。您的课件一经采用，我们将署名并付费。让我们与教材共成长！

联系人信息：

地址：北京海淀区中关村大街 31 号 206 室　龚洪训 收　邮编：100080

电子邮件：gonghx@crup.com.cn　电话：010-62515637　QQ：6130616

如有相关教材的选题计划，也欢迎您与我们联系，我们将竭诚为您服务！

选题联系人：	电子邮件：	电话：
翟江虹	zhaijh@crup.com.cn	010-62515636

俯仰天地　心系人文

人大社网站　www.crup.com.cn

专业教师 QQ 群：259226416（全国新闻教师群）

欢迎您登录人大社网站浏览，了解图书信息，共享教学资源

期待您加入专业教师 QQ 群，开展学术讨论，交流教学心得